国家卫生健康委员会"十四五"规划教材

全国高等学校教材

供养老服务管理专业用

养老服务管理学

養老
服務管理

主　编　乔学斌

副主编　王文军　苏　红　李春艳

编　者　（按姓氏笔画排序）

万晓文（江西中医药大学）　　汪连新（中华女子学院）

马小琴（浙江中医药大学）　　张文杰（新乡学院）

王文军（潍坊护理职业学院）　张继延（常州大学）

师东菊（牡丹江医科大学）　　张淑萍（北京中医药大学）

乔学斌（南京中医药大学）　　陈　任（安徽医科大学）

刘　佼（成都中医药大学）　　罗　娟（上海工程技术大学）

苏　红（大连医科大学）　　　罗振亮（贵州中医药大学）

李现文（南京医科大学）　　　赵　丽（沈阳医学院）

李春艳（湖南中医药大学）　　梁　瑜（山西中医药大学）

李艳春（齐鲁医药学院）　　　彭　翔（南京中医药大学）

何肇红（广西医科大学）

秘　书　曹家维（南京中医药大学）

人民卫生出版社

·北京·

图书在版编目（CIP）数据

养老服务管理学 / 乔学斌主编 . -- 北京 ：人民卫
生出版社，2024. 7. -- ISBN 978-7-117-36610-6

Ⅰ. D669. 6

中国国家版本馆 CIP 数据核字第 2024YA5927 号

人卫智网	www.ipmph.com	医学教育、学术、考试、健康，购书智慧智能综合服务平台
人卫官网	www.pmph.com	人卫官方资讯发布平台

养老服务管理学

Yanglao Fuwu Guanlixue

主　　编：乔学斌

出版发行：人民卫生出版社（中继线 010-59780011）

地　　址：北京市朝阳区潘家园南里 19 号

邮　　编：100021

E - mail：pmph @ pmph.com

购书热线：010-59787592　010-59787584　010-65264830

印　　刷：三河市宏达印刷有限公司

经　　销：新华书店

开　　本：850×1168　1/16　　印张：13

字　　数：341 千字

版　　次：2024 年 7 月第 1 版

印　　次：2024 年 7 月第 1 次印刷

标准书号：ISBN 978-7-117-36610-6

定　　价：65.00 元

打击盗版举报电话：010-59787491　E-mail：WQ @ pmph.com

质量问题联系电话：010-59787234　E-mail：zhiliang @ pmph.com

数字融合服务电话：4001118166　E-mail：zengzhi @ pmph.com

◇◇◇ 出 版 说 明 ◇◇◇

人口老龄化是今后较长一段时期我国的基本国情。习近平总书记强调，有效应对我国人口老龄化，事关国家发展全局，事关亿万百姓福祉。养老服务管理专业作为新兴专业于 2020 年开始招生，专业建设亟待加强。为贯彻落实习近平总书记关于养老服务工作重要指示精神和党中央国务院决策部署，响应实施积极应对人口老龄化国家战略，补齐养老服务管理专业教材建设短板，加快推进养老服务管理专业建设，提升养老服务管理人才培养质量。在教育部、民政部和国家卫生健康委员会的领导下，人民卫生出版社和南京中医药大学依托全国养老服务管理专业高质量建设联盟，联合全国相关院校组织和规划了国家卫生健康委员会"十四五"规划教材全国高等学校养老服务管理专业规划教材的编写工作。

为了贯彻落实党的二十大报告关于"加强教材建设和管理"的要求，做好首轮全国高等学校养老服务管理专业规划教材的出版工作，人民卫生出版社在南京中医药大学和全国养老服务管理专业高质量建设联盟的大力支持下，成立了首届全国高等学校养老服务管理专业规划教材评审委员会，以指导和组织教材的遴选、评审和出版、选用工作，确保教材的编写质量。在充分调研论证的基础上，根据养老服务管理学专业人才培养目标和人才培养方案，确定了第一批《养老服务管理学》《养老政策法规》《中国传统养老文化》《居家社区养老服务管理》《老年健康管理》《养老机构运营管理》6 种规划教材。在全国 33 所高等院校 400 余位专家和学者申报的基础上，经过教材评审委员会遴选，近 200 位专家教授参与了教材的编写工作。

本套教材致力于满足当前养老服务管理学专业本科层次的教学需求，主要编写特点如下：

1. 面向老龄社会，服务国家战略　本套教材贯彻积极应对人口老龄化国家战略，力求编写出符合我国国情，适应我国养老行业发展需求，紧跟养老服务管理学人才培养教育教学改革步伐，促进学生综合素养提升的适宜教材，致力于培养"厚知识、融人文、懂服务、精管理"的高素质复合型养老服务管理人才。

2. 坚持立德树人，注重价值引领　牢牢把握正确的政治方向和价值导向，融入思政元素，把立德树人贯穿教材建设全过程、各方面，发挥中国优秀传统养老文化育人优势，促进传统和现代养老文明与专业教育有机融合，指导学生树立正确的世界观、人生观、价值观，帮助学生确立投身养老行业的职业信念和理想。

3. 汇集专家智慧，坚持质量第一　本套教材的编者不仅包括开设养老服务管理学专业院校一线教学专家，还包括本学科领域行业协会、养老机构的权威学者，充分发挥院校、行业协会、养老社会机构合作优势，凝聚全国专家智慧，打造具有时代特色、体现学科特点、符合教学需要的精品教材。

4. 以学生为中心，体现发展理念　注重教材编写对教学改革和课堂革命的适应性、引领性，体例设置和内容编排坚持以"学"为主导，体现学生在教学中的主体性，注重培养学生自主性学习和终身学习的习惯和能力。

5. 坚持与时俱进，打造融合教材　本套教材采用纸质教材和数字资源融合的编写模式，教材使用者可通过移动设备扫描纸质教材中的"二维码"获取更多的教材相关富媒体资料，包括教学课件、

复习思考题答案、模拟试卷、拓展资料等,为广大师生提供了丰富的教学资源和广阔的互动空间。

本套教材的编写,得到了相关部门的指导和大力支持,凝聚了全国养老服务管理高等教育工作者和行业学者的集体智慧,谨向有关单位和个人致以衷心的感谢!希望本套教材的出版能够助推高等学校养老服务管理专业建设与教学改革创新,为我国养老事业和养老产业高质量发展提供有力的人才支撑。

尽管在编写过程中各位编者和工作人员尽心竭力、精益求精,但本套教材仍可能存在不足之处,敬请各相关院校广大师生在使用过程中能够多提宝贵意见和建议,以便今后修订和完善。

人民卫生出版社

2024 年 7 月

◇◇◇ 前 言 ◇◇◇

本教材是国家卫生健康委员会养老服务管理专业"十四五"规划教材,教材的编写是在我国人口老龄化现实背景和积极应对人口老龄化国家战略引领下进行的开创性工作。

我国于1999年进入老龄化社会,到2023年已正式迈入中度老龄化社会。一直以来,党和政府高度重视养老服务和老龄工作,早在1994年,国家计划生育委员会等10部门就印发了《中国老龄工作七年发展纲要(1994—2000年)》,未雨绸缪做好老龄工作。2020年党的十九届五中全会把积极应对人口老龄化上升为国家战略。2021年,国务院印发《"十四五"国家老龄事业发展和养老服务体系规划》,党的二十大报告指出,实施积极应对人口老龄化战略。为"十四五"期间我国老龄事业发展和养老服务体系建设制定了发展蓝图。我国老年人口规模大,老龄化速度快,建设与人口老龄化进程相适应的老龄事业和养老服务体系的重要性和紧迫性日益凸显,任务更加艰巨繁重。

经教育部批准,我国从2020年起开始设置招生"养老服务管理"本科专业。几年来我国养老服务管理专业、学科快速兴起与发展,涌现了一系列具有里程碑意义的成果。在养老服务管理专业本科招生规模不断扩大及社会对高质量教材需求日益迫切的背景下,2022年,"全国养老服务管理专业高质量建设研讨会"在南京举办,为提升人才培养质量和专业建设水平,与会十余所院校达成必须加快启动养老服务管理专业规划教材编写工作的共识。这项工作得到了人民卫生出版社的高度重视和大力支持。

本教材包括四部分内容:第一部分为基础知识,包括第一章绪论、第二章养老服务管理基础、第三章老年人特征与养老服务需求、第四章养老服务规划与政策;第二部分为养老服务相关内容,包括第五章养老服务供给、第六章养老服务体系、第七章养老服务内容、第八章养老服务创新模式;第三部分为养老服务管理具体内容,包括第九章养老服务人才管理、第十章养老服务筹资管理、第十一章养老服务资源管理、第十二章养老服务质量与安全管理、第十三章养老服务信息管理;第四部分为拓展内容,包括第十四章养老服务伦理、第十五章银发经济与养老市场、第十六章养老服务展望。

本教材作为养老服务管理专业首批6本行业规划教材的核心引领教材,在坚持"三基""五性"基础上进一步强调"凸显学理性、力求首创性、注重新颖性、坚持实用性、融合思政性"的编写原则。力求通过对本教材的学习,使学生建立专业自信和职业理想,充分了解养老服务管理的基本理论、基本知识和基本技能,形成对本专业、本行业全面、系统认识。同时作为专业基础课教材,注重理论与实践相结合,为学生开展后续系列专业课程的学习夯实专业知识基础。本教材作为融合教材,同步编写了纸质教材和数字资源,两者相互融合、相互补充,以期给学生呈现最佳学习素材。

本教材主要面向高等院校养老服务管理、健康服务与管理、老年医学与健康等专业,也可作为临床医学、护理学、康复治疗学等专业的辅助教材,还可作为养老服务行业工作人员的工具书、参考书。

全书由乔学斌教授统筹,分工如下:第一章由乔学斌、彭翔编写,第二章由陈任编写,第三章由师东菊编写,第四章由赵丽编写,第五章由万晓文编写,第六章由罗振亮编写,第七章由张淑萍、梁瑜编写,第八章由李现文编写,第九章由刘佽编写,第十章由汪连新、李春艳编写,第十一章由李艳春编写,第十二章由马小琴编写,第十三章由罗娟编写,第十四章由张文杰、王文军编写,第十五章由何肇红、

苏红编写,第十六章由张继延编写。教材编写过程历经编写会、审定稿会反复论证,参阅大量论著、教材、文献,不断修订完善。

在此我们真诚感谢各位编者对教材编写的辛勤付出和专业贡献!非常感谢各位编者所在院校给予的关照和协助!衷心感谢人民卫生出版社相关领导和编辑人员的支持帮助!我们还要感谢被引用参考文献的作者,著录时若有疏漏,在此一并表示歉意!

由于养老服务管理学科发展迅速,本教材没有可以参考的成熟体系,虽经反复斟酌,仍难免有不足之处,恳请同行专家及广大读者批评指正,以便今后修改提高。

《养老服务管理学》编委会

2024 年 2 月

◇◇◇ 目　　录 ◇◇◇

第一章
绪　论

学习目标

知识目标

掌握老年、养老、养老服务、养老服务管理、养老服务管理学等基本概念,明确养老服务管理主客体,初步了解养老服务管理学科研究内容。

能力目标

了解养老服务管理内涵,能够掌握现实中养老服务管理内容,能够明确养老服务管理与其他管理的区别。

素质目标

体会养老服务管理定位及对社会生活的重要意义,加深对养老服务管理学的理解,建构养老服务管理学学科思维。

课程思政目标

体会养老服务管理重要性,从而确立专业理念,加强专业认知,树立专业自信,形成良好的职业道德。

学习要点

1. 养老服务管理内涵与特点。

2. 养老服务管理学科属性。

第一节　养老问题概述

一、养老问题的历史逻辑

衰老是人体客观规律,养老是人们必然的需求,但养老并不是一开始就成为一个社会问题的。在历史上,人们平均预期寿命比较短,老年人占人口比重比较少。同时,由于生产生活经验积累主要依靠人生经历的直观感受,所以年长者是受人尊敬和倚仗的人群。在西方,从古希腊城邦时期到古罗马时期,"家长权"是家庭的核心,"家长"们对家庭中人和财产拥有支配的绝对权力。在我国历史上,以农业生产为主要生产方式、以家庭为基本单位的小农生产模式,同样是"家长权威"赋予了大家长们支配地位。这一历史阶段,养老不成为一个社会问题,老年人反而在家庭生活中处于支配地位,其他家庭成员要围绕老年人生活。

笔记栏

一直到工业革命之前,在西方国家,养老主要依靠子女及个人财富,对于穷人而言,政府会举办一些养老救济机构。我国历史上自南北朝时期开始设置专门机构救济、收养孤寡贫困老年人。这一时期养老机构主要是针对特殊困难老年人,发挥扶危济困作用。生活不至于陷入困境的老年人仍然在家庭范围内颐养天年,养老需求整体上处在自我平衡状态。这一历史阶段,养老本身仍然没有上升到社会问题的高度,官府关注的是济困层面问题。

工业革命之后,生产力得到极大提升,工业化大生产和商品经济得到较快发展,人类协作范围不断扩大,城市化进程加快。在这一社会变迁形势下,家庭结构规模发生了变化,传统大家庭演变成为核心化、小型化家庭,导致以家庭为依托的养老方式遇到挑战。这时需要社会化、制度化养老支持才能适应养老需求,养老作为一个社会问题开始显现。对此,各国进行了一定探索,社会保险制度、社会福利制度逐渐形成,多元化养老机构逐渐出现,在一定程度上缓解了矛盾。

人口老龄化是指人口生育率降低和人均寿命延长导致总人口中年轻人口数量减少,年长人口数量增加,从而致使老年人口占总人口比例相应增长的动态过程。人口老龄化到来及其程度不断加深使得养老问题最终凸显。随着生活条件和医疗条件改善,人均预期寿命快速提高,加之生育抚育成本上升等因素,导致人口生育率下降,使得人口老龄化加速发展。特别是随着时间推移,老年人口中高龄老年人比重逐步增加,对养老的需求增加,尤其是对养老服务的需求增加。由于家庭规模进一步小型化,使得老年人及其子女普遍要寻求家庭之外的养老支持。当养老供给实际状态与社会期望状态之间产生差距,特别是这种差距产生了紧张状态,养老问题就日益凸显,亟须有新的变革。

二、养老问题的我国现实

1999 年底,我国 60 岁及以上人口占总人口比例达到 10.3%,标志着我国进入老龄化社会。国家统计局网站数据显示,2023 年末,我国 60 岁及以上人口已占全国人口的 21.1%,意味着我国已正式迈入中度老龄化社会,开始向重度老龄化社会迈进。2012 年以来,以习近平同志为核心的党中央高度关注养老服务和老龄工作,积极应对人口老龄化。在党和国家重大规划、政策引领下,我国老龄事业发展和养老服务体系建设取得一系列新成就,老龄政策法规体系不断完备,多元社会保障不断加强,养老服务体系不断完善,健康支撑体系不断健全,老龄事业和产业加快发展。2020 年举行的中国共产党十九届五中全会提出"实施积极应对人口老龄化国家战略",在《中华人民共和国国民经济和社会发展第十四个五年规划和 2035 年远景目标纲要》中做了专门部署。特别是在 2021 年,国务院印发《"十四五"国家老龄事业发展和养老服务体系规划》,为"十四五"期间我国老龄事业发展和养老服务体系建设制定了发展蓝图。

人口老龄化是人类社会发展的客观趋势,我国具备坚实的物质基础、充足的人力资本、历史悠久的孝道文化,完全有条件、有能力、有信心解决好这一重大课题。同时也要看到,我国老年人口规模大,老龄化速度快,老年人需求结构正在从生存型向发展型转变,老龄事业和养老服务还存在发展不平衡、不充分等问题,主要体现在农村养老服务水平不高、居家社区养老和优质普惠服务供给不足、专业人才特别是护理人员短缺、科技创新和产品支撑有待加强、事业产业协同发展尚需提升等方面,建设与人口老龄化进程相适应的老龄事业和养老服务体系的重要性和紧迫性日益凸显,任务更加艰巨繁重。

思政元素

习近平总书记和尊老爱老的故事

　　党的十八大以来,习近平总书记做出一系列高瞻远瞩的重要指示,规划部署国家老龄事业发展和养老服务体系建设。在赴各地考察中,习近平总书记一次次走进养老机构和养老服务站。在兰州,他考察了一家"虚拟养老院"的养老餐厅,仔细询问其运行情况;在北京,他察看四季青敬老院老年人的房间、餐厅、健身房、医务室,看老年人作画、从事手工制作、排练合唱;在福州,他祝一家居家社区养老服务站的老年人健康长寿,叮嘱工作人员"好好干";在上海,他考察一家托老所时表示,党中央高度重视养老服务工作,要把政策落实到位,惠及更多老年人。

　　尊老爱老是中华民族的优良传统和美德。习近平总书记"老吾老以及人之老"的尊老爱老情怀,给全党做出示范,带动全社会形成良好风尚。在实地调研中倾听老年人心声,以一项项务实举措推动养老事业发展,他深谋远虑领导中国应对"银发潮"。借改革之力、创新之举,最美"夕阳红"的温暖画卷正渐次铺展。

第二节　养老服务管理

一、养老服务管理基本概念

(一)老年

　　关于汉字"老",《汉字源流精解字典》中表述,老字的"甲骨文为象形字,像老人扶杖之形"。《古代汉语字典》中表述:"老在篆文中是会意字,由人和表示毛发的毛字及表示变化义的七三部分组成,合起来表示人的头发胡须的颜色都变了。"说明"老"字本意是描述随年龄增长而产生的衰弱之形。在字词典中,老字作为形容词,指年老的、衰老的;作为名词,指代老年人;作为动词,有敬老、敬养的意思。

　　关于多大年龄属于老,《现代汉语词典》(第7版)中解释,老是指"年岁大";《中古汉字流变》指出"老,寿也";《说文解字·老部》中表述"老,考也。七十曰老";《汉语大字典》中表述,老指"五十到七十岁的高龄";《现代汉语词典》(第7版)表述老年"多指60岁以上的年纪"。实际上,老年标准的确定是现代社会养老服务供给和制度建设的客观需要,便于从法律层面保障老年人的合法权益。

　　根据对年龄的研究,一个人的年龄可以分为日历年龄、生理年龄、心理年龄和社会年龄。日历年龄是指个体出生开始按照年月计算而确定的年龄,又称自然年龄。日历年龄随着时间的推延而增长,一年增一岁,每个人日历年龄增长速度相同,计算标准统一。生理年龄是以正常个体生理发育或衰老状况为标准,确定的年龄,也称生物学年龄。该年龄根据个体的健康状况及反映其健康状况的生理指标来测定,代表人的生命活力。心理年龄指心理特征所表露出来的年龄特征,是按照记忆、理解、反应等对事物的敏感程度所计算的年龄。心理年龄可以根据对人的心理测验评价而得出。社会年龄是指作为社会化的人为社会发展所作出贡献的期限,是一个人在社会规范与习惯方面表现的年龄。社会年龄表明一个人在社会上从事某一工作,承担某一社会功能的时间长度。

对一般人来说,以上4种年龄发展基本同步,但是由于每个人身体禀赋有所差异,所处的客观环境千差万别,4种年龄也不一定完全同步一致。在以上4种年龄中,日历年龄的计算最具有操作性,标准客观、人人平等,可以方便地进行统计和对比。目前国际上通常是把日历年龄60岁或65岁作为老年期标准起点。就我国而言,《中华人民共和国老年人权益保障法》明确规定,老年人是指60周岁以上的公民。因此,60周岁以上公民为老年人,是由我国相关法律确立的老年年龄标准,具有权威性。

关于老年和老龄的区别,《汉语大词典》中解释,老年指"老迈之年",《60000词现代汉语词典》中解释,老龄指"年龄很老的"。从字面意思看,老年除了年龄大,还有衰老意味,而老龄是指年龄大的状态。因此,老年更具体形象,老龄更客观中性。从政策层面看,《"十四五"国家老龄事业发展和养老服务体系规划》在规划名称上使用"老龄",在一些具体安排上使用"老年",比如"老年健康支撑体系""老年助餐服务体系"。因此,老龄比老年范畴更广,更有宏观性。

(二) 养老

《辞海》中解释"养老"原为古代一种礼制,是"对具有某些资格老年人按时供给酒食",现多含有奉养、赡养或养护老年人的意思。《现代汉语词典》(第7版)中解释,养老一是指"奉养老人",二是指"年老闲居休养"。

根据相关词典解释不难发现,养老有两层含义。一方面,经过青年和中年阶段,人的身体功能从高峰逐渐下降,身体素质不如以往,往往患有多种慢性疾病。随着年龄进一步增长,可能逐步会丧失劳动能力、生活自理能力,在这种情况下就需要由他人提供相应支持。另一方面,养老也是老年人对身心的自我调适,通过这种调适以适应身体功能下降,维持正常的社会交往,享受美好生活,从而颐养天年。因此,自助和他助同样是养老应有之义,"助人自助"是为老年人提供帮助时应当确立的准则。

(三) 养老服务

服务一般是指社会成员之间相互提供方便的一类活动。《现代汉语词典》(第7版)中对服务的解释是"为集体(或别人)的利益或为某种事业而工作",这一解释侧重于社会学意义的阐述。经济学意义上的服务是指以等价交换的形式,为满足企业、公共团体或其他社会公众的需要而提供的劳务活动,它通常与有形的产品联系在一起。关于养老服务,一些学者指出,养老服务满足"物质"和"精神"两个层面的需求,具体提供"生活服务""护理服务"等服务。也有一些学者从狭义和广义角度区分养老服务的具体内容,狭义的养老服务主要是"生活照顾""医疗""康复护理""精神慰藉"等服务,广义上则指一切有利于老年人更好生活的正式与非正式支持。

在综合学界研究基础上,本书将养老服务界定为:为老年人提供支持,满足其物质生活与精神生活等需求的全部过程。"为老年人提供支持"是从广义上着眼,随着经济社会发展,养老服务内容将不断丰富,在为老年人提供良好物质保障的同时,也需要创造老年人参与社会事务、社会活动和社会服务的机会,这一界定使得养老服务概念具有良好的包容性和可扩展性。"物质生活与精神生活等需求"则是从细节处着手,凸显养老服务的目标,明确养老服务立足点。

(四) 养老服务管理

在管理学概念中,管理是为了有效实现组织目标,由管理者利用相关知识、技术和方法,对组织活动进行计划、组织、领导、控制并不断创新的过程。本书对养老服务管理的界定为:养老服务管理是运用现代管理科学理论、方法和技术,对养老服务行业进行计划、组织、领导、控制和创新,使养老服务活动更好地满足老年人需求的过程,从而有助于促进老年友好型社会建设、实现积极应对人口老龄化国家战略。

养老服务管理既包括对养老服务的管理,也包括对养老服务提供者的管理,具有双重管理对象。对养老服务的管理包括分析老年人特征,明确养老服务需求,制定养老服务规划和政策,设计养老服务内容,创新养老服务模式等。对养老服务提供者的管理主要包括整合养老服务供给,建设养老服务体系,并对人、财、物、质量与安全、信息等要素进行管理。

二、养老服务管理主体

关于管理主体,一种观点认为管理主体是组织,另一种观点认为管理主体是组织中的管理者。本书认为养老服务管理主体是指专门以履行养老服务管理职能为目标的组织,包括政府、市场、社会中相关主体。

(一) 政府

政府方面涉及多个政府部门,对养老服务的管理以指导和监督为主,多从宏观政策层面进行。例如,按照我国当前各部门职能分工,民政部门主要负责老年相关福利制度管理和养老服务体系建设,指导养老服务机构等的管理工作;卫生健康部门主要负责老年健康服务体系特别是医养结合的政策、标准和规范建设;人力资源社会保障部门主要负责以基本养老保险为代表的养老保险政策体系建设;发展改革部门主要负责拟订人口发展和应对老龄化战略、规划及政策,并在协调社会事业和产业发展政策及改革重大问题上发挥作用。

> **案例分析**
>
> 案例:2023 年,党的二十届二中全会通过的《党和国家机构改革方案》中关于完善老龄工作体制方面提到:实施积极应对人口老龄化国家战略,推动实现全体老年人享有基本养老服务,将国家卫生健康委员会的组织拟订并协调落实应对人口老龄化政策措施、承担全国老龄工作委员会的具体工作等职责划入民政部。全国老龄工作委员会办公室改设在民政部,强化其综合协调、督促指导、组织推进老龄事业发展职责。中国老龄协会改由民政部代管。
>
> 问题:机构改革方案涉及老龄工作体制的变化将会带来哪些积极意义?
>
> 分析:机构改革后的老龄工作分工更有利于发挥各自部门职能优势,协同推进老龄工作体制顶层设计与落地成效。民政部聚焦老龄体制规划、政策制度设计层面,国家卫生健康委员会的职能主要体现在老有所医、医养结合执行层面,双向发力,让老龄化"去弊转利"。

(二) 市场

市场方面主要是企业主体,这些企业主体包括注册为企业的养老服务机构、养老服务产品的生产企业,以及养老服务行业中的各种中介组织等。市场就像一只看不见的手,发挥资源整合作用,以营利为导向,驱动资源流入养老服务行业,在实现资源要素投入回报过程中促进养老服务行业发展。企业必须做好市场调研、客户服务和内部管理等工作,才能获得经营成功,不断发展壮大。

(三) 社会

社会方面主要是非政府组织主体,目前我国的非政府组织主要包括事业单位、社会团体、民办非企业单位和基金会。政府举办的养老机构一般登记为事业单位,主要承担一个地区养老服务兜底供给责任。社会团体主要包括老年学会、养老服务行业协会等机构,前者从

事老年学相关学术研究,后者从事养老服务行业自我管理工作。使用非国有资金举办的非营利养老机构注册为民办非企业单位,其所从事的业务领域与公办养老机构是一致的,在其运行过程中不以营利为目的。基金会在我国属于慈善组织,主要在第三次分配方面参与养老服务,在养老服务筹资等领域发挥着重要作用。

三、养老服务管理客体

管理客体是指主体管理行为所作用的对象,养老服务管理客体既包括养老服务行业及其构成要素和职能活动,也包括管理主体中的企业和非政府组织自身,还包括社区、单位、家庭和个人等。

(一)养老服务行业及其构成要素和职能活动

养老服务行业是以老年人为服务对象,为满足老年人多样化养老服务需求,提供多种个性化服务与产品而发展起来的一种现代服务业,是一种既具有公益性又具有营利性的服务业。养老服务行业包括养老事业和养老产业。养老事业关注的是社会基本养老服务,以及特定的老年人,提供的是公共物品,主要依靠公共财政、公益性资金;养老产业针对有购买能力的老年人,提供的是私人物品,主要依靠消费者个人付费。

(二)企业和非政府组织

由于养老服务行业中企业和非政府组织数量众多且具有多样性,所以这些养老服务管理主体自身也是管理客体,接受政府的管理。政府需要对养老服务行业中各类企业、非政府组织活动和发展进行规划,确定它们在提供养老服务中的地位和作用,对它们各自活动方式、活动范围,以及彼此之间的关系进行监管。比如政府对注册为企业的养老机构运行进行规制,对非政府组织参与政府购买养老服务的行为进行规范等。

(三)社区、单位、家庭和个人

社区是老年人生活的场所,政府要支持建设老年友好型社区,在社区创造良好的适老硬件和人文环境。单位是老年人曾经服务过的工作机构,政府要引导单位设立为离退休职工服务的部门,做好本单位离退休职工关怀服务工作。家庭是老年人生活的单元,政府要宣传树立良好家风,支持家庭成员关心爱护老年人。个人也是自身养老的责任者,政府要鼓励引导个人做好一生规划,在年轻时积极参与社会分工,创造社会价值,按照国家规定缴纳社会保险,有条件的参与个人养老保险,为老年时期积累一定个人财富,在进入老年阶段时,树立积极生活态度,努力自立自理,参与社会事务。

四、养老服务管理特征

(一)专业性

养老服务是提供给老年人的,接受服务的老年人作为生活自理能力减退甚至丧失的群体,具有一定的弱势性。养老服务应在一定程度上对抗这种弱势性,提升老年人生活效能。因此养老服务管理需要突出专业性,应当对养老服务进行标准化、规范化。提供养老服务的养老机构或公司要有相应准入门槛,应当配备专业化设备设施和具有丰富经验的服务团队,建立严格规范的服务流程和质量控制体系。

(二)实用性

养老服务的产生有其社会客观需求,主要是为了破解养老照护的社会性难题,减轻家庭及社会压力,为老年人提供舒心安适的养老环境,提高其生活品质,保障其幸福生活。因此,养老服务管理要以实用性为基本标准,在确立服务目标时要紧扣老年人实际需求,提升服务实用性。在服务方式和管理方式创新时,要注重实用导向,提升服务效能。

（三）社会性

养老服务是一种面向社会发展的服务,其出现主要是社会变迁对养老这一需求的重塑和发展。因此,养老服务具有社会福利性质,要把养老放在社会发展角度去理解和思考。无论是公益性还是营利性养老机构,在养老服务管理中,在按照老年人需求提供生活照料的同时,也要注意为老年人提供精神赡养。要从社会人的角度理解老年人,在管理中体现关爱、关心老年人,尊重老年人的尊严,提升养老服务回应性。

（四）经济性

养老服务作为社会化提供的服务,必须考虑其经济性。在养老服务管理中,要在保证养老服务质量前提下降低养老服务成本,提高养老服务效率,扩大养老服务覆盖面。此外,养老服务行业需要大量的、不同层次的工作人员,有助于多方面促进社会就业;养老服务产品消费具有促进产业发展、拉动经济增长的作用。因此,养老服务管理要在保障服务的同时,着眼于开拓创新,形成新局面。

（五）伦理性

养老服务行业由于其服务对象的特殊性,要求从业人员具有高度的责任感、认同感、荣誉感,恪守职业道德要求。在提供服务过程中,既要尊重老年人,又要保护好老年人隐私,还能恰当处理老年人的一些个性化问题,能够形成伦理自洽,这就要求注重对从业人员进行养老服务伦理培养。

课堂互动

讨论:如何看待对老年人使用防离床约束带?

在现实中,有一些失能失智老年人会无意识或不合时宜地离开床榻下地活动,甚至走出家门,造成严重后果,给照护者带来很大困扰。在此背景下,防离床约束带这一产品应运而生。看护者会用一根或多根柔软但不易扯断的约束带,将老年人的手脚"捆绑"在床位上,使之不能随意离床活动,防止摔伤或走失。

你对这种在养老服务中对老年人使用防离床约束带的行为有什么看法?

（六）时代性

养老服务管理是对养老服务提供过程的管理,之所以出现养老服务管理专门分工,是因为当养老服务成为普遍需求时,在养老服务提供上越来越需要社会化大规模协作。为了使养老社会协作能够顺畅进行,让老年人能够获得良好服务,需要有养老服务管理专业人才。我国从 2020 年起设置了养老服务管理本科专业并开始招生,正是对应养老服务管理专门化分工的要求,具有鲜明时代性。

第三节　养老服务管理学的学科建设

一、养老服务管理学的学科定位

（一）养老服务管理学的概念

养老服务管理学是研究老年人养老需求、养老服务及养老服务管理相关理论、方法和技术的一门新兴交叉学科。学科有三个基本任务：一是运用科学观点和方法，研究总结养老服务管理理论；二是结合现代技术手段，对养老服务管理的质量、过程和效率进行有效提升；三是针对人口老龄化中出现的新需求、新问题，从养老服务管理角度提出应对方案。在学科层面树立养老服务管理内核，加强理论化、系统化研究，对提高养老服务质量和效率、适应社会发展变化具有重要意义。

(二)养老服务管理学科特点

养老服务管理学科作为一门新兴交叉学科，有以下突出特点：一是迫切的学科任务，要确保能够应对人口老龄化挑战、实现经济社会可持续发展，加速实现国家老龄治理体系与管理能力现代化；二是鲜明的现实聚焦，研究对象始终落脚于解决养老服务供需过程中所显现的系列实际问题，优化健全养老服务体系，促进养老事业与产业协同发展；三是综合的研究内容，注重学科交叉和知识融合，通过研究养老服务管理规律，全面推进养老服务管理科学化进程。

(三)养老服务管理学科范畴

养老服务管理学属于公共管理学范畴，同时又具有深厚的社会学、医学等学科内容，是一门以公共管理学为主体，多学科知识交融的应用科学。学科具有相对独立的知识体系，养老服务管理学以养老服务管理及其规律作为研究对象，反映养老服务管理客观本质及其矛盾运动规律，具备知识体系相对独立性和不可替代性。

(四)养老服务管理学科兴起与发展

过去几十年，随着人口老龄化程度不断加深，养老服务需求也随之增长，人们逐渐意识到养老服务领域的复杂性。为应对这一挑战，养老服务管理学科应运而生。

1. 国外　在 20 世纪之前，衰老的研究通常被嵌入到更广泛的学科中，如医学和哲学。专门针对老龄化或养老服务管理的正规教育有限。从 20 世纪中叶一直到 20 世纪 90 年代，得到快速发展的是与养老服务管理学科密切相关的老年学(gerontology)。从正式成为独立学科，到美国、欧洲及其他国家和地区大学的社会学、心理学或社会工作系开始提供专门针对老年学的课程和项目，再到本科和研究生阶段老年学课程显著扩展，都为养老服务管理学科兴起与发展打下良好基础。从 2000 年至今，随着老年人口快速增长和养老需求呈现多样化趋势，仅培养理论研究型人才已经无法满足社会需求，实践性和应用性更强的养老服务管理学科及专业开始出现。

以美国南加利福尼亚大学和马里兰大学巴尔的摩分校等为代表的一批高等学府纷纷开始在本科及研究生阶段开设养老服务管理相关专业，通过与健康管理、社会工作、公共卫生等多个领域的结合，建设养老服务管理学科。截至 2022 年，美国、加拿大、英国、比利时、芬兰、瑞典、澳大利亚、日本、新加坡等国有多所高校开设养老服务管理学相关本科项目。

2. 国内　从 20 世纪后期开始，我国与养老服务管理相关的学科，如社会学、老年医学等逐步发展成熟，新的学科(如老年护理学、老年康复学)正在兴起。养老服务管理学科也随着公共管理新兴专业发展而快速兴起和发展。《教育部关于公布 2019 年度普通高等学校本科专业备案和审批结果的通知》(教高函〔2020〕2 号)正式将养老服务管理纳入普通高等学校本科专业目录，于 2020 年开始招生。同年，全国首个本科起点养老服务与管理学院在南京中医药大学正式成立。2022 年，"全国养老服务管理专业高质量建设研讨会"在南京举办，与会 11 所高校一致同意成立"全国养老服务管理专业高质量建设院校联盟"。2023 年，中医药养老服务与管理交叉学科博士点通过教育部公示。2024 年，国家卫生健康委员会"十四五"规划教材建设的养老服务管理专业首批 6 本行业规划教材正式出版。

养老服务管理本科专业获批招生、首个本科起点学院成立、全国性教育研究组织建立、交叉学科博士点通过教育部公示、首批行业规划教材启动编写,是我国养老服务管理学科兴起与发展中具有里程碑意义的事件。

在科学研究方面,国内研究机构开展了养老服务管理学科相关研究,会议论坛、学术期刊上也有养老服务管理学科相关成果发表。1982年成立、1995年更为现名的中国老龄协会为副部级事业单位,作为国家专司老龄事业的部门,主要对我国老龄事业发展的方针、政策、规划等重大问题和老龄工作中的问题进行调查研究。1989年成立的中国老龄科学研究中心是国家级多学科老龄问题综合性研究机构,现由中国老龄协会主管,开展综合性的老龄问题研究,并且承担目前国际国内规模最大的老年人生活状况抽样调查工作。此外,北京大学老年学研究所、复旦大学老龄研究院、中国人民大学老年学研究所等研究机构也开展了养老服务管理学科相关研究。"老龄中国发展大会""中国老年学学科建设研讨会"等国内连续举办的学术会议上有养老服务管理学科研究成果呈现,《老龄科学研究》《中国民政》等期刊上也经常刊登养老服务管理学科相关论文。

由于人口老龄化在人类历史中是晚近才出现的,在过去很长一段时期,养老服务管理这一问题很难得到系统化的理论研究。而目前养老服务管理实践发展历史还比较短暂、研究积淀不足,虽然已经建构起初步知识体系,但系统化、学理化还有待进一步提高,还需要研究者、教育者、学习者、决策者、实践者们不断努力。

(五) 养老服务管理学科愿景

养老服务管理学科在未来建设中立足学科前沿,致力于实现以下愿景。一是开展高水平科学研究,推动理论与实践结合,回答人口老龄化不断为学科提出的科学问题;二是开展高水平政策研究,引领养老服务政策制定,促进养老事业和养老产业协同发展;三是打造高水平学科平台,整合相关研究资源,不断促进学科力量形成与壮大;四是开展高层次人才培养,适应国家养老服务人才培养发展要求,保障养老服务高质量发展。

二、养老服务管理学科建设意义

(一) 有利于实现中国式现代化

老年期是每个人都会经历的阶段,养老是每个人都会有的需求。建设养老服务管理学科,研究养老服务管理领域相关课题,可以建立有效的社会养老服务管理体制。通过树立以人为本理念,健全相关法律法规,充分利用公共资源,发挥各种组织的作用促进养老服务供给,优化养老服务管理,从而使老年人享有高质量晚年生活,分担家庭照护负担,提高全体人民生活满意度和幸福感,助力中国式现代化实现。

(二) 有利于实施积极应对人口老龄化国家战略

积极应对人口老龄化国家战略提出:推动养老事业和养老产业协同发展,健全基本养老服务体系,大力发展普惠型养老服务,支持家庭承担养老功能,构建居家社区机构相协调、医养康养相结合的养老服务体系。国家战略实施是一个系统工程。因此,对养老服务管理进行全面、系统研究有助于充分调动各方面积极因素,整合资源,解决现实中遇到的各种问题,有利于积极应对人口老龄化国家战略最终实现。

(三) 有利于丰富公共管理学科体系

公共管理学是以公共管理活动为实践基础,以探究公共部门管理公共事务本质和规律为研究对象的学科。作为公共管理客体的社会公共事务表现出不断扩展的趋势,养老即是其中涉及面广而又影响深远的公共事务。人口老龄化不断发展也改变了社会人口结构,给公共管理带来了新挑战。建设养老服务管理学科,在养老这一社会事务方面开展研究,既有助于组织提供好养老服务这一具有公共物品属性的公共事务,又有助于思考新的社会形势

下公共管理学科发展方向。

(四)有利于推进政府管理体制改革

建设养老服务管理学科,一方面有利于重新界定政府、市场和社会在公共事务这一领域的角色和职能,明确主体权利与责任,保证养老服务行业正常高效运营,从而真正实现政府从全能政府到有限政府、从管理到治理的转变。另一方面也有利于减轻养老服务对政府财政的依赖,扩展养老服务所需经费的筹集渠道,能够增强养老服务行业本身"造血功能",从而减轻财政负担。

(五)有利于促进现代养老服务行业发展

由于我国老年人口规模大、老龄化速度快且高龄化加剧的形势,加之家庭内代际支持日趋衰弱,使得养老服务需求快速增长,亟待养老服务供给侧发展和创新。提高养老服务管理效率,建立现代养老服务行业,实现养老服务多元化、社会化和市场化是应有之义。建设养老服务管理学科,能够从理论高度分析指导如何更好地整合养老服务资源,明晰供需双方地位和关系,有助于促进现代养老服务行业发展。

三、养老服务管理学科研究内容

从养老服务管理学科研究内容来看,主要包括基础层面研究、服务层面研究、管理层面研究和拓展层面研究。

(一)基础层面研究

养老服务基础层面研究要阐述学科基本概念,明确养老服务管理主体和客体,厘清养老服务管理学内容,确定养老服务管理学学科定位;探讨养老服务管理理论基础、实践基础、社会文化基础和方法基础,为养老服务管理学科建立奠定基石;在系统分析人口老龄化形势基础上,研究阐释老年人一般特征、我国老年人口特点、老年人养老服务需求,洞察养老服务管理学科建立的现实时代需求;研究我国积极应对人口老龄化国家战略,总结养老服务相关规划和政策的规律。

(二)服务层面研究

1. **养老服务的供给** 养老服务供给来自政府、市场、社会、家庭及个人。政府在推动养老服务体系建设中发挥政策引领作用,市场在资源配置中发挥决定性作用,社会是政府和市场的有效补充,发挥重要作用。家庭和个人是养老服务供给最基础,也是最可依靠的力量。养老服务供给研究,以分工为基础,构建养老服务供给总体框架。

2. **养老服务的体系** 养老服务体系主要包括家庭养老服务体系和社会养老服务体系。社会养老服务体系主要包括居家养老、社区养老和机构养老,其中居家养老和社区养老逐渐融合衍生为居家社区养老。居家养老是以家庭为核心,老年人在家里接受以自我或家庭成员为主的照护的养老形式。机构养老是以养老机构为核心,老年人离开家庭到养老机构接受照护的养老形式。居家社区养老是以社区为依托,以家庭为基础,以养老机构为后盾,由社区提供支持的养老形式。养老服务体系研究,以资源整合为指导思想,探索适应社会养老需求的养老服务形式。

3. **养老服务的内容** 养老服务内容主要包括生活照料服务、精神慰藉服务、文化教育服务、法律援助服务等。生活照料服务主要是对老年人日常生活饮食起居的照顾,保障老年人日常生活。精神慰藉服务主要是通过尊重、理解、沟通、陪伴和心理咨询等,保障老年人心理健康。文化教育服务主要是为老年人提供文化娱乐服务和教育培训服务,使老年人能够实现老有所乐、老有所为。法律援助服务主要是为老年人提供法律咨询、代理、法律教育等服务,保障老年人合法权益。养老服务内容研究,从老年人需求出发梳理对应养老服务内涵,有助于不断丰富和改进养老服务水平。

4. 养老服务的创新模式 养老服务创新模式主要是医养结合、护养结合、康养结合和健养结合。医养结合主要是将适宜医疗服务结合到养老服务中,从老年人医疗需求出发,提供便捷、适宜的常见病、多发病和慢性疾病诊疗服务。护养结合主要是在养老服务过程中引入专业化护理服务,满足一些老年人特殊护理需求。康养结合主要是将康复治疗引入养老服务,使老年人可以在疾病治疗过程结束以后继续接受身体和心理康复治疗,促进功能恢复,提高生活质量。健养结合是指将健康管理与养老服务相结合,在老年人日常照料中融合健康管理思想和方法,实现全生命周期、全过程健康管理。养老服务创新模式研究应结合人口老龄化、高龄化社会背景,从保障老年人健康、更好地享受老年生活愿景出发,创新养老服务模式。

(三) 管理层面研究

1. 人才的管理 养老服务活动由人来完成,应当建立包括管理人才和业务人才的养老服务人才队伍。养老服务行业应当注重人才的聚集、培养和使用,提升人才技能素养和职业道德,加强日常管理,建立健全激励机制,充分调动人才积极性。通过对人才管理的研究,总结养老服务行业用人特点和规律,增强行业对人才的吸引力,充分发挥人才效能。

2. 筹资的管理 养老服务可持续发展,需要有稳定的资金来源,并且要有良好的财务管理。政府、社会、个人都需要对养老服务承担筹资责任。通过对筹资管理的研究,构建科学的养老服务资金来源机制,对养老服务资金使用进行管理,以有限资金投入取得最大养老效用,不断提升资金使用效率,达到最佳社会经济效益。

3. 资源的管理 对资源的管理主要涉及硬件设施规划、设计、运营维护、改造等,以及设备和产品选择、研发、评价等。养老设施完善、安全,物资采购、使用规范有序,设备完好无损是养老服务能够正常开展的保障,新设备、新技术、新产品的使用能够提高养老服务水平。对养老服务资源管理进行研究,有助于充分认识并开发养老领域"物"的价值,从而提供更好的养老服务。

4. 质量和安全的管理 养老服务管理各个环节都与质量管理密切相关,如对人、财、物的管理,对服务本身的管理等。质量管理通过质量策划、控制、改进等一系列管理活动,确保养老服务既定目标任务的实现。安全是养老服务管理的底线,安全管理建立在规范基础上。通过对质量和安全管理的研究,确立养老服务质量标准,建立规范,保障养老服务质量和安全。

5. 信息的管理 养老服务的信息管理主要包括信息管理系统软件、硬件开发使用,以及数据分析等。随着现代社会智能化、信息化技术的进步,出现了以养老大数据分析与显示为代表的实时、互动综合平台。通过平台有效整合各种信息资源、服务资源和数据资源,更方便地向老年人提供服务,是信息管理发展的方向。通过对信息管理的研究,使养老服务管理借助信息技术发展浪潮,不断提升养老服务管理效率和管理能力。

(四) 拓展层面研究

1. 对养老服务伦理的研究 养老服务伦理是养老服务及管理在思想、道德层面的升华。养老服务伦理研究阐述养老领域伦理概念和独特内涵,从责任、良心、公正、荣誉等方面提炼养老服务伦理要素,明确养老服务从业人员应该具备特别可贵的职业道德要求。通过对养老服务伦理的研究,构建养老服务管理伦理话语体系和精神支撑,保障养老服务管理行稳致远。

2. 对银发经济和养老市场的研究 养老事业与养老产业协同发展是我国目前的政策导向,符合我国现实国情。银发经济会带来新的经济发展机遇和新的经济业态,养老市场可以集聚社会资源,创造新价值。对银发经济和养老市场的研究,可以从经济和市场角度阐述养老服务价值,拓宽养老服务发展思路,拓展养老服务管理工具库和资源库。

3. 对养老服务未来发展的研究 当前,人口形势、经济形势和就业形势等方面既为养老服务发展带来了机遇,同时也带来了挑战。面对未来更加庞大和多元的服务需求,养老服务应当如何提升和发展是个亟待回答的问题。对养老服务未来发展进行研究,借鉴其他国家养老服务发展经验,探讨养老服务可以采取的创新方式,有助于做好当前和今后养老服务管理。

四、养老服务管理学科研究方法

养老服务管理学科是公共管理分支学科,同时也有自己的研究领域。因此,养老服务管理学科研究方法借鉴公共管理学科,并在此基础上逐步发展出在养老领域的应用。通常采用的养老服务管理学科研究方法如下。

(一) 比较研究法

比较研究法是指对两个或两个以上的事物或对象加以对比,寻找其异同,对事物本质和规律予以准确认识的一种分析方法。比较研究法是社会科学研究中一种比较常用的研究方法,根据比较的内容,一般可以分为横向比较和纵向比较。横向比较是指对空间上同时并存事物的既定形态进行比较,纵向比较指时间上的比较,即比较同一事物在不同时期的形态,从而认识事物发展、变化过程,揭示事物发展规律。人口老龄化在一些国家出现较早,能够为我国提供有益借鉴。我国养老服务管理研究起步相对较晚,在我国当前养老问题研究中,也需要借鉴国际上养老服务管理经验教训及我国养老服务管理不同时期、不同机制下的经验教训,通过横向和纵向比较研究,认清我国养老服务管理历史、现状和未来发展方向,进而促进养老服务管理发展。

(二) 案例分析法

案例分析法是指通过对养老领域具体发生的某些事件或现象进行客观描述和解释,从养老服务管理发生、发展情境中去发掘个案本质,总结经验教训,以找到问题答案的研究方法。案例分析法是公共管理、工商管理、法律、社会工作等应用性社会科学中最常用的研究方法。由于养老服务管理研究刚刚兴起,所以运用案例分析法针对客观、独特事实进行研究,特别有价值。案例分析法运用在养老服务管理研究中一定要针对具体场景进行,对养老服务管理案例发生背景、发生过程、出现问题等要进行全面、系统评价,分析其中成功和失败因素,进而提出相应对策、建议。案例分析中案例的选取一般要求来自实际,能够提供有价值线索,能结合养老服务管理相关理论进行分析,有助于研究者和学习者展开双向交流和思维碰撞。实践证明,案例分析法对于养老服务管理研究与教学都是行之有效的。

(三) 实验分析法

实验分析法源于自然科学,现在也被广泛运用到社会科学研究中。实验分析法是指根据客观现实,通过情景控制模拟场景,将研究所涉及的各种要素,按照预先设计的步骤展开,观察和探索要素之间关系的研究方法。养老服务管理的实验分析法不同于自然科学的实验分析法,因为存在着许多无法像自然科学实验中精确测量和分析的因素,所以从严格意义上讲,养老服务管理的实验分析法是一种准实验分析。我国养老服务管理领域里很多政策在推广之前都先行试点,等试点经验成熟后再推行到更大范围实施,在某种程度上就是实验方法的运用。目前,管理学和医学领域较为常用的对比实验、可行性实验、模拟实验等,已经综合运用到养老服务管理研究中。

(四) 实践抽象法

实践抽象法是指对养老服务管理实践和行为中的既有经验、办法,以及思维方式进行总结、概括和抽象,形成新的养老服务管理理论和方法。养老服务管理是实践性较强的学科,需要对管理学、医学、社会学等学科实践过程中形成的一些较稳定和定型化的操作方法和思维方法进行总结、概括和抽象,凝练提升为系统的理论,形成养老服务管理学科内核。实践抽象法遵循"实践—理论—实践"的思想,即从实践中来,到实践中去。在养老服务管理中运用实践抽象法有助于帮助理论研究者和实务操作者提升确认问题、分析问题及解决问题的能力,有助于形成养老服务管理中国方案。

第四节 养老服务管理学与相关学科关系

一、养老服务管理学与社会学

社会学提供了对社会结构、规范和趋势的基本理解,强调社区和社会支持系统重要性,侧重探讨老龄化对社会的影响。通过社会学了解老龄化如何影响社会角色、家庭结构和社区动态,对理解社交网络在支持老年人方面的作用,设计有效且具有文化敏感性和包容性养老服务至关重要,尤其是社会学中老年学与养老服务管理学关系十分密切。老年学是指研究人类老龄化现状和过程,研究人类个体老龄化和群体老龄化规律,研究人类老龄化与人类生活的社会环境、生态环境之间联系,以及人类社会和个人如何适应老龄化的科学。老年学和养老服务管理学研究的服务人群都是老年人,都是在人口老龄化背景下兴起的学科。

整体而言,包括老年学在内的社会学侧重于认知和提供实证的作用,通过揭示人口老化规律,分析人口老化对社会经济发展的影响,回答人口老龄化"是什么"和"为什么"的问题,从而指导实践、促进社会发展;而养老服务管理学更侧重管理,研究如何解决问题,主要回答"怎么办"的问题。

二、养老服务管理学与公共管理学

公共管理学科提供了分析、制定和实施养老政策所需的理论和知识,使学生具有组织和管理能力,具备战略管理和项目管理技能。通过公共管理学科,从宏观视角看待人口老龄化问题,从顶层设计角度规划养老服务体系,注重政府和非政府组织密切合作,有助于养老服务管理者了解养老政策,建立全局思维,引导养老服务管理主体之间协同合作,从而加强养老服务的提供。

养老服务管理学作为公共管理学一个分支,是对公共管理学科的细化和深化,是人口老龄化形势下公共管理学科的进一步发展,也是新时代公共管理学科的特别关怀。养老服务管理学坚持问题导向,树立解决问题的目标思维,在养老领域内发展公共管理学科,可推动国家老龄治理体系现代化。

三、养老服务管理学与中医药学

中医药学以"天人合一"整体观为指导,在养生保健、防病治病方面体现出了巨大优势,在处理人与自身、人与社会、人与自然关系方面也有独特优势。通过中医药学科可以建立对老年人整体福祉的理解,不仅考虑身体健康,还包括了心理、情感和精神方面。将中医药学科的理论、方法和文化运用到养老服务管理学科中,可以为老年人提供更加个性化和有效的养老服务。

养老服务管理学具有很强的学科交叉特性。中医药融入养老领域,可以加快推进健康中国建设、全方位全周期保障人民健康,是中医药主动服务"积极应对人口老龄化国家战略"、拓展自身可持续发展渠道的重要创新。加强养老服务管理学与中医药学的融合,也可以在养老服务管理实践中为老年人提供广泛更具特色的养老服务。

四、养老服务管理学与其他学科

老年医学是研究人体衰老及其机制、老年人疾病防治、老年人卫生与保健的一门医学分支学科。老年护理学是研究老年期身心健康和疾病护理特点的学科,运用护理知识与技能满足老年人衰老过程中特有的需要。老年康复学围绕老年患者功能康复,改善老年人因伤因病致残者生理和心理的整体功能。养老服务管理学与这三个学科的服务对象年龄层次高度重合,同时具有相同的目标,即维持、恢复、提高老年人生活质量和生命质量。

人工智能学科是计算机科学的一个分支,是研究、开发用于模拟、延伸和扩展人类智能的理论、方法、技术及应用系统的一门学科。大数据技术是新兴的,能够高速捕获、分析、处理大容量多种类数据,并从中得到相应价值的技术和架构。2016年以后,大数据与人工智能的结合开启了新发展阶段,大数据与深度学习相结合技术被大量应用于多个领域。养老服务管理学可以借助以上先进方法和技术,开展养老场景下智慧养老、智能养老应用研究。

相比而言,养老服务管理学研究的服务对象不仅包括了医疗、护理、康复需求的老年人,同时也包括了其他没有这些需求的老年人。从知识和技能角度讲,老年医学、老年护理学、老年康复学都具有自己的知识结构和专科技能,以满足老年人的医疗、护理、康复需求。而养老服务管理学具有专门的管理学知识结构和专业技能,研究如何整合资源,更好地实现"老有所养"目标,从个体层面和群体层面优化养老服务供给。

养老服务管理学研究人的因素,人工智能和大数据研究的是技术和信息因素,研究关注点存在差异。人工智能和大数据学科有自己的研究范式和研究工具,关注于设备、算法、程序。而养老服务管理学强调人文关怀,在服务、管理等方面以人为本设计制度、流程,更好地优化养老服务管理过程。

知识链接

民政部:从三个方面推动养老事业和养老产业发展

一是强化党对老龄工作的全面领导,进一步健全老龄工作体系。推动在老龄工作领域充分发挥党总揽全局、协调各方的领导核心作用,完善党委领导、政府依法行政、部门密切配合、群团组织积极参与、上下左右协同联动的老龄工作机制,强化全国老龄办综合协调、督促指导、组织推进老龄事业发展职责,加快形成老龄工作大格局,落实好各级老龄工作有人抓、老年人事情有人管、老年人困难有人帮。进一步推动将老龄工作纳入各级经济社会发展规划,纳入各地党委和政府议事日程,纳入对各地各有关部门的考核内容,纳入各方面为民办实事内容,为老龄事业发展提供有力保障。

二是全面贯彻落实党中央、国务院应对人口老龄化各项决策部署,不断推进老有所养、老有所医、老有所为、老有所学、老有所乐取得新进展。我们将持续推进健全社会保障体系,完善基本养老保险制度,发展多层次、多支柱养老保险体系,建立长期护理保险制度。推动完善健康支撑体系,不断提高老年人健康管理和服务水平。加快构建居家社区机构相协调、医养康养相结合的养老服务体系,加大基本养老服务和居家社区养老服务推进力度,开展老年助餐服务和居家适老化改造等,加强县乡村三级农村养老服务网络建设,完善养老服务综合监管制度。

三是持续引导动员全社会参与,将积极老龄观、健康老龄化理念融入经济社会发展全过程。深入开展人口老龄化国情教育,引导全社会积极看待老龄社会,积极看待老年人和老年生活,形成积极应对人口老龄化的广泛共识和工作合力。协调完善老年人社会参与政策并组织实施,鼓励支持老年人发挥积极作用。

（乔学斌 彭 翔）

复习思考题

1. 如何理解养老服务管理的内涵?
2. 如何理解养老服务管理学科形成的必要性和必然性?
3. 如何看待养老服务管理的公共属性?

ER-1-2

扫一扫
测一测

第二章

养老服务管理基础

学习目标

知识目标

掌握管理学、社会学相关理论基础,熟悉养老服务管理实践,了解养老相关社会文化和养老服务管理的方法。

能力目标

结合管理学、社会学理论基础阐明养老服务管理实践,理解养老的社会基础和文化背景,学会应用定性和定量方法解决养老服务管理问题。

素质目标

注重理论与实践相结合,提高以人为本的人文意识。

课程思政目标

践行"理论联系实际"的实践观,系统地认识养老服务管理。

学习要点

1. 管理学和社会学理论基础。

2. 国内外养老服务管理实践。

3. 养老服务管理社会文化基础。

4. 养老服务管理定性与定量方法。

第一节 养老服务管理理论基础

一、管理学理论基础

(一) 管理

管理(management)通常被定义为在特定环境下通过计划、组织、领导、控制和创新等活动,分配和协调人力、物力、财力和信息等资源,有效地实现组织目标的过程。管理是对人或对人的行为的管理,其本质是对人的行为进行协调。管理是科学性与艺术性的统一,也是自然属性与社会属性的统一。

管理学在养老服务管理中的应用是多方面和多层次的,它涉及养老服务体系的构建及养老机构的筹备建设、日常运营和服务管理等方面。管理学不仅提供了理论基础,还通过多种专业课程和实践操作,使人们能够在多个层面和领域中有效地应用管理学知识和技能,以提升养老服务质量和效率。

（二）管理基本职能

管理者的管理行为主要表现为管理职能。管理职能是管理者实施管理的功能或程序，即管理者在实施管理中所体现出的具体作用及实施程序或过程。目前，管理学界普遍接受五大基本职能，即计划职能、组织职能、领导职能、控制职能和创新职能。

1. 计划职能　计划职能是管理活动的首要职能，是指明确管理的总体目标及各分支目标，并围绕这些目标对未来活动的具体行动任务、路线等方案进行规划、选择、筹谋、协调等活动。在养老服务管理中，计划职能的应用表现为对养老服务的需求进行预测和规划，制定相应的服务标准和服务流程，以及确定服务提供的方式和渠道。例如，《"十四五"国家老龄事业发展和养老服务体系规划》提出构建和完善兜底性、普惠型、多样化养老服务体系的目标，这需要政府通过科学的预测和规划，合理分配资源并制定有效的政策和措施。

2. 组织职能　组织职能是管理活动得以顺利进行的极为重要的工作。实质是对管理人员的管理劳动进行横向和纵向分工，发挥整体大于部分之和的优势，使有限人力资源形成综合效果。在养老服务管理中主要体现在对养老服务机构的管理和运行上，包括设计清晰的组织结构和管理幅度，规划和设计组织的职能和权责，确定组织中直线、职能、参谋这三大职权的活动范围，并编制职务说明书，同时塑造具有自身特色的组织文化。我国推动的智慧化解决方案创新，如家庭养老床位、智慧助老餐厅、智慧养老院等，都需要通过有效的组织和协调来实现。此外，组织职能还体现在对养老服务类非政府组织的管理上。

3. 领导职能　领导职能是指管理者为实现组织目标而运用权力向下属施加影响力的一种行为或行为过程。激励是领导功能中十分重要的内容，指领导协调下属个人动机与组织目标之间的关系，激发、鼓励、保持与强化有利于实现组织目标的个人动机，调动和发挥下属的工作积极性。在养老服务管理中，包括通过监督检查，组织、协调下属，实现预期方针目标，采用物质激励和精神激励对养老服务组织成员进行鼓励。

4. 控制职能　控制职能与计划职能紧密相关，控制的实质是使实践活动更符合计划，计划是控制的标准。控制就是检查工作是否按计划进行，发生偏差时要及时分析产生的原因，纠正偏差或制定新计划，保证组织目标实现。对养老服务的监管与质量控制是这一职能的主要应用体现，包括加强质量安全监管，引导养老服务机构提高服务质量，确保老年人的生活质量和健康安全。此外，控制职能还体现在对养老服务机构的规范化管理上，例如制定并执行相关政策法规，规范养老服务机构经营行为，以维护老年人合法权益。随着科技的发展，信息化也在养老服务管理的控制职能中起到了重要作用。

5. 创新职能　创新职能指管理者要根据环境变化不断重新组合各项生产要素以调整决策、变革组织、完善领导、改进控制，不断打破旧秩序并建立新秩序。创新职能在养老服务管理中体现得尤为重要，它涉及服务模式的创新、技术的应用及管理体系的完善。在养老服务管理中，还需要不断创新管理方法和手段，比如采用现代化的管理软件来提高工作效率，或者通过培训让护理人员掌握新的专业技能，以更好地满足老年人的需求。

（三）管理原理

管理原理是对管理工作的实质内容进行科学分析、总结而升华形成的基本原理。深入研究管理原理，将了解和掌握管理活动的基本规律，用于指导管理实践。下面主要介绍管理中的系统原理、人本原理、动态原理和效益原理等内容。

1. 系统原理与养老服务管理　系统原理指人们在从事管理工作时，运用系统的观点、理论和方法对管理活动进行充分的系统分析，以达到管理目标，即从系统论角度认识和处理管理中出现的问题。养老服务管理作为一个社会系统，它具备了社会系统所有的一切特性。这里主要对目的性、层次性和整体性进行介绍。

（1）目的性：是一切目的系统所具有的特性。养老服务管理体系作为一个目的系统，主要目的是为老年人提供高质量生活照料和医疗服务等，以确保他们的生活质量和健康水平。为了实现这一目标，养老服务管理系统需要对各种资源进行有效整合和管理。

（2）层次性：是指养老服务管理系统是一个复杂的社会系统，与其他社会系统一样具有多个层次，每个层次都有其特定的任务、职责和功能。养老服务管理系统可以分为宏观管理、中观管理和微观管理三个系列层次。宏观管理主要是指民政部或各级政府民政厅局一级，对整个社会或某地区的养老事务进行的管理。中观管理主要是指养老系统中的部门管理，如养老机构管理、社区养老管理、养老资源管理、老年教育管理、长期护理保险管理等。微观管理主要是指对养老服务单位的管理。

（3）整体性：是指养老服务系统是由各种养老机构、养老教育机构、老龄化研究机构和养老管理机构等组成的有机整体，这些组成部分相互联系、相互依存、相互制约，共同构成了养老服务系统的组织结构。

2. 人本原理与养老服务管理　人本原理要求人们在管理活动中坚持一切以人为核心，以人的权利为根本，强调人的主观能动性，其实质就是充分肯定人在管理活动中的主体地位和作用。人本原理在养老服务管理中主要体现在以老年人的需求和福祉为中心，注重个性化服务和尊重老年人的意愿，同时也促进了服务模式的创新和提升。根据老年人的不同需求和偏好提供量身定制的个性化服务，如日间托老服务就是一种既满足了老年人留在熟悉社区的愿望，又提供了餐饮照顾及活动参与的服务模式。以人为本的服务理念鼓励养老服务技术的不断创新和突破，以更好地满足老年人的健康和生活需求。

3. 动态原理与养老服务管理　动态原理是指管理者需要明确管理的对象、目标都是在发展变化的，不能一成不变地看待它们。要根据组织内部、外部情况变化，注意及时调节，保持充分弹性，有效实现动态管理。动态原理要求养老服务管理者具备灵活的思维和应变能力，以便更好地适应老龄化社会需求，提供高质量服务。这不仅有助于提高老年人生活质量，也为养老行业发展带来了积极影响。随着科技发展和智能化技术应用，养老服务管理也在不断探索新的管理模式，如智慧居家养老服务协同治理，这体现了管理方法的动态演进。面对人口老龄化挑战，国家在新发展理念指导下，不断推进养老服务发展，政策制定和调整反映了对动态社会变化的响应。养老服务机构的目标也不是一成不变的，它需要根据外部环境和内部条件变化进行相应的调整，以确保服务的有效性和适应性。

4. 效益原理与养老服务管理　效益原理是指实施组织的各项管理活动都要以实现有效管理、追求高效益作为目标。从管理因素的角度来看，管理的目标就是追求高效益，有效的管理能够使组织的资源得到充分利用，实现组织的高效益。效益原理在养老服务管理中的体现主要在于追求经济效益与社会效益的最大化，通过提高服务质量和效率，实现养老服务行业的可持续发展。此外，通过合理分配养老资源，确保高质量的养老服务不仅集中在城市，也能覆盖到农村和偏远地区，实现服务的均衡发展。追求效益最大化还包括提升服务质量，满足老年人多样化和个性化的需求。这要求养老服务管理者不断创新服务模式，引入先进的管理理念和技术，以提高服务效率和效果。

二、社会学理论基础

（一）社会学

社会学（sociology）起源于19世纪30—40年代，是一门从综合性、整体性视角系统地研究社会结构和社会过程，深入揭示社会运行、发展规律与人类群体的社会科学。社会学主要涉及科学主义实证论的定量方法和人文主义的理解方法，以完善有关人类社会结构及活动的知识体系,并以运用这些知识去寻求或改善社会福利为主要目标。一般将社会学的研究对象分为侧重以社会及社会现象为研究对象、侧重以个人及其社会行动为研究对象两大类。

(二) 代表性理论

1. 新制度理论　该理论是一种分析组织结构、文化、认知和行为稳定性与结构趋同现象的理论框架,它强调社会结构对组织的约束作用,并突出制度在塑造组织的文化 - 认知特征方面的影响。新制度理论在养老服务管理中的体现主要涉及养老服务组织如何受到外部环境的制度压力,以及这些压力如何影响养老服务组织的结构和行为。养老服务组织不仅受到技术和市场的影响,还受到政策、法律、文化和社会规范等制度环境的约束。尽管面临制度环境的约束,但养老服务组织仍然可以通过创新来应对挑战和满足老年人的需求。不同的养老机构可能会采取相似的结构和实践,以适应相同的制度环境并获得合法性。这种趋同性可能体现在服务内容、管理模式、人员配置等方面。

2. 社会交换论　该理论认为通过交换概念发现社会资源分布的不平等和由此产生的权力地位分化,并从各个权力层次之间的对立和冲突中找到社会系统发展、变迁的动力,进而通过构建公正公平的交换机制,实现资源的优化配置,提高老年人生活质量和满足度。例如,我国的养老服务时间互助平台,志愿者用他们服务别人的时间来换取未来自己需要时的服务时间。这种模式旨在通过互助和共享,解决养老服务资源不足的问题。

3. 社会网络理论　该理论强调了个体、群体和组织之间的互动模式对社会行为的影响。老年人通过不同类型的社会关系获取支持和资源,而在不同的养老模式下老年人的社会网络结构和功能存在显著差异,这些差异会影响他们获得社会支持的程度和方式。机构养老的老年人更多依赖弱关系,而居家养老的老年人则更多依赖强关系。社区居家养老服务不仅由政府组织提供,还包括非政府组织、社区和个人行为的参与,这种多元化的支持结构有助于满足老年人的不同需求。

第二节　养老服务管理实践基础

一、国外养老服务管理实践

(一) 英国

二战之后,英国着力构建服务型国家,将"住院式"院舍服务模式作为养老服务载体,养老院从房屋结构设计、活动设施配备,到膳食营养、健康护理安排等方面,都能够很好地满足老年人需求,院舍服务模式很大程度上提高了老年人的生活质量。随着老年人口逐渐增多,院舍服务模式弊端逐渐显露,政府财政压力变大,老年人因长期处于脱离社区的非正常生活环境带来心理问题等。1990 年,英国颁布《社区照顾法令》,将社区照顾纳入重要社会政策中,社区养老模式开始正式上升到法律层面,1993 年起社区照顾开始在英国全国范围内进行推广。自 20 世纪 50 年代起,英国开始发展由政府主导、依托社区、非营利组织辅助的多层次社区照顾养老模式。

英国养老服务模式分层明确,种类齐全,在价格和服务内容上形成高低搭配,主要有以下五种类型:第一种是成人日托中心(adult day care centre)。成人日托中心由合格、经验丰富的工作人员经营,并提供一些基本的照顾和协助,成人日托中心的价格一般比较低廉。第二种是寄宿养老院(residential care home)。寄宿养老院主要为那些需要帮助管理日常生活的人提供住宿、照顾和支持,但不涉及专业医疗方面的护理协助,价格相对低廉。第三种是护理型养老院(nursing care home)。护理型养老院有着与寄宿养老院相同的一套护理,但增加了由合格护士提供的 24 小时医疗服务,护理型养老院价格也相对低廉,略高于寄宿型养老院。第四种是额外特殊照顾住房计划(extra care housing)。额外特殊照顾住房计划可以让老年人住在一个单独的公寓里,配有一名专门管理人员,供应膳食并提供个人护理,价格较高,属于高端养老服务。第五种是退休村(retirement village)。退休村费用较高,也是高端养老服务的一种模式,通常由大家集资修建甚至购买或租赁,配备有报警器、坠落传感器和方便老年人的淋浴设备等。

英国的养老社会服务主要由卫生部、社会保障部和地方社会服务部门管理。1948 年工党政府根据贝弗里奇报告的核心原则,建立了国民医疗保健制度(National Health Service,NHS),由卫生和社会保障部门实行分级管理;1974,英国成立了地方社会服务局,老年人的社会服务责任逐渐由中央卫生健康单位转移到地方社会服务部门。根据职能划分,卫生部和社会保障部主要负责养老卫生服务体系的监督与管理,地方社会服务局主要承担着对老年人的服务评估、服务信息发布、养老资源配置、服务购买等工作。英国有专门负责评估、监督和管理养老服务机构的组织,这些组织通过监督和管理以确保服务机构能够提供满足老年人需求的服务。

英国的福利国家性质和完备的社会保障体系使其在养老服务中优势明显,政府的高度重视和养老模式的逐步探索形成了具有国家特色的发展道路。英国经验表明,政府应建立并不断完善规章制度为养老服务管理的发展提供法律保障,同时引导各类组织、机构间建立互利共赢合作关系,建立家庭、社区、养老机构、医疗机构间的沟通合作网络,以提升管理效率,实现资源共享。

(二)美国

美国 1935 年颁布以老年社会保障为主要内容的《社会保障法案》,明确规定对老年、失业、伤残、死亡和遗属提供最低限度的保障津贴;1965 年颁布《美国老年人法》,将"公民退休后应有适当收入以维持其生活水平"列为老年人应享受的十大权利之首;1974 年,美国政府通过《补充保障收入法案》,明确规定保险费的支付按物价变动自行调整,同时规定 65 岁以上的贫困老年人收入和财产达不到一定水平时,可申请"补充保障收入"援助,使其能维持基本生活水平;20 世纪 80 年代以后,联邦政府给予地方政府的财政拨款减少,小型养老服务机构因缺乏资金转而向私人寻求资金转成私营公司。

美国社区居家养老服务模式大体分为三类,即福利性服务模式、公益性服务模式和专业性服务模式。福利性服务模式价格低廉,是低收入老年人的理想选择,其服务内容主要包括日间照料、个人护理、健康评估和管理、饮食和运动计划等服务。公益性服务模式的服务内容主要包括社交活动、文化和教育活动、交通服务等,主要由非营利组织、慈善机构、基金会、社区等通过募捐活动或者捐款的方式为社区居家养老提供资金支持,老年人仅需支付较低廉的费用。专业性服务模式注重提供针对性的医疗和护理服务,以维持老年人的身体健康,是需要更高级别的医疗和日常照料服务的老年群体的首选,通常需要支付高昂的服务费用。

在美国,各州均设有州级的老龄工作机关(State Units on Aging,SUA)及老龄工作地方机构(Area Agencies on Aging,AAA),前者负责统筹各项服务计划、管理州和地方的老龄工作,后者为非营利性政府机构或社会组织,旨在解决美国地区和地方层面所有老年人的需求和担忧。1997 年美国政府实行养老服务机构准入及报告制度,加州法案第 22 条规定,辖区内所有养老机构都要接受社会服务部监管。对社会养老服务机构监管的方式主要有两种,一是通过医疗保险和医疗补助项目的实施进行监督管理,政府主管部门每年对养老机构进行审查,只有符合审核标准、质量评估达标的养老机构才有可能得到政府的医疗保险和医疗补助;二是通过监察员项目监督养老机构,从 1972 年开始将监察员项目作为示范项目,用以监督各养老机构的服务质量,保障老年人权益。

美国的养老服务体系中,政府、社会、市场相配合使养老服务形成高端与低端搭配的发展模式。政府很少直接参与养老服务供给和管理工作,更倾向于私人部门和非政府组织承担养老责任,社会力量是建立发展多层次、多样化养老照护服务的中坚力量,市场养老成了现代养老体系新的发展动力。美国的经验表明,社会力量广泛参与的市场化养老服务体系能够促进服务供给的多样化和个性化,老年人可以根据自身需求和偏好选择适合的服务方式和服务提供者。同时,市场机制能够促使资源在供需双方的交互中得到优化配置,提高资源的利用效率和服务的经济性。各种社会力量被市场竞争筛选后,胜出的优质服务提供者能够得到更多的市场份额,促进了服务质量的提升和成本的控制。

(三) 日本

人口老龄化加上少子化的双重压力,使日本从 20 世纪 60 年代便开始探索建立养老服务体系,并不断调整优化,逐渐形成适合日本国情的养老模式。1963 年,日本政府颁布《老人福利法》,明确规定国家应兴建福利中心收养那些无家可归的老年人;1982 年出台《老年人保健法》,强调满足基本医疗服务的同时,要求注重老年人医疗保健、身体锻炼,将养老重心转移到居家照护;20 世纪 80 年代末,日本推行 "黄金计划",即政府出资培训护理人员,由护理人员看护老年人;20 世纪 90 年代,日本开始实施 "老年保健福利计划",建立社区综合护理系统,开始社区照护体系建设;21 世纪初,日本出台《护理保险法》,规定老年人既可以在家中享受政府提供的护理服务,也可以到养老机构享受服务,由此构筑了一个完善的护理服务体系。

日本将老年人的护理程度分为不同等级,老年人需要根据自己需要的护理程度选择不同类别的养老机构,而养老机构也会根据老年人的情况决定是否接收,各类养老机构的服务内容、收费及入住条件等因机构而异。目前日本养老院大致有 10 个类别,从价格和服务内容上形成高低搭配,这 10 个类别分别是特别养护养老院、介护老人保健院、介护疗养型医疗机构、养护养老院、具有护理服务的有偿养老院、住宅型养老院、健康型养老院、提供服务的住宅养老所、集体型养老院、低收费养老院。

日本政府在 2000 年开始实施《介护保险法》,介护保险制度把日本市、町、村及东京都 23 个特别区的地方政府组成的联合机构作为实施主体,负责养老服务管理运行工作,中央政府和都、道、府、县政府只负责出资,不参与管理工作。在养老机构管理方面,日本政府从立法层面界定养老行业准入标准,对机构经营管理进行监督管理,并依据《介护老人保健机构人员、设施与设备以及运营标准》等相关标准发布养老机构管理运营标准细则。在人才管理方面,日本政府大力支持养老领域人才培养,在学校专业设置、留学生接收政策、外国人就业制度等多个方面采取大量措施,促进日本国内形成一支高水平的专业养老服务人才队伍。

日本是亚洲国家中最先进入老龄社会的国家,也是全球老龄化进程最快、老龄人口比例最高的国家。日本的介护保险制度是日本养老保障体系中的重要支柱,使日本的养老服务在保证公平的同时效率大大提升。日本的经验表明,应对人口老龄化,首先要完善法律规范,其次要提高养老机构的专业化水平,在加大护理型养老机构的建设力度方面,要根据老年人的实际需要,发展不同类型的养老机构。最后要加快养老服务人才队伍建设,大力培养从事养老服务行业的专业人才。

(四) 澳大利亚

澳大利亚早在 1909 年就创立了养老制度,是一个典型的福利社会;1954 年,澳大利亚政府颁布《老年人居住法》，养老产业正式进入法治管理时代；1963年，随着养老机构津贴补助计划的出台，政府对于养老服务的资金支持开始大幅度提升；1992年，澳大利亚政府颁布《养老金保责法案》和《养老金管理法案》，超年金制度成为强制性制度，法律覆盖所有雇员，澳大利亚由此正式进入养老金多支柱国家。2015年，澳大利亚政府提出以服务对象需求为主的发展理念，改变原有的政府安排方式，改为由政府评估，老年人自主申请选择服务机构的模式，通过市场竞争促进养老服务产业发展。

澳大利亚的养老服务机构因服务类型、设施质量、地理位置等不同，而价格各异。作为英联邦成员国，澳大利亚与英国的养老服务机构分类比较接近，主要分为以下六类。①居家护理服务（home care services）：这类服务是为了支持老年人在自己的家中继续居住，提供从轻度到重度的各种护理服务。价格根据服务的频率和类型而异。②退休村（retirement villages）：退休村为老年人提供独立生活的住宅，通常包括公寓或小别墅，以及共享的社区设施，如健身房、游泳池和社交场所。退休村的费用因地理位置、设施质量和提供的服务而有很大差异。③住宿式养老院（residential aged care facilities）：这些机构提供24小时的全日制护理服务，适合需要持续护理的老年人。住宿式养老院的费用通常较高，包括基本住宿费、护理费和其他可能的费用。④特殊护理设施（specialist care facilities）：针对有特殊需求的老年人，如患有痴呆症或其他严重健康问题的个体，这些设施提供定制化的护理和支持。因为它们提供了专业的医疗和护理服务，所以这类设施的费用通常较高。⑤共享住宿（shared accommodation）：这是一种更经济的选项，允许几位老年人共享一个住宿空间，同时享受一些共同的服务。这种类型的养老机构适合预算有限且希望拥有社交环境的老年人。⑥豪华养老机构（luxury aged care facilities）：在市场的高端，有些养老机构提供豪华的居住环境和高级服务，如定制餐饮、私人护理、康复设施和文化活动。这些设施的费用通常非常高，适合经济条件较好的老年人。

在澳大利亚的养老服务管理工作中，政府是政策设计者和最大的资金投入者，在整个养老服务管理体系中起着计划、融资和监管的作用。国家设立了老年服务评估和管理专职机构——ACAT（Aged Care Assessment Service）团队，负责对服务对象的评估、服务管理和审查工作。另外，澳大利亚约16%的护士在养老机构工作，国家严格审查机构护理人员的准入资格，对护理人员采取细致培训，并设有专人监督检查。为了保证不同层次的养老服务模式能够协调发展，充分满足老年人不同层次的需求，一方面，澳大利亚政府出台各项规章制度，规范养老服务产业。另一方面，采用竞争性招标和承包的方式，为特定地区的养老服务选择提供商。

统计数据显示，2022年澳大利亚人均预期寿命84.3岁，位居世界第三位，高人均预期寿命的背后是澳大利亚完善的社会保障和发达的福利制度。澳大利亚的经验表明，完善的养老服务体系是政府和私营部门共同参与的结果。政府不仅提供基础的养老金，还通过立法和监管确保私营部门提供的养老服务质量。这种合作模式提高了整个养老服务的覆盖率和质量。同时，养老服务体系要根据老年人的需求和偏好提供不同的居住和照护选项，从家庭护理到全日制护理设施，确保每个人都能得到适合自己的服务。另外，澳大利亚的养老政策显示出较强的灵活性和适应性，能够根据社会经济状况和人口老龄化的趋势进行调整。例如，政府定期调整养老金标准，以应对通货膨胀和生活成本的变化。

二、国内养老服务管理实践

（一）香港

1965年香港发表第一部社会福利白皮书，明确家庭应承担照顾老年人的责任，政府只帮助孑然一身者;1973年发表第二部社会福利白皮书,提出老年人服务的社区照顾原则;2000年开始,香港实行养老服务统一评估机制,对老年人身体状况、自理能力、家庭状况等进行评估,根据评估结果确定老年人接受的服务类型;2001年,香港推行"改善家居及社区照顾服务"模式,为年长者提供非住院及全面的护理服务,经过多年发展,"社区照顾"现已形成一个完善而成熟的服务体系。与此同时,香港特区政府加大对养老机构的支持。20世纪80年代以后,资助非政府组织兴办养老机构,1994年社会福利署制定《安老院条例》,促进了私营养老机构发展。

在香港,养老服务机构无论是否接受政府资助,其运营都要由政府实行监察和管理。香港社会福利署对各类养老服务机构都有明确定位,对各类不同养老服务机构的人员配备、设施设备等都作出了明确要求,并引入服务表现监察制度,建立评估系统,推行服务质量标准,实行管理标准化。在养老机构运作和管理方面,社会福利署每两到三年会对养老院舍进行牌照审校和评估,院舍则要定期向社会福利署汇报服务统计资料,定期检讨和评估自身表现,制定让公众提供意见的有效机制,确保有效进行财务管理。

香港采取个性化养老服务模式,强调养老服务应通过建立个性化多层次管理体系,针对不同生活背景和经济状况的老年人进行个性化服务管理,从基本生活照料到医疗卫生保健,包括定期体检、上门诊疗、家庭护理、机构护理或康复训练等,全方位提供多元化服务和管理。

(二) 上海

20世纪80年代以前,上海尚未形成专门研究老龄问题和为老年人服务的工作机构,当时上海的养老服务属于社会福利事业的一部分。1952年,为了执行中央有关救济工作的指示,上海制定了《上海市社会救济暂行办法》,对无依无靠无劳动能力的60岁以上老年人给予定期救济。1979年,上海成为全国第一个迈入老龄化社会的城市,为适应城市老龄化需要,政府倡导兴办社会福利院,养老服务进入萌芽发展阶段,自费养老产业逐渐兴起,到1994年,上海市自费养老已对全社会老年人开放,不受地区、户口、职业和有无子女等条件的限制。同时,针对老年人的医疗保健、学习与教育、社会公益和经济活动、文体娱乐等方面的养老产业也在同步发展。

进入21世纪,上海市养老产业开始规范化发展,居家养老服务成为主流。2005年上海在全国率先提出构建"9073养老服务格局"目标,即3%的老年人接受机构养老服务;7%的老年人可得到政府福利政策支持的社区养老服务;90%的老年人在家以自助或家庭成员照护为主,自主选择各类社会服务资源,明确了上海养老公共资源配置的比重和养老公共服务投放的路径,也为全国确立社会养老服务体系提供了重要借鉴。2012年,上海市人民政府印发《上海市老龄事业发展"十二五"规划》指出,要深入开展"老年友好城市"建设工作。2014年,上海市颁布养老服务行业发展文件《上海市人民政府关于加快发展养老服务业推进社会养老服务体系建设的实施意见》,明确提出上海市应对人口老龄化的"五位一体"发展目标——到2020年全面建成涵盖养老服务供给体系、保障体系、政策支撑体系、需求评估体系、行业监管体系"五位一体"的社会养老服务体系。在智慧养老领域,上海市各区积极探索,先后获批4个区级智慧健康养老示范基地、25个示范街镇和8家示范企业,数量和质量均在全国名列前茅。

上海市智慧养老经验表明,互联网平台建设是养老服务管理的重要渠道。政府应加大投资力度,鼓励服务机构与企业合作,创新互联网平台服务管理模式,建立全国范围的居家养老互联网平台,实现老年人服务信息的统一管理。

综合国内外养老服务管理实践,尽管不同国家和地区在政治、经济、文化、信仰、历史背景等方面存在着诸多差异,但都共同面临着人口老龄化社会问题。与经过长时间探索建立的较为完备的养老服务体系相比,我国的养老服务体系还处于起步阶段,不同区域间发展水平差异较大,建立符合我国国情的养老服务管理模式仍需要不断探索和完善。

第三节　养老服务管理社会文化基础

我国养老服务管理的社会文化基础源远流长,融合了丰富的传统价值观念,并在时间的推移中不断演进,与时俱进。在演进中保持着灵活性和包容性,为构建更为完善的养老服务格局奠定了坚实的文化基石。

一、养老服务管理传统社会文化基础

由古至今,许多圣人大家、文人墨客留下了无数关于尊老养老的诗言经典,如"在家君子多孝,孝养而有福,千秋万代福禄,孝信荣家国"(《诗经·夔州》)、"谁言寸草心,报得三春晖"(孟郊《游子吟》)、"孝有三:大尊尊亲,其次弗辱,其下能养"(《礼记》)、"乌鸟私情,愿乞终养"(李密《陈情表》)、"慈孝之心,人皆有之"(苏辙《古今家诫·叙》)等。

中国传统文化中强调的是一种以家庭为基础、尊老爱老为核心、政法制度为保障的养老服务管理体系。

家庭养老:中国传统养老方式的核心是家庭养老,是一种主要依靠具有血缘关系亲属承担的养老方式。《增广贤文》中就有"养儿防老,积谷防饥"的说法,赡养父母被视为子女应尽的一种道德和家庭责任。在一个家族中承担养老服务的对象是较为广泛的,除了子女奉养之外,还包括兄弟姊妹、继养子女等。这种家庭养老方式体现了亲情的温暖和家庭的凝聚力,也是中国传统文化的一种传承。

1. 尊老爱老　以尊老爱老为核心的孝道文化是中华民族宝贵的精神财富,是中国人的传统美德。《孟子·离娄章句上·第十一节》中有"人人亲其亲,长其长,而天下平"的表述,让大家亲爱自己家人,尊敬自己长辈,这样社会就会稳定。尊老爱老不仅是个人道德准则,也是重要社会规范。《孟子·梁惠王上》中"老吾老,以及人之老"的表述要求大家在敬爱自己长辈时也要敬爱其他与自己没有血缘关系的老年人,将尊老爱老理念放大到社会层面,成为一种普惠的社会文化。

2. 政法制度　根据历史资料记载,不少朝代都曾经制定或颁布过一些有关养老的政策法规和养老制度。早在春秋时期就有"老有加惠"的优恤老年人政策,且得到历代统治者的继承。秦汉时期从国家政策方面开始优待老年人,老年人到了一定的年龄便可以免缴赋税、免服徭役;虐待六十岁以上老年人可以被判处死刑或者是流放。唐朝律法规定对于不孝顺父母的子女会有重罚,《唐律》中就曾记载"诸祖父母、父母在,而子孙别籍、异财者,徒三年",且唐朝比较重视"矜孤恤穷,敬老养病",并设有悲田养病坊。清朝将魏晋南北朝时期出现的"存留养亲"制度进行了细化,犯有死刑或者是流刑犯人需要供养老年人的可以予以减刑,并在律法中明确。

我国的社会结构具有家国一体的特征,个人修德、家庭传承、社会稳定、国家善治四者间内在统一、相辅相成。孝亲敬老既是传统美德,也是"中国式"养老服务管理的社会文化基础。

知识链接

孤独园——我国历史上第一家"养老院"

"养儿防老"是我国传统社会普遍的观念,家庭养老是主要的养老方式,子女赡养老年人被视为义不容辞的责任。然而,对于那些没有子女或子女无法承担赡养责任的老年人,如何度过晚年是一个值得关注的问题。自周朝开始,各朝各代便采取了一些社会救济措施来帮助老年人,但在那时,并未有专门的慈善机构出现。直到南北朝时期,公元521年南朝梁武帝萧衍下诏宣布:"凡民有单老孤稚不能自存,主者郡县咸加收养,赡给衣食,每令周足,以终其身。又于京师置孤独园,孤幼有归,华发不匮。若终年命,厚加料理。"我国历史上第一家由官方创设的正式救济赡养机构"孤独园"在当时的京城建康(如今的南京)诞生。从名字来看,"孤""独"二字在古代是指幼而无父和老而无子的人,那时的"孤独园"不仅收养无家可归的孤儿,也收养无人赡养的老年人,相当于现在养老院和孤儿院的结合。

梁武帝以国家之力来照护那些无子女赡养的老年人,为他们提供衣食住宿,为他们养老送终的善举也让后代跟着效仿。到了唐代,孤独园就改名"悲田养病坊",作为国家对贫苦无依老年人的救济机构。宋代则继承了前代设立国家救济机构的做法,在京城开封设立城东和城西两个福利院,负责收养鳏寡孤独的老年人与孤儿,还有城中衣食无着落的饥民。明清两朝,承袭唐宋时代悲田院、福田院的传统,先后在京城附近设立了养济院、粥厂等国家慈善机构,用于收养老年人、孤儿。我国古代社会养老服务的举措得以不断丰富和加强,官办、民办等各种形式的社会养老机构在我国逐渐发展起来。到如今,社区养老、医养结合、智慧养老等新型养老服务模式不断涌现,养老服务管理也呈现出了多层次、多元化、专业化的特点。

二、养老服务管理现代社会文化基础

随着社会进步、经济发展和老龄化速度加快,我国城市化水平提高、家庭结构和社会观念革新,养老服务管理的社会文化发生了许多变化。

1. **城市化水平提高** 随着城市化进程不断推进,社区养老服务得到了进一步发展,为老年人提供了更为便捷和全面的养老服务。但是城市化的快速发展也在很大程度上改变了原有社会格局,传统邻里互帮互助格局逐渐淡化,对弘扬传统养老文化提出了挑战。

2. **家庭结构变化** 随着计划生育政策实施以及人们生育观念转变,家庭人口数量逐渐减少,家庭规模趋于变小,而人均寿命又普遍延长。人口流动性增加,带来"空巢"现象增加,这种家庭结构与我国传统社会"儿孙满堂"的大家庭观念相比有较大差别。

3. **社会观念变化** 社会观念变化,包括家庭观念变化、老龄化观念变化、健康观念变化,对养老服务的社会文化产生了深远影响。"家有一老如有一宝",老年人不再被视为家庭和社会的负担,而是家庭的精神支柱、社会的重要资源。特别是如今银发经济的发展涉及面广、产业链长、业态多元、潜力巨大,不仅增进了老年人福祉,而且还能培育经济发展新动能。养老服务更加注重老年人权益和需求,提供了更加多元化和个性化的服务,养老服务的社会文化得以不断发展和改进。

笔记栏

三、养老服务管理新时代社会文化基础

2017年10月18日,习近平总书记在党的十九大报告中做出重大判断:"经过长期努力,中国特色社会主义进入了新时代,这是我国发展新的历史方位。"新时代也面临新的形势,我国处于进入深度老龄化阶段的临界点,未来老龄化程度将持续加深。养老服务管理新时代社会文化基础的核心是"新时代老龄健康观",新时代老龄健康观具有丰富而深刻的思想内涵,它不仅包括老年人的健康,更包括全人口的全民健康;不仅是老年人对健康的认知,更是全社会的健康观念,是实现"健康老龄化"社会的思想文化基础。新时代老龄健康观来源于马克思主义健康思想及中华优秀传统孝亲敬老文化与健康思想。

1. 马克思主义健康思想　马克思主义认为,人的健康是社会和经济发展的前提和基础。进入新时代以来,随着我国人口老龄化程度的加深,传统的社会文化基础及老龄健康观也在逐步发生变化。新时代老龄健康观的核心思想是坚持"以老年人为中心"的理念,要把老年人的生理健康和心理健康放在同样重要的位置,注重其全面发展。重视老年人的心理健康是保障其全面发展的关键环节,要在全社会形成关爱老年人身心健康的风尚。

2. 中华优秀传统孝亲敬老文化与健康思想　一方面,新时代老龄健康观是新时代孝亲敬老文化的体现。在当今社会,中华优秀传统孝亲敬老文化的体现——良好"家风",已经发展成为新时代我国积极应对人口老龄化国家战略的重要思想保障,也是新时代老龄健康观创新及发展的社会文化基础。另一方面,新时代老龄健康观内涵丰富,继承和发展了中华优秀传统健康文化,其核心思想集中体现在"治未病"上。"治未病"是中医的精髓,主张在"未病"之时及疾病早期就采取相关措施,以防止疾病的发生和恶化。新时代对养老问题的高度重视是"上医治未病"之举。

第四节　养老服务管理方法基础

一、养老服务管理调查与沟通方法

(一) 文献法

文献法(literature review)是最基础和用途最广泛的资料收集方法,广泛应用于各类学科研究中。通过查阅相关学术文献、研究报告和案例分析,了解养老服务管理研究成果和发展动态,为研究提供理论支持和借鉴经验。在养老服务管理中,文献学习方法必须贯穿始终,使管理更具科学性和合理性。管理者在前期确定选题及设计方案时进行文献调研,了解该领域现状,吸取他人经验,避免重复研究,以免造成资源浪费,在实施阶段和后期的资料整理阶段,分析撰写报告时,同样也要利用到文献法,以提供必要的补充资料。

(二) 访谈法

访谈法(interview)也称访问法,是通过询问的方式向访谈对象了解情况的方法,广泛应用于养老服务管理资料的收集。对养老服务管理专家进行访谈,深入了解他们养老服务管理的方法经验,同时也可以通过对老年人开展访谈,了解他们的需求,以完善养老服务管理工作。

根据不同的划分标准,访谈法可划分为不同的类型。

1. 个体访谈　个体访谈包括个人深度访谈、关键知情人访谈、重点访谈等。
2. 集体访谈　集体访谈包括专家会议法、德尔菲法、头脑风暴法等。

（1）专家会议法：专家会议法（expert meeting method）是专家运用自己的知识和经验，直观地对过去和现在发生的事件过程进行分析与综合，从中找出规律并做出判断。通过对专家意见进行整理、归纳，得出结论。在养老服务管理政策制定、养老服务管理标准制定、养老资源优化配置等领域，可以充分利用专家的知识和经验，促进养老服务管理工作科学化发展。

（2）德尔菲法：德尔菲法（Delphi method）是专家会议法的一种发展，是由美国兰德公司于 1964 年首先用于技术预测的一种方法。它是采用匿名方式通过几轮函询，征求专家们的意见，然后将他们的意见综合、整理、归纳，再反馈给各个专家分析判断，提出新的论证。如此反复，直至意见逐渐趋于一致。德尔菲法可以通过专家的多轮调查和讨论，逐步达成共识，解决养老服务管理中的复杂问题，提高决策的科学性和准确性。

（3）头脑风暴法：头脑风暴法（brain-storming）是由美国创造学家 A·F·奥斯本于 1939 年首次提出，1953 年正式发表的一种激发性思维的方法。养老服务管理中会遇到各种问题，例如人员流动、服务质量、成本控制等。通过头脑风暴法，可以组织团队成员共同寻找解决问题的创新方法和策略，从而助推养老服务管理工作高质量开展。

（三）观察法

观察法（observation method）是指研究者根据一定的研究目的、研究提纲或观察表，用自己的感官和科学观测仪器观察被研究对象，从而获得资料的一种方法。通过观察法，能够获得客观数据支持，以便养老服务管理者更深入地了解服务对象和服务环境，及时发现问题并进行改进，提高服务质量和管理效率。在服务质量评估、员工行为观察、老年人需求观察等工作中，观察法有效且必要。

观察法根据观察目的、内容、方式和手段等的不同而分为不同的类型。根据观察者是否参与观察对象的活动可分为参与观察和非参与观察；根据观察内容是否有统一设计、有一定结构的观察项目和要求可分为结构式观察和无结构式观察。

二、养老服务管理中常用定性方法

（一）SWOT 分析法

SWOT 分析法作为一种定性方法常用于战略管理，用于评估一个组织、项目或个人的内部优势（strengths）、内部劣势（weaknesses）、外部机会（opportunities）和外部威胁（threats）。通过对内外部环境的评估，帮助组织识别其内在的优势和劣势，以及外部的机会和威胁。这种分析可以用来制定战略，改进业务决策，以及增加组织或个人的竞争力。

在养老服务管理中，SWOT 分析可以发挥以下作用。①提升服务质量：通过识别服务提供者的内在优势，优化服务质量，提高养老服务的满意度。②面对人口老龄化挑战：通过分析外部机会和威胁，服务提供者可以更好地应对老龄化社会的需求和变化。③资源规划：有助于养老机构更有效地规划资源，包括人力、财务和设施，以适应不断变化的市场需求。④市场定位：通过识别外部机会，养老服务提供者可以调整自身定位，开发新的服务项目，以更好地满足市场需求。

SWOT 分析是一种有力的管理工具，可以帮助养老服务管理者更全面地了解其组织的情况，制定更有效的战略，提高服务质量，应对挑战，实现可持续发展。

（二）PEST 分析法

PEST 分析法是一种用于评估宏观环境因素的定性方法，它考虑到政治（political）、经济（economic）、社会（social）、技术（technological）等方面的因素，旨在帮助组织了解其所处的外部宏观环境，包括各种政治、经济、社会、技术和法律等方面因素的影响。

PEST 分析通常包括以下内容。①政治因素:考虑政府政策、法规、政治稳定性等因素对组织的影响。②经济因素:分析经济状况、通货膨胀率、汇率等对组织的影响。③社会因素:研究人口统计、文化趋势、社会价值观等对组织的影响。④技术因素:考察技术创新、研发水平、信息技术等对组织的影响。

在养老服务管理中,PEST 分析可以发挥以下作用。①分析政治稳定性:政治因素的分析有助于评估政府政策对养老服务的影响,以及政治环境稳定性对服务提供的影响。②分析经济影响:养老服务的经济可行性受到宏观经济因素的制约。经济因素的分析有助于管理者更好地预测和应对财务挑战。③分析社会趋势:养老服务的需求受到社会人口结构和社会价值观的影响。通过社会因素的分析,管理者可以更好地理解老年人的需求和期望,调整服务策略。④技术创新:技术因素分析有助于确定新技术对养老服务的影响。

在养老服务管理中,除了以上方法外,还可以借助多种工具和方法。比如利益相关者分析法、5W2H 法等定性方法及鱼刺图、雷达图、趋势图等辅助组织决策追踪与调整的方法。综合运用这些方法,养老服务管理可以更全面、系统地进行决策制定和评估,确保养老服务质量不断提升,同时更好地满足利益相关者的期望。

三、养老服务管理中常用定量方法

(一) 统计描述

统计描述(statistical description)是用适当的统计图(表)和统计指标来描述资料的分布规律及其数量特征,其目的是用直观、简单的形式揭示大量数据所蕴藏的内在信息,常包括计量资料的统计描述和分类资料的统计描述。计量资料的统计描述主要包括数据的频数分布、集中趋势的描述、离散趋势的描述等,而分类资料一般采用率、构成比和相对比等指标进行统计描述,这些指标统称为相对数。

统计描述在养老服务管理中的体现主要涉及对养老服务相关数据的收集、整理和分析,以便提供清晰、准确的信息来支持决策和管理。主要用于服务对象分析、服务利用情况分析、服务质量评估、政策效果评估、研究和数据分析等。例如,民政部发布的《2022 年度国家老龄事业发展公报》对人口老龄化概况、老龄事业发展的数据进行了详细分析。

(二) 统计推断

统计推断(statistical inference)是根据带随机性的观测数据(样本)及问题的条件和假定(模型),对未知事物进行以概率形式表述的推断。在实际应用中,统计推断可基于样本数据去推断总体分布的数量特征。其主要包括参数估计和假设检验。

参数估计(parameter estimation)是运用统计学原理,用从样本计算出来的统计指标量估计总体统计指标量。其又包括对总体均数的点估计(point estimation)与区间估计(interval estimation)。区间估计常用来描述包括总体参数的一个范围。参数估计在养老服务管理中的体现主要涉及使用统计学方法来推断和量化养老服务相关变量的不确定性。通过参数估计,养老机构可以预测未来的服务需求,如入住率、护理需求等。这有助于养老机构提前做好人员、设施和资源的规划和准备。通过估计均值、方差等参数,养老机构可以更准确地了解服务质量的波动情况和影响因素。政府和决策者可以利用参数估计来评估养老服务政策的效果,如服务覆盖率、受益人数等。通过对比不同政策的参数估计结果,可以更好地选择和调整政策。在养老服务管理中,参数估计也用于风险评估,如死亡、疾病发生率等。这有助于养老机构和保险公司预测风险,制定相应的风险管理策略。

假设检验(hypothesis test)又称显著性检验,是应用反证法的思想,从所要解决问题的对立面对总体的特征建立检验假设,根据样本资料在无效假设条件下的抽样分布规律,利用小概率事件原理,确定样本资料是否支持所建立的假设,以决定该假设应当拒绝或不拒绝的方法。常见的假设检验包括 t 检验、方差分析、卡方检验及非参数检验。假设检验在养老服务管理中的体现主要涉及使用统计方法来测试关于养老服务相关变量的假设。养老机构可以通过假设检验来分析服务满意度调查的结果,比较不同服务项目或不同时间点的满意度是否存在显著差异。养老机构可用来比较服务前后的变化是否具有统计学意义,以评估特定服务项目的效果。在决定如何分配有限资源时,养老机构可能需要测试不同资源配置方案的效果。假设检验可以帮助确定哪些方案能显著提高服务质量或效率。政府在制定或调整养老服务政策时,可使用假设检验来评估政策实施前后对老年人生活质量、服务利用率等方面的影响。

在养老服务管理中,还有许多具体方法从定量角度出发,用于评估和改进服务质量、管理效率及政策效果。投入 - 产出分析法宏观上可应用于编制包含养老产业部门的投入产出表,微观上应用于判断具体养老项目投入产出的可行性;综合指数法可构建包含服务质量、服务效率、服务满意度等多个指标的综合评价体系进行综合评价,从而全面了解养老服务的绩效情况;生存分析法用来评估老年人的生存时间、健康状况及影响这些因素的变量;分层分析法则涉及如何根据不同的特征将老年人群体进行分组,并对每个子群体进行单独分析和评估,从而提供更加个性化的服务。

● (陈　任)

复习思考题

1. 在养老服务管理的实践中,如何做到理论联系实际?
2. 国内外养老服务管理实践情况如何? 有什么启示?
3. 结合传统文化和新时代要求,应如何发展我国的养老服务?

ER-2-2

扫一扫
测一测

◆◆◆ 第三章 ◆◆◆

老年人特征与养老服务需求

学习目标

知识目标

掌握老年人划分标准,理解老年人一般特征,熟悉我国老年人口特点,明确老年人的养老服务需求。

能力目标

能够根据老年人的特征,分析不同群体对养老服务的实际需求。

素质目标

培养学生关心、尊重和体谅老年人的情感与意识。具备整合社会资源,为老年人提供个性化养老服务方案的能力。

课程思政目标

培养学生对老年群体的责任感和担当精神,鼓励学生积极参与社会养老服务,激发其投身社会实践的意识和行动。

学习要点

1. 老年人的基本特征。

2. 中国老年人养老服务需求内涵。

第一节　老年人一般特征

一、老年人划分标准

不同国家和地区对老年人的界定可能有所差异,但一般都是基于老年人在总人口中的比重、老年人的健康状况和社会经济地位等因素进行界定的。世界卫生组织将人口分为不同的年龄段,18~44 岁为青年人,45~59 岁为中年人,60~74 岁为年轻老年人,75~90 岁为一般老年人,90 岁以上为长寿老年人。根据世界卫生组织的定义,老年人是指 60 周岁及以上的人群。《中华人民共和国老年人权益保障法》也明确规定,老年人是指 60 周岁以上的公民。

老年人的界定不仅涉及人口学、统计学、医学等领域,也与社会政策、经济发展和文化传承等方面有关。老年人口的增加和老龄化的加速给各国带来了巨大的挑战和机遇,需要采取有效措施应对老年人的健康、养老、社会保障等问题,同时也要充分发挥老年人的潜力和贡献,促进社会和谐与进步。

笔记栏

知识链接

我国老龄化的形势和特点

2022 年 9 月 20 日上午,国家卫生健康委员会召开新闻发布会,介绍党的十八大以来老龄工作进展与成效,并答记者问。国家卫生健康委员会老龄健康司长王海东介绍,我国老龄化呈现出数量多、速度快、差异大、任务重的形势和特点。

一是老年人口数量多,人口老龄化速度快。据测算,2035 年左右,我国 60 岁及以上老年人口将突破 4 亿,在总人口中的占比将超过 30%,进入重度老龄化阶段。

二是人口老龄化区域差异大。从城乡来看,城镇地区老年人数量比农村多,但农村地区老龄化程度比城镇地区更高。按照 2020 年数据,全国 60 岁及以上人口占辖区人口比重超过 20% 的省份共有 10 个,主要集中在东北、川渝等地区。

三是应对人口老龄化任务重。到 2050 年前后,我国老年人口规模和比重、老年抚养比和社会抚养比将相继达到峰值。随着老年人口持续增加,人口老龄化程度不断加深,给公共服务供给、社会保障制度可持续发展带来挑战,应对任务很重。

二、老年人基本特征

(一) 生理特征

随着年龄的增长,老年人生理特征发生了显著变化,面临着身体各系统功能逐渐下降的境况。

1. 运动系统功能下降　在老年阶段,人体肌肉力量逐渐减弱是常见的现象。肌肉力量下降不仅影响了老年人日常活动的进行,还增加了跌倒和受伤风险,而骨骼密度降低则增加了老年人骨折的风险。

2. 免疫系统功能下降　老年人的免疫系统功能随着年龄增长逐渐减退,更容易感染疾病,对疾病的抵抗能力减弱。这使得老年人更容易受到感冒等常见疾病的影响,且往往需要更长的康复时间。

3. 慢性疾病患病增加　常见的老年健康问题如心脑血管疾病、糖尿病等慢性病等,也成为老年人面临的主要健康挑战。如心脑血管疾病严重影响了老年患者的心脏和血管系统健康,增加了心脏病发作或老龄化脑卒中风险。

4. 认知功能下降　认知功能障碍也是老年人面临的重要健康问题。一些老年人出现了记忆力减退、思维能力下降和注意力不集中等问题,甚至可能发展成为认知功能障碍,如阿尔茨海默病。这给老年人的日常生活和社交活动带来了严重影响。

为此,需要根据老年人生理特征的变化采取针对性措施,如定期身体检查、及时治疗和管理慢性疾病、均衡营养饮食、适量运动及积极社交活动,都可以对老年人的健康产生积极影响。

(二) 心理特征

老年人的心理特征呈现出多样性。

1. 心态逐渐平和　老年人往往展现出智慧、宽容及对生活的深刻领悟。经过漫长的人生历程,一些老年人逐渐接受了现状,并且更加宽容地看待自己的不足和缺陷。自我接受让他们能够更从容地面对生活中的挑战,保持内心的平静和安宁。

2. 更加期待交往　社交重视也是老年人心理特征的重要组成部分。他们珍视人际关系,重视家庭和社区的联系,从中获得情感上的支持和满足感,这对于维持老年人的心理健康至关重要。

3. 心理问题显现 老年人可能面临心理问题,如感到孤独和空虚。这种孤独感可能成为老年人心理健康问题的源头之一,加剧了抑郁和焦虑等负面情绪,尤其在失去伴侣或社交圈缩小的情况下更加显著。

总体而言,老年人普遍呈现出的智慧经验、自我接受和社交重视是其心理特征的重要反映,老年人的心理健康问题已经逐渐被社会关注和重视。

(三) 社交特征

1. 老年人更加积极社交 一些老年人通过积极参与社区活动、志愿者工作或与家人朋友频繁互动等方式,保持了丰富的社交联系。这些老年人可能更有活力,对社交互动更加渴望,以此来充实自己的晚年生活,并从中获得满足感和幸福感。

2. 部分老年人出现社交孤立 一些老年人面临着社交孤立的风险,这可能源自身体状况或地理位置限制、社会角色转变及家庭成员迁移等因素的影响。对于这部分老年人,可能更容易导致社交隔离。

了解并关注老年人的社交特征差异具有重要现实意义。提供多样化、丰富的社交活动和资源,是帮助老年人克服社交孤立的关键。通过建立更多社区活动中心、开设养老机构内的社交项目、举办各类康乐活动,可以为老年人提供更多机会去交流、学习和享受生活。此外,重视家庭关系、鼓励亲友团聚,也能为老年人提供重要的情感支持和社交互动。

(四) 文化特征

老年人的文化特征是多元且丰富的,它受到个体生长环境、历史背景、价值观念和社会因素的共同影响。

1. 强调传统价值观念 老年人在长期的生活经历中形成独特的价值观和信仰体系,他们会强调传统价值观念,对家庭、社区和人际关系给予重视。在很多文化中,老年人拥有特殊的社会地位和角色。他们可能被视为家族或社区的智者和长者,受到尊重和崇敬。在不少家庭中,老年人承担着指导后代、传授智慧和价值观念的重要角色。

2. 形成深厚文化积淀 老年人通常承载着丰富的文化传统和知识。他们可能是某种传统技艺、故事传承或者特定文化习俗的保护者和传播者。他们通过口述历史、传授技能等方式,将自己的文化遗产传递给下一代。

3. 部分老年人展现出良好的文化适应性 虽然老年人常被看作是"保守"的代名词,但也有很多老年人表现出惊人的适应性和弹性,能够接受技术发展、社会变革等新兴事物,并适应这些变化。

(五) 经济特征

1. 收入来源 许多老年人有社会养老保险发放的养老金等固定收入,或者依靠年轻时的积蓄用以应对日常生活。也有部分老年人依靠子女的经济支持维持基本生活。

2. 支出去向 老年人用于医疗的支出占比往往较高。同时,随着年龄增长,老年人消费模式可能会发生变化。他们可能更注重购买与旅游休闲、康养保健相关的产品和服务。此外,一些老年人可能还需要为家庭成员提供经济支持,如子女、孙辈或其他家庭成员的教育、生活费用等。

综合来看,老年人的基本特征呈现出多样性和复杂性。了解并尊重老年人在生理、心理、社交、文化和经济方面的差异,是制定相关政策和提供针对性服务的重要前提。倡导社会尊重老年人特征的多样性,鼓励社会更广泛地关注和支持老年人的需求和权益,将有助于建设更加包容和关爱的老龄化社会。

笔记栏

课堂互动

　　王奶奶,78 岁,退休教师。她身体健康,喜欢参加社区文艺活动和志愿者工作,对新科技保持着浓厚兴趣。然而,最近她感到社交圈子有所缩小,与周围的同龄人或因健康问题,或因迁居而减少了接触。王奶奶开始感到孤独,希望能有更多社交活动并学习新的技能。

　　讨论:基于王奶奶的情况,我们如何设计合适的养老服务以满足她的需求?

第二节　我国老年人口特点

一、我国老年人口基本特点

(一) 人口数量

　　我国老年人口的数量和比例不断增加,人口老龄化程度不断加深。根据国家统计局网站数据,2023 年末,全国 60 岁及以上人口为 29 697 万人,占总人口比例为 21.1%,其中 65 岁及以上人口为 21 676 万人,占总人口比例为 15.4%。老年人口的增加将导致社会保障方面的压力增大,同时也会对劳动力市场、消费市场等方面产生影响。为了应对老龄化社会的挑战,我国需要加强养老服务方面的建设,以提高老年人生活质量和幸福感。

(二) 区域分布

　　我国各地区老龄化程度差异明显,根据《中国人口和就业统计年鉴 2023》的数据,2022 年末,全国 65 岁及以上年龄人口占总人口比例为 14.9%。按省级行政区划分来看,辽宁省 65 岁及以上年龄人口占总人口比例为 20.02%,是比例最高的省份。上海、重庆、四川、江苏、黑龙江、吉林、天津、山东、湖北、湖南、安徽、河北、北京、浙江的 65 岁及以上年龄人口占总人口比例也都高于全国水平的 14.9%。2022 年末,西藏 65 岁及以上年龄人口占总人口比例为 5.9%,是比例最低的省级行政区,同时 2022 年西藏人口出生率是 14.24‰,为全国最高。值得注意的是,作为人口大省,2022 年末广东省 65 岁及以上年龄人口占总人口比例仅为 9.6%,远低于全国水平,这主要是因为广东省常住人口中有大量的外来年轻劳动力。总体来看,虽然老年人口分布存在地区差异,但人口老龄化趋势已成为全国性问题,需要政府和社会共同努力制定并实施长期有效的政策来应对挑战。

(三) 健康状况

　　我国老年人普遍存在生理功能减退、慢性病和老年综合征等健康问题。2022 年 3 月,国家卫生健康委员会等 15 部门联合印发《"十四五"健康老龄化规划》,规划指出:"老年人健康状况不容乐观,增龄伴随的认知、运动、感官功能下降以及营养、心理等健康问题日益突出,78% 以上的老年人至少患有一种慢性病,失能老年人数量将持续增加。"2022 年 11 月,北京大学发布《中国健康老龄化之路:北京大学 - 柳叶刀重大报告》,报告显示,我国主要慢性疾病的发展趋势不容乐观,其中,心血管疾病患病率和死亡率大幅上升。2007 年有 2.3 亿人患有心血管疾病,2018 年增至 2.9 亿。城市地区和农村地区中,心血管疾病死亡人数占比分别为 43.5% 和 45.9%。此外,现有研究表明,老年人慢性病共病患病率随年龄增长而呈升高趋势,且不同年龄段的老年人慢性病共病模式具有差异性。在低龄老年人中,患病率排名前3位的慢性病共病模式分别为高血压＋关节炎或风湿病、关节炎或风湿病＋胃部或消化系统疾病及高血压＋血脂异常;在中龄老年人中,患病率排名前3位的慢性病共病模式为高血压＋关节炎或风湿病、关节炎或风湿病＋胃部或消化系统疾病及高血压＋心脏病;在高龄老年人中,患病率排名前3位的慢性病共病模式则依次为高血压＋关节炎或风湿病、高血压＋心脏病及关节炎或风湿病＋胃部或消化系统疾病。

(四) 生活质量

随着我国经济社会的快速发展和国家对老龄工作的重视,我国老年人的生活质量已经得到了较大程度的提升,但目前仍然存在城乡差距较大、阶层差异显著、区域差异明显等问题。《中国老年人生活质量发展报告(2019)》指出,我国城镇老年人的生活质量高于农村,教育素质对老年人生活质量有显著影响。一方面,老年人收入状况是衡量老年人生活质量的客观指标。报告指出,我国老年人最主要的收入来源是社会保障性收入,包括养老金、离退休金等社会保障收入,占到老年人总收入的62.7%。从城乡看,城镇老年人收入中社会保障性收入占比为73.4%,而农村老年人的社会保障性收入仅占51.2%。这表明城镇老年人的经济状况要明显好于农村老年人。此外,城市地区通常拥有更好的医疗资源、社会福利和文化娱乐设施,这些因素也有助于提升城镇老年人的生活水平。另一方面,我国老年人的文化程度总体偏低,未上过学和只上过小学的老年人占比最高。数据显示,未上过学的老年人约占29.6%,小学文化程度的约占41.5%,初中和高中文化程度的约占25.8%,大专及以上的仅占3.1%。这在一定程度上影响了老年人生活质量的提升。究其原因,教育程度较高的老年人通常拥有更多的生活资源和更广阔的社交网络,其生活质量可能更高,反之亦然。报告还首次对我国老年人生活质量进行了分省评价。数据显示,老年人生活质量指数综合排名靠前的省级行政区大部分位于东部地区,排名前10的依次是北京市、上海市、天津市、福建省、浙江省、江苏省、辽宁省、山东省、重庆市、广东省。以上数据反映了我国不同地区在提供老年人福利、医疗保障和社会服务方面存在差异,东部地区的老年人可能更容易获得相对较好的生活条件和服务,因为这些地区拥有更发达的经济、更完善的公共服务体系及更多的社会资源,有利于提升老年人的生活质量。

二、我国老年人口特点发展变化

(一) 老年人自评健康状况改善

2020年第七次全国人口普查收集了有关老年人自评健康状况的信息。数据显示,2020年,自评健康的老年人占比为54.64%,自评基本健康的老年人占32.61%,因此大约87.25%的老年人健康状况良好。不健康但生活能自理的老年人占10.41%,生活不能自理的老年人占2.34%。与2010年相比,2020年自评健康与自评基本健康的老年人比例之和提升约4.1%,自认为不健康的老年人比重有所下降。这一数据表明10年来我国老年人口健康水平有一定程度的提升。

(二) "空巢"现象普遍

随着我国人口老龄化进程的加速,老年人的居住状况也发生了很大的变化。根据第七次全国人口普查数据,全国老年人中只与配偶同住的占43.70%,有11.80%的老年人独居。可以看出,全国有超过半数的老年人属于"空巢"老年人,即不与成年子女同住。性别方面的比较显示,男性老年人中,只与配偶同住或与配偶和子女同住的比例,在城市、镇和乡村中均高于女性;女性老年人中,独居老年人比重要高于男性,这与女性平均预期寿命较长有关。在城乡方面的比较中,乡村地区的独居老年人占比和仅与配偶同住的老年人占比高于城市和镇。这主要是因为大量农村青壮年人口流向了城市和经济相对发达的地区,导致许多老年人留守在乡村。

(三) 经济承受能力提升

第七次全国人口普查数据显示,2020 年,占比 21.97% 的老年人主要靠自身劳动收入来维持生活,这与 2010 年相比减少了近 25 个百分点。同时,有 34.67% 的老年人其收入来源是离退休金,大约是 2010 年的 1.4 倍。而依靠家庭其他成员供养的老年人比例为 32.66%,与 2010 年相比,下降了约 8%。这种变化一方面是因为退休人员在老年人中所占比例有所增加,另一方面也显示出,随着社会养老保障体系逐步完善,老年人在经济上更加独立。

第三节　老年人养老服务需求

一、养老服务需求内涵

养老服务需求指的是老年人在生活、健康、社交、照护和其他方面所需的各种服务和支持。这种需求是老年人因年龄增长、健康状态变化或其他因素而需要外部帮助和关怀的一种表现。这些需求涵盖了多个方面,具体包括以下几个方面。

(一) 基本生活照料需求

基本生活照料需求是老年人最基本的需求,涵盖老年人日常生活中必需的基本元素。这些需求主要包括如下。

1. 饮食需求　饮食是老年人生活中至关重要的一部分。老年人可能因身体状况或运动能力下降而难以独立购买食材、烹饪或完成日常膳食,饮食需求较为迫切。因此,为了能够确保获取到均衡营养的食物,需要依靠家人、照护人员或专门的服务提供者确保老年人获得均衡营养,包括易于消化的食物、特殊的饮食等。

2. 居住环境需求　随着社会的发展,老年人更加需要一个安全、干净、舒适的居住环境。他们可能需要住在易于进出、设施完善、安全无障碍的住房中,以适应他们的行动能力和生活需求。有些老年人可能无法独立进行居家清洁、维护或修理,不能保持一个干净、整洁、安全的居住环境,这对老年人的日常生活造成了一定的困扰。因此,老年人对居住环境的需求日益增长。

3. 个人卫生需求　日常生活中的更换衣物、洗漱、如厕、修剪指甲等活动也是老年人的重要需求。一些老年人可能因生理上的限制无法独立完成日常个人卫生行为而需要帮助。他们可能需要定制的衣物与个人卫生用品,进行卫生间改造及专业的护理人员提供个人卫生服务,以更好地满足他们对个人卫生的需求。

4. 出行需求　在现代社会,出行对老年人来说是必不可少的。在行动不便或健康状况不佳的情况下,他们可能需要交通工具的支持,或者依赖照护人员的协助才能外出,这对于那些需要外出就医的老年人来说至关重要。帮助老年人解决日常出行问题,包括提供交通工具、协助移动服务、安全的步行环境等,是确保他们能够自由、安全行动的重要保障。

此外,对于失能老年人来说,基本生活照料更是不可或缺。他们需要长期、专业的照料服务来满足日常生活的方方面面。专业的养老服务机构与护理人员应该了解不同群体老年人的需求,并能提供温暖、贴心、专业的照料,以确保老年人能够在舒适的环境中生活。

(二) 医疗保健需求

医疗保健需求是老年人最关心的需求。老年人对健康医疗保健的关注程度日益增加,反映了他们对维持良好生活品质和健康状况的迫切需求。这些需求包括多个方面,关乎老年人对于自身健康的关切和期望。

1. 预防保健需求　由于年龄因素和身体状况的变化,老年人对预防保健的需求日益显著。他们渴望得到关于健康生活方式、疾病预防措施及定期健康检查等方面的信息和指导,期望通过预防保健降低患病风险。

2. 诊断治疗需求　随着年龄的增长,老年人更容易患上慢性疾病,引发多种健康问题。因此,老年人希望医疗服务能够提供全面而深入的诊断和有针对性的治疗方案,帮助老年人治疗疾病和缓解症状。

3. 康复护理需求　老年人对康复和护理的需求也日益凸显。例如手术后的康复、慢性疾病的长期护理等,老年人期望得到更加个性化、贴心的康复护理服务,以便更好地应对日常生活。老年人康复护理需求的复杂性要求养老服务提供者和家庭成员共同合作,以确保提供全面、个性化的支持,帮助他们尽快康复并提高生活质量。

(三) 文化教育需求

这是老年人更高层次的需求,包括教育、娱乐、旅游、兴趣、社交等方面的精神文化活动。老年人有着丰富的知识和经验,有着继续学习和发展的愿望和能力,需要提供更多的老年教育、培训、志愿服务等机会,丰富精神生活,增强社会参与感和归属感。

1. 教育需求　教育是老年人重要的文化教育需求之一。他们有着延续学习和探索的愿望,渴望持续获取新知识、技能和文化体验。提供更多针对老年人的学习机会和培训课程,如设立老年大学、开设老年公开课、进行老年技能培训等,能够满足他们对知识和学习的追求,丰富其精神生活。

2. 娱乐需求　娱乐和兴趣爱好是老年文化教育需求的重要组成部分。通过参与各种娱乐活动、文艺表演、书画音乐等艺术类活动,老年人能够获得乐趣和满足感。此外,提供兴趣小组、老年俱乐部等社交平台,能够帮助他们发掘和分享兴趣爱好,增进交流与沟通。

3. 旅游需求　旅游活动也是老年人文化教育需求的重要内容。许多老年人希望通过旅行来体验不同的文化、历史遗迹和人文景观。他们可能对艺术、文学、历史和传统文化产生浓厚兴趣,因此选择参观博物馆、历史古迹、文化遗址等来满足他们对文化探索的需求。同时,旅游也是老年人社交和交流的重要方式。通过旅行,他们有机会结识新朋友、参加旅游团体活动、分享经历和见闻,扩展社交圈,缓解孤独感,提升社交互动的乐趣。

4. 志愿服务需求　许多老年人愿意通过志愿服务回馈社会,感受到自己对社会的价值和影响力。他们认为自己拥有丰富的经验与知识,渴望将这些财富回馈社会,给予他人温暖和关爱。为他们提供参与志愿服务的平台,能够满足他们的社会责任感和使命感,同时也为社会贡献更多智慧和力量。

(四) 经济保障需求

经济保障需求是一些经济困难、无法定赡养人或者法定赡养人无赡养能力的老年人的基本需求,这些需求包含着对基本生活保障、医疗救助及住房保障的迫切渴望,对老年人的生存和尊严具有极其重要的意义。

1. 生活保障需求　生活保障需求是老年人经济保障需求的重中之重。他们需要足够的经济支持来满足日常生活所需,如食品、衣物、日常开支等。对于经济困难的老年人而言,社会福利、养老金、补贴和救济金等形式的经济援助至关重要,以确保他们能够获得最基本的生活保障。

2. 医疗保障需求　医疗保障需求是老年人经济保障需求的另一个重要方面。随着年龄增长,老年人更容易患上各种疾病,部分老年人医疗费用负担较重。因此这部分老年人群体对医疗保障的需求尤为突出。他们需要能够负担得起医疗费用、药品费用和长期护理费用。

3. 住房保障需求 稳定的住房条件也是老年人经济保障需求的重要组成部分。老年人一般需要生活在有社区支持和设施便利的地方,如靠近医疗机构、购物中心及公共交通站点等,以便他们获取医疗服务、满足日常生活需求,以及开展社交活动。对于一些住房困难的老年人,则需要提供住房补贴、廉租房等保障措施。

(五)精神慰藉需求

老年人的精神慰藉需求是维系其心理健康和生活满足感的重要组成部分。这种需求包含了对人际交往、情感支持和社会融入的渴望,对老年人的生活质量至关重要。

1. 社交互动需求 老年人需要有人陪伴,帮助他们克服孤独感。这种陪伴不仅仅是身边有人,更是与家人、朋友和社区成员进行有意义的交流和互动。例如,定期的家庭聚会、社区活动等都能满足他们对社交互动的需求。此外,参与志愿服务、社交团体、文化活动或兴趣小组等,也能够为他们提供交流互动平台,增进社交关系。

2. 情感关怀需求 老年人需要被理解、被关怀和被尊重。他们希望有人倾听他们的感受和故事,分享彼此的经历和情感。家人、朋友及社区成员的理解和支持对于老年人的心理健康具有重要影响,能够给予他们温暖与关怀。

3. 探访慰问需求 对于许多独居、留守或偏远地区的老年人来说,探访慰问是这部分老年人最核心的需求。探访慰问是为老年人提供关怀的重要途径,定期的探访能够给他们带来家庭般的温馨和安全感,让他们感受到被关心,给予他们心理上的慰藉和经济上的支持。

总的来看,了解和满足老年人多样化的养老服务需求,对于建设完善的养老服务体系具有重要意义。综合考虑老年人的生理、心理、社交、文化和经济等方面的需求,为他们提供全面、个性化的服务和关怀,有助于提高他们的生活质量和幸福感。

二、养老服务需求影响因素

(一)老龄程度

随着生育率的下降和人均寿命的提高,我国老年人的规模正在大幅增长。这种趋势对社会经济发展产生了深远影响,特别是在养老服务需求方面。随着老龄化程度加深,社会对养老服务的需求也在显著增加。这包括医疗保健、居家护理、康复服务、心理咨询等多种服务。这些服务的提供需要大量的人力和物力投入,对社会资源配置提出了新的挑战。

(二)健康状况

老年人的健康状况对养老服务需求有重要影响。随着年龄的增长,老年人更容易患有各种慢性疾病,导致老年人健康状况变差,生活自理能力下降。因此,由于健康状况导致失能的老年人更需要专业化和长期的养老服务。这些服务包括了定期照护、康复治疗、日常生活的协助及情感支持等。以上服务的提供者需要具备专业知识和技能,以确保老年人得到最佳护理和关怀,提高他们的生活质量。

(三)经济水平

个人或家庭的经济状况对老年人获取高质量养老服务的能力至关重要。经济条件好的老年人或家庭更可能选择优质养老服务。这一部分老年群体可以选择民营高端养老机构,享受一流的设施和专业的照护团队。与之相对,经济状况不佳的老年人可能面临着无法支付高昂服务费用的困境,只能依赖于最基本的公共养老服务或依赖于家庭成员的照护,这对他们的生活质量和健康状况可能会产生负面影响。

(四)家庭结构

家庭结构对老年人的养老需求产生了深远影响。传统的多代同堂家庭可能会在家庭成员间提供更多的养老服务,子女或其他亲属的照护使得老年人在家庭的温暖中享受晚年生活。然而,随着现代社会家庭结构的变迁,这种传统的养老模式正在发生深刻变化。在现代社会,家庭规模的缩小和核心化趋势使得家庭对老年人的支持能力有所下降。一方面,受计划生育政策的影响,独生子女家庭仍然占有相当大的比重,这使得子女在照护年迈父母的同时,还要承担起养育后代的重任,压力巨大。另一方面,农村"空巢"老年人现象也使得许多农村老年人失去了来自家庭的养老支持。在这一背景下,老年人对外部养老服务的需求日益增长。越来越多的老年人开始寻求养老机构、社区照护服务机构的帮助来满足养老需求。这些机构可以提供专业的照护服务,能够有效地解决老年人在生活中遇到的各种问题。

(五) 文化观念

文化观念也会影响老年人对养老服务的需求。传统的文化观念强调家庭自主照护,认为家庭成员应该亲自照护年长者,这是他们的责任和义务。在这一文化背景下,老年人和他们的家庭可能更倾向于在家庭内部解决养老问题,而不是寻求外部的专业养老服务。然而,这种观念在现代社会受到了挑战。随着社会发展和科技进步,人们对养老服务的需求和期望更趋多元化。许多人开始认识到,专业的养老服务可以提供更高质量的服务水平,更能满足老年人的需求。这种观念上的改变促使老年人开始逐渐接受养老机构或社区照护机构提供的服务。

(六) 社会保障体系

社会保障体系提供的经济支持是老年人获取养老服务的重要来源之一。退休金、养老金、社会福利津贴等可以帮助老年人应对日常生活开支及医疗费用和长期护理费用,减轻老年人及其家庭的经济负担,使他们有能力选择高质量的养老服务。此外,健全的社会保障体系还可以提供老年人所需的社会支持,增强其社会融入感和参与度。

三、养老服务需求发展趋势

(一) 养老服务需求多元化

随着经济社会的发展,老年人对养老服务的期望正日益呈现出多元化的特征。他们渴望得到更加贴心、更具针对性的服务,以满足个人独特的需求和喜好。在选择养老服务模式时,他们不再仅限于传统模式,而是更倾向于拥有多元化的选择。社区养老成为其中一种备受欢迎的养老模式,因为它提供了更多的社交互动和共享资源的机会。老年人在社区养老模式下能够更好地融入社会,拓展人际关系,保持活力。同时,居家养老也成为老年人青睐的养老方式之一。这种模式下,老年人能够在熟悉、舒适的家庭环境中得到关怀和照护。这包括提供居家护理、定期医疗服务和生活指导等,以便他们更好地适应日常生活,并保持独立性与自主性。除此之外,机构养老也是一种备选方案,这种方式提供更全面的护理和支持,适合那些需要更高层次照护的老年人。

老年人不同的需求和生活方式提醒养老服务提供者和社会各界更应关注并适应老年人多元化需求,以确保他们能够享受到更为贴心和完善的服务,能够以更满意和自在的方式度过晚年生活。

(二) 养老服务需求智能化

科技的飞速发展和老龄化社会的来临促使养老服务需求朝着智能化方向不断演进。老年人对智能化养老服务的需求逐渐增加,他们期待利用科技创新提升生活质量、安全性和便捷性。智能化养老服务涵盖了多个方面,其中之一是智能设备或系统的应用。老年人通过可穿戴设备、智能感应器及家庭监测系统来实时监测生理指标、睡眠状况和运动等数据,以便及时掌握健康状态并预防潜在风险。同时,智能化居家环境也备受关注。老年人通过智

笔记栏

能化家居设备,如智能家电、语音助手、智能安防系统等,提高居家生活的舒适度与便利性。此外,智慧医疗服务也是老年人关注的焦点。远程医疗咨询、在线药物管理、健康数据共享等数字化医疗服务为老年人提供了更便捷的医疗保健方式,减少了因地理位置或交通限制而造成的医疗资源不足的问题。

老年人对智能化养老服务的需求日益突显,这种趋势为科技企业和养老服务市场提供了巨大的发展机遇。然而,智能化养老服务也面临一些挑战,比如技术普及、数据安全和隐私保护等问题需要被认真对待。

(三) 养老服务需求定制化

老年人对定制化养老服务的需求随着老龄化程度加深不断增长。这种需求的背后反映了老年人对更专业、更高质量的养老服务的渴望。首先,定制化养老服务能够为老年人提供专业的、有针对性的长期护理、疾病管理及康复服务。以上专业化的服务离不开各类专业人员(如护理人员、医疗团队、康复师和社会工作者等)的参与。其次,定制化养老服务可以提供更加个性化的服务方案。由于个体差异较大,不同老年人可能有不同的健康状况和需求,因此需要专业的定制化服务方案,具体包括定制的营养、运动和康复计划及针对特定医疗状况的个性化治疗。此外,老年人对生活辅助和日常支持的定制化需求也在增加。例如,定制化的家政服务、交通接送服务、购物助手等,都能够大大提高老年人的生活质量,使他们能够更好地适应日常生活的各个方面。

定制化养老服务需求增加不仅是针对老年人自身需求的反映,也是对养老服务提供者提升服务质量和适应老龄化社会变化的重要提示。因此,持续提高养老服务的专业化水平,满足老年人对养老服务的个性化需求,是未来养老服务发展的重要方向。

总体来看,养老服务需求多元化、智能化和定制化发展趋势为养老服务市场发展指明了方向。未来,养老产业将迎来更大的发展机遇和挑战,这就需要政府、企业、非政府组织共同合作,以满足老年人不断增长和变化的需求,为他们提供更全面、更有针对性的养老服务。

● (师东菊)

复习思考题

1. 老年人的基本特征有哪些?
2. 影响老年人养老服务需求的因素有哪些?
3. 现阶段,我国老年人养老服务需求主要表现在哪些方面?

ER-3-2

扫一扫
测一测

笔记栏

ER-4-1

PPT 课件

第四章

养老服务规划与政策

学习目标

知识目标

掌握积极应对人口老龄化国家战略的基本概念,明确我国在养老服务领域的相关规划具体政策要求。

能力目标

了解养老服务管理政策背景,熟悉老龄事业发展和养老服务体系建设的规划内容。

素质目标

认识养老服务规划历程和政策全景,体会养老服务规划对于社会生活的重要意义,理解积极应对人口老龄化战略的意义。

课程思政目标

了解我国政府应对人口老龄化的积极作为,从而树立专业理念,选择正确的职业道路。

学习要点

1. 积极应对人口老龄化国家战略的基本概念。

2. 我国在养老服务领域的中长期规划和具体政策。

第一节　积极应对人口老龄化国家战略

人口是社会经济发展的基础,人口老龄化是当今世界性问题,也是当前最为突出的社会问题之一。我国正迈向深度老龄化社会,有效应对我国人口老龄化,事关国家发展全局,事关亿万百姓福祉,事关社会和谐稳定。建设与人口老龄化进程相适应的老龄事业和养老服务体系的重要性和紧迫性日益凸显,任务更加艰巨繁重。

一、积极应对人口老龄化国家战略内涵和意义

(一) 积极应对人口老龄化国家战略内涵

国家战略是为维护和增进国家利益、实现国家目标,而合理配置和有效运用国家力量的总体方略,是国家宏观经济治理体系中不可或缺的重要组成部分。其制定和实施都源自国家层面的决策,在全面考虑各种因素基础上,以科学合理的政策和措施来实现国家的发展目标。国家战略具有宏观性、长远性和战略性的显著特征,由全局发展战略引领下的专项战略

和区域发展战略等组成,为国家的长远发展提供明确的指导方向和战略布局,关乎国家的整体利益,也直接影响经济发展的全过程。

2020 年,党的十九届五中全会把积极应对人口老龄化上升为国家战略,提出构建养老、孝老、敬老政策体系和社会环境,加快老龄事业和产业发展。积极应对人口老龄化战略是国家战略体系的重要组成部分,服从于国家战略发展全局,是在人口老龄化挑战和机遇的事实基础上设定的战略目标,是党和政府探索中国特色应对人口老龄化的重大成果,是新时代我国面临日益凸显的人口老龄化问题所寻求到的最佳解决方案。2021 年,《中共中央国务院关于加强新时代老龄工作的意见》发布,强调坚持以人民为中心,将老龄事业发展纳入统筹推进"五位一体"总体布局和协调推进"四个全面"战略布局,实施积极应对人口老龄化国家战略,把积极老龄观、健康老龄化理念融入经济社会发展全过程。党的二十大报告对实施积极应对人口老龄化国家战略进一步强调,指出发展养老事业和养老产业,推动实现全体老年人享有基本养老服务。

(二) 积极应对人口老龄化国家战略意义

1. 推进中国式现代化的必然选择　积极应对人口老龄化战略完整准确把握了人口老龄化基本国情,为做好新时代老龄工作指明方向,为解决广大老年人的实际需求和难题提供切实方案,对于建设社会主义现代化强国、实现中华民族伟大复兴的中国梦具有重大的现实价值和深远的历史意义。

2. 维护社会和谐稳定的重要保障　人口老龄化对中华民族代际和谐、经济活力、社会稳定具有重大影响,广大老年人是中国共产党领导和我国社会主义制度的重要群众基础。积极应对人口老龄化,构建老年友好型社会,提高老龄社会治理水平,从而有效防范和化解人口老龄化带来的社会风险和安全风险,是维护社会和谐稳定,确保中华民族永续发展、始终屹立于世界民族之林的重要举措。

3. 推动高质量发展的关键举措　人口老龄化程度不断加深,社会消费规模扩大,养老和医疗保障压力亦相应增大。同时,人口老龄化也有助于激发老年产品和服务消费,培育新的经济增长点。积极应对人口老龄化,挖掘老龄人力资源,培育"银发经济",优化供给质量,有助于推动经济高质量发展,实现以国内大循环为主体、国内国际双循环相互促进的新发展格局。

4. 构建人类命运共同体的内涵要求　人口老龄化作为社会发展的一种必然趋势,是全球共同面临的挑战。我国作为世界上最大的发展中国家,应根据自身独特的国情和实际需求,秉持兼容并蓄、守正创新的原则,探索出一条具有中国特色的积极应对人口老龄化之路。为全球共同应对人口老龄化提供中国方案,贡献中国智慧,展示中国负责任的大国形象,推动构建人类命运共同体。

二、我国老龄工作体系和服务体系

(一) 老龄工作体系

1. 党委领导　2000 年,《中共中央、国务院关于加强老龄工作的决定》指出老龄问题涉及政治、经济、文化和社会生活等诸多领域,是关系国计民生和国家长治久安的一个重大社会问题。全党全社会必须从改革、发展、稳定的大局出发,高度重视和切实加强老龄工作。各级党委和政府将老龄工作重点任务纳入重要议事日程,全面加强党对老龄工作的领导。

2. 政府主导　全国老龄工作委员会强化老龄工作统筹协调职能,强化综合协调、督促指导、组织推进老龄事业发展职责。民政部门统筹推进、督促指导、监督管理养老服务工作,承担老年人福利和特殊困难老年人救助工作。卫生健康部门建立完善老年健康支撑体系,组织推进医养结合。

3. 社会参与　充分发挥各有关部门和工会、共青团、妇联等群众团体及老龄组织的作用,结合各自职能开展老龄工作,形成全社会共同参与的工作格局。学会、协会发挥推动作用,共同做好老龄工作。

4. 全民行动　在全社会开展人口老龄化国情教育、老龄政策法规教育,教育引导人们自觉承担家庭责任,巩固家庭养老基础地位。积极发展养老服务行业,推进养老服务行业制度、标准、设施、人才队伍建设,构建居家社区机构相协调、医养康养相结合的养老服务体系,更好地满足老年人养老服务需求。

(二)服务体系

1. 养老服务体系　与经济和社会发展水平相适应,以满足老年人基本生活需求、提升老年人生活质量为目标,面向所有老年群体,提供基本生活照料、医疗服务、康复护理、精神慰藉、紧急救援和社会参与的设施、组织、人才和技术要素形成的网络及配套的服务标准、运行机制和监督制度。基本目标是提供全面养老服务,保障老年人基本生活需求,促进老年人健康和幸福,提高老年人生活质量,促进社会和谐发展。

2. 社会保障体系　为保障社会成员的基本生活和福利而提供物质帮助的各项措施的统称,是现代国家最重要的社会经济制度之一。养老社会保障体系以保障老年人的基本生活需求、提高老年人的生活质量为目标,构建覆盖全民、统筹城乡、公平统一、安全规范、可持续的多层次社会保障体系。

3. 健康支撑体系　以维护老年人健康权益为中心,以满足老年人健康服务需求为导向,构建包括健康教育、预防保健、疾病诊治、康复护理、长期照护、安宁疗护等服务系统的综合连续、覆盖城乡的服务体系。

第二节　养老服务规划

一、养老服务规划基本概念

(一)规划

规划是指一段时期内的发展计划,通常包括目标、步骤和措施等,是一种规范化或法律化的文件,是用以指导某个领域或项目的发展蓝图。规划通过展示系统、机构或组织的工作目标,以及明确系统、机构或组织在未来特定时间的发展节点,为决策提供依据或标准。事业发展规划是我国在一定时期内对经济、社会、文化等方面的发展方向、目标、路径等做出的全局性、长远性谋划和部署,是国家战略的重要组成部分和具体纲领,也是国家政策文件的制定依据。

(二)养老服务规划

养老服务规划是指以人口老龄化国家战略为依据,针对老年人口的生理、心理和社交等需求所制定的行动计划,是对我国一定时期内养老服务的发展方向、目标、路径等做出的全局性、长远性的谋划和部署。如党和政府出台的《"十四五"国民健康规划》《国家积极应对人口老龄化中长期规划》等规划,其目的是提高老年人的生活质量和幸福感,满足他们在衣食住行等各方面的生活需求,推动建立更全面、更便捷的养老服务。养老服务规划通常包括服务体系建设、服务内容、人才培养、政策支持、监管评估等多个方面,是社会福利体系重要组成部分。

ER-4-2

拓展阅读:
中共中央
国务院印发
《国家积极
应对人口老
龄化中长期
规划》

二、养老服务规划意义与原则

(一)养老服务规划意义

养老服务规划的构建与实施,是为了应对老龄化社会挑战,保障老年人的生活而采取的重要举措,旨在提供全方位、连续性的养老支持,满足老年人在医疗、康复、护理、生活照料等方面的多元化需求。不仅有助于提高老年人的生活质量,也有利于推动社会经济的可持续发展。

(二)养老服务规划原则

1. 政府主导　政府作为公共服务的提供者和政策制定者,在养老服务领域有着重要的责任。政府需要制定和实施相关法律法规,以确保养老服务的提供符合国家利益和社会公共利益。同时,政府还需要通过财政投入、政策扶持等手段,推动养老服务体系的建设和发展。

2. 公平优先　公平是社会公正和社会和谐的重要基础。在养老服务领域,政府需要关注老年人的公平权益,确保所有人都能够享受到基本养老服务。政府可以通过制定公平的分配原则、扶持弱势群体等措施,保障老年人基本生活需求。

3. 社会参与　社会参与能够促进社会力量的凝聚和发挥,推动养老服务的发展和完善。政府可以通过鼓励非政府组织、企业和个人参与养老服务,提供多元化的服务方式和资金支持。同时,非政府组织和志愿者也可以通过开展关爱活动、提供心理支持等服务,为老年人提供更多的关爱和支持。

4. 市场运作　在养老服务领域,市场运作可以提供更加高效、灵活和有竞争力的服务。政府可以通过引导和鼓励企业进入养老服务领域,推动养老产业的发展。同时,市场运作也能够促进服务质量的提升和价格的合理设定,满足不同老年人的需求。

三、我国养老服务规划历程

(一)国民经济和社会发展规划

党中央、国务院每五年发布的国民经济发展和社会发展规划,都涵盖推动养老服务发展相关内容。国务院有关部门和地方各级人民政府分别制定本部门相关工作行动计划和本地方事业发展规划,国家建立督查和评估制度,对规划的实施情况进行期中和期末检查,推动规划的落实。同时,建立老龄事业统计指标体系和老龄统计工作制度,为制定规划和完善督查评估工作提供基础数据。"十四五"时期,我国开启全面建设社会主义现代化国家新征程。党中央把积极应对人口老龄化上升为国家战略,在《中华人民共和国国民经济和社会发展第十四个五年规划和2035年远景目标纲要》中做了专门部署。

(二)老龄事业发展规划

1994年,国家计委等10部门印发了《中国老龄工作七年发展纲要(1994—2000年)》,提出到2000年我国人口老龄化到来之前,围绕老龄工作的总目标,从思想、理论、政策、法律、社会服务等方面做好迎接人口老龄化的准备工作,初步建立具有中国特色的老龄工作体系,形成适应我国人口老龄化社会的条件与环境,实现老有所养、老有所医、老有所为、老有所学、老有所乐。

2001年、2006年、2011年,国务院分别印发了《中国老龄事业发展"十五"计划纲要(2001—2005年)》《中国老龄事业发展"十一五"规划》《中国老龄事业发展"十二五"规划》,指出要初步建成养老设施网络,建设一批设施齐全、功能完善的养老服务机构,强调建立以居家为基础、社区为依托、机构为支撑的养老服务体系。

（三）养老体系建设规划

2011 年，国务院办公厅印发了《社会养老服务体系建设规划（2011—2015 年）》，这是中华人民共和国成立以来国家第一次将社会养老服务体系建设纳入专项规划范围，将发展社会养老服务提升到国家经济社会发展全局的高度，全面规划了"十二五"时期我国社会养老服务体系建设的指导思想、基本原则、基本内涵、功能定位、具体建设任务和保障措施，是指导"十二五"时期我国社会养老服务发展的纲领性文件。

2017 年、2022 年，国务院分别印发了《"十三五"国家老龄事业发展和养老体系建设规划》《"十四五"国家老龄事业发展和养老服务体系规划》，围绕推动老龄事业和产业协同发展、推动养老服务体系高质量发展，坚持党委领导、政府主导、社会参与、全民行动，实施积极应对人口老龄化国家战略。以加快完善社会保障、养老服务、健康支撑体系为重点，把积极老龄观、健康老龄化理念融入经济社会发展全过程。强调织牢社会保障和兜底性养老服务网，扩大普惠型养老服务覆盖面，强化居家社区养老服务能力，完善老年健康支撑体系，大力发展银发经济，践行积极老龄观，营造老年友好型社会环境，增强发展要素支撑体系，维护老年人合法权益。

（四）积极应对人口老龄化相关规划

2019 年，中共中央、国务院印发《国家积极应对人口老龄化中长期规划》，明确了短期到2022 年、中期到 2035 年、远期展望至 2050 年我国积极应对人口老龄化的战略目标，部署了应对人口老龄化五个方面的具体工作任务，包括夯实应对人口老龄化的社会财富储备、改善人口老龄化背景下的劳动力有效供给、打造高质量老年服务和产品供给体系、强化应对人口老龄化的科技创新能力、构建养老孝老敬老的社会环境，明确了我国应对人口老龄化的制度框架。

2022 年，国家卫生健康委员会等 15 部门联合印发《"十四五"健康老龄化规划》，指出到 2025 年，老年健康服务资源配置更加合理，综合连续、覆盖城乡的老年健康服务体系基本建立，老年健康保障制度更加健全，老年人健康生活社会环境更加友善，老年人健康需求得到更好满足，老年人健康水平不断提升，健康预期寿命不断延长。提出九项任务：一是强化健康教育，提高老年人主动健康能力；二是完善身心健康并重的预防保健服务体系；三是以连续性服务为重点，提升老年医疗服务水平；四是健全居家、社区、机构相协调的失能老年人照护服务体系；五是深入推进医养结合发展；六是发展中医药老年健康服务；七是加强老年健康服务机构建设；八是提升老年健康服务能力；九是促进健康老龄化的科技和产业发展。

🔍 知识链接

《国家积极应对人口老龄化中长期规划》从四个方面健全养老服务体系

一是创新居家社区养老服务模式。以居家养老为基础，通过新建、改造、租赁等方式，提升社区养老服务能力，着力发展街道（乡镇）、城乡社区两级养老服务网络。推动建立专业机构服务向社区、家庭延伸。引进助餐、助洁等方面为老服务专业机构，开展居家老年人照护工作。培育为老服务的专业机构，引导其按照保本微利原则提供持续稳定的服务。充分发挥社区党组织作用，探索"社区 + 物业 + 养老服务"模式。加强农村养老服务机构和设施建设，鼓励以村级邻里互助点、农村幸福院为依托发展互助式养老服务。

二是进一步规范发展机构养老。通过直接建设、委托运营、购买服务、鼓励社会投资等多种方式发展机构养老。加强光荣院建设，公办养老机构优先接收经济困难的失能失智、孤寡、残疾、高龄老年人以及计划生育特殊家庭老年人、为社会作出重要贡献的老年人,并提供符合质量和安全标准的养老服务。建立健全养老服务标准和评价体系,制定养老机构预收服务费用管理政策,严防借养老机构之名圈钱、欺诈等行为。

三是建立基本养老服务清单制度。制定基本养老服务清单,对健康、失能、经济困难等不同老年人群体,分类提供养老保障、生活照料、康复照护、社会救助等适宜服务。建立老年人能力综合评估制度,在全国范围内实现跨部门互认。

四是完善多层次养老保障体系。扩大养老保险覆盖面,逐步实现基本养老保险法定人员全覆盖。尽快实现企业职工基本养老保险全国统筹。健全基本养老保险待遇调整机制,大力发展企业(职业)年金,探索通过资产收益扶持制度等增加农村老年人收入。

第三节 养老服务政策

一、养老服务政策概述

(一)基本概念

政策是为达到一定目的,各种组织(包括国际组织、国家、政党、部门、社会团体等)在特定时期用以规范或指导人们行动的一系列法律、法规、规章、规划、决定、意见等的总称。公共政策是政府及其公共部门运用公共权力,在一定的政治背景下,通过科学民主决策的过程选择和制定的,为解决公共问题、维护和实现公共利益的政策。公共政策形成的根源是社会问题或具有社会特征问题的处理和解决。公共政策主要特征为,发生在社会公共领域,通过公共权力实现,协调公共利益,强调公共价值。

社会政策是民生领域的公共政策,是政府或其他组织在社会公平正义等价值目标的指导下,为了满足公众基本需要、解决社会问题、维护社会稳定和提高社会生活质量等而采取的各种福利性社会服务行动的总和。社会政策基本目标是保障和改善民生,是为了直接满足公众的基本需要而提供各项社会服务的政策体系。社会政策具有很强的促进社会公平、保障人权等价值理念,依据福利性原则,按照人们的实际需要来提供社会服务。

养老服务政策是养老服务领域的社会政策,是政府为保障老年人基本生活权益,解决养老服务领域特定问题,实现一定的养老服务工作目标而制定的各种工具的总和。养老服务政策是各级养老事业管理者引导养老事业发展方向、调配养老服务资源配置、协调相关集体利益矛盾、推动养老事业发展的手段和途径。

(二)政策层次

1. 元政策 元政策也称总政策,是政策体系中具有统摄性的政策,对其他政策起到指导规范的作用,是其他政策的出发点和基本依据。元政策是政策主体用于指导全局性行动的高度原则性指导,侧重于价值陈述,为所有政策提供价值批评标准,是政策的政策。《中华人民共和国宪法》中的有关表述是养老服务管理领域的元政策。

2. 基本政策 基本政策是针对某一社会领域,或社会生活的某个基本方面制定的,起到全局性与战略性作用的政策,也被称为方针性政策或纲领性政策。基本政策是元政策在某一领域或方面的延伸和具体化,对该领域或方面的具体政策起到统摄的作用。《国家积极应对人口老龄化中长期规划》《"十四五"国家老龄事业发展和养老服务体系规划》等方针规划是当前养老服务管理领域的基本政策。

3. **具体政策**　具体政策是针对特定而具体的社会政策问题做出的规定,是将基本政策目标付诸实施的工具与手段,是基本政策具体化的一系列行动方案和工作部署,包括计划、条例、法规、措施、办法、细则等,实施效果通常是可以直接观察到并可以进行评价的。《养老机构服务质量基本规范》《养老机构等级划分与评定》等政策文件是当前养老服务领域的具体政策。

(三)养老服务政策的主要功能

1. **导向作用**　养老服务政策以增进老年人福祉为出发点和归宿。现实生活中,不同的个人、群众或组织都有其各自的利益诉求,在不同价值观和利益要求推动下,可能产生不同行为。养老服务政策可以起到规范和引导养老服务主体行为的功能。通过养老服务政策的实施,引导服务过程中相互冲突的目标向着促进老年人福祉目标实现的方向发展。养老服务政策通过价值、规范和行为系统地引导转变人们观念,引导全社会积极看待老龄社会、老年人、老年生活,积极弘扬尊老敬老、爱老、孝老的中华传统美德。

2. **再分配功能**　社会政策具有参与再分配的功能,通过税收或缴费等方式从人们初次分配所得中收取一部分,以现金转移或提供社会服务等方式在有需要的人中进行再次分配。养老服务政策是养老服务领域再分配的途径,推进筹资公平、服务提供公平和老年人权益公平。应坚持应对人口老龄化与促进经济社会发展相结合,实现经济发展和改善老年福祉之间的良性互动。

3. **调控功能**　养老服务政策的调控功能可以是直接的,也可以是间接的。长期护理保险制度通过支付政策调控需方流向和供方行为,属于直接调控。延期退休政策的实施,对于养老服务供给时间具有直接的调控作用,随之影响服务体系建设规划,对于养老人力资源结构和养老服务提供的内容产生间接调控作用。政策调控的结果可能是积极的,也可能消极的,取决于政策的目标、目标与实施之间的关系,以及政策实施的条件与途径。

4. **推动创新功能**　随着社会经济的发展,养老服务需求更加多样化。消费结构升级和科技创新为养老服务体系变革提供了动力和支撑,通过政策创新,完善体制机制,鼓励和推动养老服务领域的创新实践,从供给侧和需求侧两端发力,调动社会、行业和个人三个层面的积极性和创造性,形成维护和促进养老事业发展的强大合力。

二、我国养老服务政策发展历程

(一)改革开放以前的养老服务政策

1949—1978年为萌芽阶段。新中国成立后不久,基于计划经济的背景,主要解决部分困难老年人社会照护问题,对于入住养老机构的五保、孤寡对象及优抚对象等,由政府开办的福利性养老机构提供生活照料型养老服务。此时的养老服务还不是一个独立的概念和服务形式,包含在社会福利范围之内。

(二)改革开放初期的养老服务政策改革

1978—1998年为形成阶段。1982年,在维也纳召开"第一次老龄问题世界大会",我国从中央到地方陆续成立了老龄工作机构。1996年,全国人大颁布《中华人民共和国老年人权益保障法》,从法理上确立了老龄工作和养老服务政策在政府工作中的位置。1998年,民政部等部门制定了《社会福利机构管理暂行办法》《老年人社会福利机构基本规范》《老年人建筑设计规范》《农村敬老院管理暂行办法》等一系列有关养老服务政策,养老服务质量逐步提升。以社会福利机构改革为突破口,服务对象从传统"三无"老年人逐步向有需求的社会老年人开放。

(三) 养老服务政策全面改革与发展

1999—2011 年为体系化发展阶段。根据联合国制定的标准,1999 年我国正式进入人口老龄化国家行列。1999 年,全国老龄工作委员会正式成立。2000 年,《中共中央、国务院关于加强老龄工作的决定》提出了建立以家庭养老为基础、社区服务为依托、社会养老为补充的养老机制。国务院转发民政部等 11 个部门《关于加快实现社会福利社会化的意见》,明确了在供养方式上坚持以居家为基础,首次提出推进养老服务社会化的要求。2005 年,民政部印发《关于开展养老服务社会化示范活动的通知》《关于支持社会力量兴办社会福利机构的意见》,指出继续发展以老年人为主要优抚对象的补缺型社会福利事业,重点为有迫切养老需求的对象提供托底服务。2008 年,全国老龄工作委员会办公室等 10 部门印发《关于全面推进居家养老服务工作的意见》。2011 年,国务院办公厅印发《社会养老服务体系建设规划(2011—2015 年)》,明确提出大力发展以养老服务、社区照料和病患陪护等为重点的家庭服务业。

(四) 新时代养老服务政策的新发展

党的十八大以来,党中央高度重视养老服务政策体系建设。经过多年的发展,我国已经形成了较为完善的养老服务政策体系。在顶层设计、行业落地、协同发展、科技驱动、规范建设等领域制定了详细政策,推动养老服务体系持续健康发展。

1. 顶层设计领域　党中央、国务院印发养老服务政策文件 10 余件,养老服务政策体系成为积极应对人口老龄化国家战略的重要组成部分。2013 年,印发《国务院关于加快发展养老服务业的若干意见》,明确了加快发展养老服务行业的总体要求、主要任务和政策措施。2016 年,印发《国务院办公厅关于全面放开养老服务市场提升养老服务质量的若干意见》,对全方位开展质量建设、打造养老服务"中国品牌"进行系统部署。2019 年,印发《国务院办公厅关于推进养老服务发展的意见》,从提供基本服务、满足多元需求、提升支付能力、支持社会参与、保护合法权益等方面提出了政策举措。2020 年,印发《国务院办公厅关于促进养老托育服务健康发展的意见》,提出健全老有所养、幼有所育的政策体系,扩大多方参与、多种方式的服务供给等意见。2023 年,中共中央办公厅、国务院办公厅印发《关于推进基本养老服务体系建设的意见》,提出制定落实基本养老服务清单、建立精准服务主动响应机制等重点任务。2024 年,印发《国务院办公厅关于发展银发经济增进老年人福祉的意见》,要求加快银发经济规模化、标准化、集群化、品牌化发展。

2. 行业落地领域　党的十八大以来,民政部会同有关部门制定出台政策近百件,养老服务政策体系持续健全。2012 年,印发《民政部关于鼓励和引导民间资本进入养老服务领域的实施意见》,引导民间资本进入养老服务领域。2014 年,印发《民政部保监会全国老龄办关于推进养老机构责任保险工作的指导意见》,提出合理确定保险产品、公开招标保险机构、强化内部风险管理等工作要求。2016 年,按照国务院有关部署,民政部、国家发展和改革委员会等 11 部门联合印发《关于支持整合改造闲置社会资源发展养老服务的通知》,要求根据经济社会发展水平、人口老龄化发展趋势、老年人口分布和养老服务需求状况,合理统筹资源。2019 年,经国务院同意,民政部印发《关于进一步扩大养老服务供给促进养老服务消费的实施意见》,提出全方位优化养老服务有效供给、繁荣老年用品市场等政策措施。2022 年,民政部、财政部、住房和城乡建设部和中国残联等 4 部门联合印发《关于推进"十四五"特殊困难老年人家庭适老化改造工作的通知》,民政部等印发《关于开展特殊困难老年人探访关爱服务的指导意见》,强化对特殊困难老年人的关怀措施。

3. 协同发展领域　各部门深入落实党中央、国务院决策部署,推动养老服务行业统筹发展。2014 年,住房城乡建设部等部门印发《关于加强养老服务设施规划建设工作的通知》,提出结合老年人口规模、养老服务需求,加强区域养老服务设施统筹协调建设。2015年,《国务院办公厅转发卫生计生委等部门关于推进医疗卫生与养老服务相结合指导意见的通知》发布,推动了医疗、养老资源有效融合。2019 年、2022 年,国家卫生健康委员会等部门印发《关于深入推进医养结合发展的若干意见》《关于进一步推进医养结合发展的指导意见》,系统阐述了发展居家社区医养结合服务、推动机构深入开展医养结合服务等政策措施。2020 年、2023 年,国家卫生健康委员会等部门印发《医养结合机构管理指南(试行)》《居家和社区医养结合服务指南(试行)》,明确了医养结合机构运行和服务管理的具体要求。

4. 科技驱动领域　积极推动数字赋能养老服务体系建设,进一步构建养老服务发展新格局。2014 年,国家发展和改革委员会等部门印发《关于组织开展面向养老机构的远程医疗政策试点工作的通知》,提出推进养老机构的远程医疗服务政策。2017 年、2021 年,工业和信息化部等部门两轮次印发《智慧健康养老产业发展行动计划(2017—2020 年)》《智慧健康养老产业发展行动计划(2021—2025 年)》,系统部署 2017—2020 年、2021—2025 年智慧健康养老工作。工业和信息化部等部门发布《智慧健康养老产品及服务推广目录(2022年版)》,帮助老年人融入信息社会。2020 年,国务院办公厅印发《关于切实解决老年人运用智能技术困难的实施方案》,提出做好突发事件应急响应状态下对老年人的服务保障、便利老年人日常交通出行等重点任务。

5. 规范建设领域　各部门持续规范养老服务管理制度框架,出台国家和行业标准近百件。2014 年,《民政部 国家标准委 商务部 质检总局 全国老龄办关于加强养老服务标准化工作的指导意见》,提出加快健全养老服务标准体系,健全规范养老服务市场秩序。2015年,国家发展和改革委员会印发《关于规范养老机构服务收费管理促进养老服务业健康发展的指导意见》,提出建立市场形成价格为主的养老机构服务收费管理机制。2017—2019年,国家质量监督检验检疫总局、国家标准化管理委员会、民政部等部门印发《养老机构服务质量基本规范》《养老机构等级划分与评定》《老年人居家康复服务规范》《民政部关于加快建立全国统一养老机构等级评定体系的指导意见》等文件,强化了对养老服务行业规范化管理。2020 年,国务院印发《国务院办公厅关于建立健全养老服务综合监管制度促进养老服务高质量发展的意见》,这是我国养老服务领域首次出台的养老服务监管政策。2022年,《养老机构服务安全基本规范》《老年人能力评估规范》正式实施,养老服务领域国家标准逐步完善。2023 年,国家标准化管理委员会、民政部、商务部印发《养老和家政服务标准化专项行动方案》,为养老服务行业破除发展障碍、优化供给结构营造公平环境。

●(赵　丽)

复习思考题

1. 什么是积极应对人口老龄化战略?
2. 我国养老服务体系中长期建设的任务有哪些?
3. 我国养老服务政策体系主要包含哪几类,分别有什么重要文件?

第五章

养老服务供给

学习目标

知识目标

掌握养老服务供给中的政府、市场、非政府组织及家庭和个人的基本概念,熟悉由各主体提供的养老服务的特点、类型及局限。

能力目标

了解由政府、市场、非政府组织及家庭和个人提供养老服务的优缺点,能够建构养老服务协同供给的图景。

素质目标

深刻把握由不同主体供给的养老服务类型和局限,体会由不同主体供给的养老服务的重要性及意义,加深对不同主体供给养老服务内容的理解。

课程思政目标

体会我国养老服务供给的重要性及社会责任感,在未来的职业生涯中,自觉践行养老服务使命。

学习要点

1. 由政府、市场、非政府组织及家庭供给养老服务的内涵与特点。
2. 当前由不同主体供给养老服务的局限。

第一节　政府供给养老服务

一、政府供给养老服务含义

(一) 政府的含义

政府,广义泛指行使国家权力的所有机关,包括立法机关、行政机关和司法机关;狭义指国家政权机构中的行政机关。政府需要根据自身的能力、社会的需求在养老中寻找恰当的位置,发挥主动而又适当的作用。只有定位明确,政府才能更好地在养老服务中发挥重要作用,从而满足老年人的养老需求,促进我国养老服务更好更快地发展。

(二) 政府供给的养老服务

由政府供给的养老服务是指政府发挥宏观调控职能和在资源配置中的作用,从政府层面做好养老服务整体规划设计,履行公共服务提供职能,为社会提供养老服务。养老服务供给需要体现公平性,这一特点决定了政府在养老服务供给中的主导地位。

二、政府供给养老服务特点

（一）公共性

政府是适应社会需要而产生的,是公共权力的行使者,因而政府的职责和功能具有公共性质,即政府的一切职责和功能都在于维护社会公共利益,解决社会公共问题。由政府供给的养老服务是政府为了公共利益,利用公共权力解决公共问题,满足老年人的养老需求,履行好公共职能。

（二）兜底性

近年来随着老年人口的日益增长,政府对于养老服务愈发关注,由政府供给的养老服务立足于保障老年人基本生活,提供兜底保障。政府通过养老服务机构向低保、低保边缘、重残、计划生育特殊家庭和贫困家庭中的老年人提供低偿和无偿集中托养服务,故由政府供给的养老服务具有兜底性。

（三）主导性

目前,我国人口老龄化形势严峻,而养老事业发展总体水平相对较低,养老机构规模和每千名老年人养老床位拥有量均处于较低水平。坚持政府主导、社会参与,是推动老龄事业全面协调可持续发展的关键。养老事业办得好不好,政府是关键,政府应发挥好主导作用。

三、政府供给养老服务类型

由政府供给养老服务的类型主要包括两种:一种是直接提供养老服务,另一种是政府购买养老服务。

（一）直接提供养老服务

直接提供养老服务指由政府直接提供或者通过一定方式引导相关主体向老年人提供旨在实现老有所养所必需的基础性、普惠性、兜底性服务。这些服务主要包括物质服务、照护服务和关爱服务等内容,政府通过直接兴办养老机构,旨在使老年人的基本生活需求得到满足,确保他们的生活质量得到提升。由政府直接提供的养老服务具有公共性质,是社会保障的重要内容。

（二）政府购买养老服务

随着社会主义市场经济制度的建立和完善,政府除了直接提供养老服务,也逐渐转向购买市场和社会提供的养老服务。在购买上门服务方面,主要包括为符合政府资助条件的老年人购买助餐、助浴、助洁、助急、助医、护理等上门服务;在购买社区养老服务方面,主要包括为老年人购买社区日间照料、老年康复文体活动等服务;在购买机构养老服务方面,主要为"三无"老年人、低收入老年人、经济困难的失能半失能老年人购买机构供养、护理服务;在购买养老评估服务方面,主要包括向第三方机构购买老年人能力评估和服务需求评估服务等。

四、政府供给养老服务局限

当前由政府供给的养老服务的局限性主要体现在三个方面,一是监管力度薄弱,二是立法进程缓慢,三是资金筹集不均衡。

（一）监管力度薄弱

由政府供给的养老服务存在着监管力度薄弱的现象。随着老龄人口的增加,对于养老照护的需求也日益增加,这使得政府需要通过购买服务的形式供给养老服务。目前政府对养老服务提供方的监管力度有待加大,对于一些不规范行为的发现、处理不够及时。

（二）立法进程缓慢

立法进程缓慢主要体现在政府没有制定成文的、切实可行的、统一的养老服务法律法规。相对养老服务实践的迫切要求,养老服务立法进程较为缓慢。相关法律法规缺失使得养老服务缺乏规范,无章可循、无法可依。

（三）资金筹集不均衡

一是政府对社会化养老的补贴金额较少,并且由于城乡发展不平衡,制度有所差别,城市养老服务获得较多的政府资金投入,而农村养老服务获得的政府资金投入较少;二是基层政府面临的资金筹集压力较大,各地财政状况存在差异,导致不同地区由政府供给的养老服务存在着资金筹集的失衡。

第二节　市场供给养老服务

一、市场供给养老服务含义

（一）市场的含义

市场在不同的情景有不同含义,归纳起来有以下几种。

1. 商品买卖的场所　在商品买卖的场所中堆积了大量的货物,便于买卖双方进行交换,如人们常说的小商品市场、超级市场、农产品市场等。

2. 商品买卖的活动或商品买卖的行为　这是一种抽象意义上的市场,如市场调节、社会主义市场经济。在这里,市场的含义是商品交换的活动,即要通过商品交换活动和价值规律的作用对国民经济活动进行调节和控制。

3. 某种商品的购买或者购买者集团　现代营销学之父菲利普·科特勒指出:市场由一切具有特定欲望和需求并且愿意和能够通过交换来满足这些需求的潜在顾客组成。人们经常说某产品的市场潜力很大,某产品的市场容量很大、市场看好,这些说法都是指这个意义上的市场。

由此可见,市场包含三个要素,即有某种需求的人、为满足这种需求的购买力和购买欲望。一般而言,人口决定市场容量,购买力决定可能购买的数量和购买欲望的强弱,购买欲望决定人们的需求偏好。市场的这三个要素相互制约,缺一不可,只有将这三者结合起来才能构成现实的市场。

（二）市场供给的养老服务

由市场供给的养老服务是指发挥市场在养老资源配置中的决定作用,引导社会资本根据各自优势,因地制宜,通过独资或合资的形式参与到养老服务设施的建设中,或为老年人直接提供养老服务。由于市场具有高效率的特征,可以通过良性竞争提高养老服务供给效率。同时可以向有经济能力且要求高质量养老服务的老年人有针对性地提供养老服务,并且通过制定相应的价格弥补成本、获得收益。

二、市场供给养老服务特点

（一）营利性

市场主体主要是以营利为目标,由市场供给的养老服务同样具有营利性。市场化的养老服务具有逐利的特点,以营利为目的提供养老服务。营利性养老服务是以老年人的居住、饮食、医疗、养生、康复等服务费用为收入,服务价格是按照市场需求和竞争状况形成的。

(二) 自主性

由于养老服务缺乏统一准入标准和服务规范体系,市场供给养老服务在人员配备、服务项目提供和服务内容选择上具有较强的自主性。市场上的养老服务机构往往根据自身意愿、能力,结合市场需求有选择性地提供养老服务,在人员招聘录用、服务内容提供、服务形式和收费标准等方面自主裁量,体现出极强的自主性。

(三) 局限性

在我国目前养老形势下,市场上的养老机构还不能完全解决我国养老问题。市场供给养老服务存在着局限性:一是通过市场购买养老服务与我国传统的养老思想相冲突,很多老年人不愿意接受这种方式,更多还是依赖子女养老;二是我国现有养老市场上机构的数量和规模还不能满足养老需求;三是市场养老机构存在服务资源不足、服务质量不稳定、基础设施设备缺乏、人员专业性参差不齐的问题。

三、市场供给养老服务类型

(一) 市场提供的集中供养服务

市场提供的集中供养服务是指由市场上的养老机构为老年人统一提供基本日常生活照料服务,建立养老综合平台,为老年人提供医疗资源、智能化设施,切实解决老年人养老的问题。由市场提供的集中供养服务包含生活照料、助餐服务、健康管理、心理慰藉、康复服务的精细化功能架构,老年人入住养老机构后参与集体生活和丰富的娱乐活动有助于消除个人的孤独感,使入住老年人更加健康长寿,颐养天年。

(二) 市场提供的养老上门服务

市场提供的养老上门服务是指由市场上的养老机构或养老服务公司为老年人提供的与身体功能维护、心理健康支持、日常生活协助、环境改善相关的居家上门服务活动。伴随人口老龄化、高龄化和家庭小型化,越来越多的老年人需要专业化、高品质的居家上门服务,提供上门服务有助于进一步满足老年人需求,提高老年人对居家养老服务的满意度。由市场提供的上门服务围绕老年人多样化、个性化需求,切实保障老年人获取更加便捷、专业、整合的养老服务,全面提升老年人养老幸福指数。

四、市场供给养老服务局限

当前由市场供给的养老服务的局限主要体现在三个方面,一是市场养老服务供给历史短,二是家庭养老思想观念有待转变,三是老年人支付能力不足。

(一) 市场养老服务供给历史短

政府是养老服务的提供者,更是养老服务的规划者,市场作为养老服务供给主体的参与者,有其参与的优势,但也存在着不足。特别是对于部分不发达的地区,市场参与养老服务供给时间不长,涉及范围小,各类基础设施较为薄弱,养老机制不完善、筹资渠道狭窄、资金来源短缺,运行机制不成熟,市场供给养老服务存在诸多尚待完善的地方,还需要一段时间探索。

(二) 家庭养老思想观念有待转变

在传统的孝道中,秉承着"老有所养""养儿防老"的观念,由市场供给的养老服务还受家庭养老思想的冲击。在我国,受制于传统家庭养老观念的影响,老年人更依赖于子女养老,更愿意在家养老,接受市场供给养老服务还需要一段较长时间。当前老年人选择市场养老机构的积极性还不高,降低了市场供给养老服务的积极性。

(三) 老年人支付能力不足

支付能力是指老年群体支付市场化养老机构费用的能力。随着老年人年龄的增长,需要的养老服务类型越发复杂,当前市场养老服务收费标准高于大多数老年人收入的承受能力。退休老年人收入来源单一,特别是那些没有固定收入的老年人,承担市场养老服务的费用较为困难。此外,市场供给养老机构的营利性特点导致其自身也存在定价过高现象,进一步加剧了老年人支付能力的不足。

第三节 非政府组织供给养老服务

一、非政府组织供给养老服务含义

(一) 非政府组织的含义

非政府组织指在政府部门和企业之外的一切志愿团体、社会组织或民间协会,是介于政府与企业间的"第三部门"。1998 年联合国经社理事会对非政府组织的定义是"非政府组织是正式成立的、自我管理、非营利、以一定程度的自愿参与为特点的民间组织"。非政府组织主要从事社会公益活动,它并不排斥市场和政府两种体系,而是政府和市场的有效补充,发挥着独特的作用。目前我国的非政府组织主要包括事业单位、社会团体、民办非企业单位和基金会等。

(二) 非政府组织供给的养老服务

由非政府组织供给的养老服务是指非政府组织通过各种方式提供的公益性养老服务。非政府组织是养老服务供给的有效补充主体,事业单位、社会团体、民办非企业单位和基金会等非政府组织都有利于养老服务供给的实现。通过举办民办养老院、成立养老基金会等方式,非政府组织在尊重市场机制、增进公共利益方面发挥着补充作用。虽然养老领域的非政府组织具有相对优势和广阔的前景,但受本土非政府组织自身限制及社会环境影响,目前发展仍较为缓慢且发展程度不均衡。

二、非政府组织供给养老服务特点

(一) 公益性

非政府组织具有公益性,以各种形式吸纳社会公益资源,对公信力等社会资本有更强的依赖性,主要提供准公共产品。在养老服务供给中,非政府组织的公益性特征能够有效地弥补政府失灵与市场失灵,是养老服务社会化的重要依托。

(二) 非营利性

非政府组织不是营利性的企业,它们不以营利为目的,不具有利润分红等营利机制,组织资产不得以任何形式为私人所占有。这使得非政府组织不仅可以在一定程度上规避市场供给养老服务时出现的问题,而且能够降低养老服务供给成本。在提供养老服务过程中,非政府组织虽然也会考虑经济性,但必须将社会效益放在首位,更在乎社会责任的履行。

(三) 不均衡性

我国的非政府组织发展相对较为缓慢,尤其在养老服务领域,政府长期占据主导地位,非政府组织定位不清晰且发育不足、行政化色彩浓厚,为老年人提供服务的动力不足。由此导致非政府组织在提供养老服务过程中具有不均衡、不稳定的特点,在服务提供的数量、质量、效率等方面都存在着差异。如在一线城市和三四线城市之间、东部地区和中西部地区之间及城市和农村之间,非政府组织的发展程度和提供的养老服务都具有较大的差异性和不均衡性。

三、非政府组织供给养老服务类型

（一）事业单位提供的养老服务

政府举办的公办养老机构一般登记为事业单位，主要是承担一个地区养老服务的兜底供给责任。公办养老机构既具有政府职能色彩，又具备非政府组织公益性、非营利性等特征，是我国独有的组织类型。如一般挂靠在民政局下的养老事业服务中心，承担着当地养老服务行业合作交流及组织培育、养老服务规范化、信息化、标准化和人才队伍建设的保障服务等工作，为居家、社区、机构养老协调发展和推动医养、康养结合工作提供指导支持，同时也承担收住老年人的生活照料和医疗康复等工作。

（二）社会团体提供的养老服务

社会团体主要包括老年学会、养老行业协会等机构，前者从事老年学相关的学术研究，后者从事养老行业的自我管理工作。老年学会是从事老年学研究、咨询服务的学术性社会团体，具有组织、指导会员进行老龄问题的社会调查、进行相关学术交流、宣传老年学知识、向政府反映老龄事业重大问题和提出建议等职能，通过收取会费、接受社会捐赠和单位资助等筹款方式开展活动，为养老服务发展提供智力支持；养老行业协会属于行业性社会团体，从事养老行业的管理、协调和服务。通过调查研究和经验交流，提出养老行业的发展规划，促进养老行业的发展与繁荣，同时也协助政府规范成员的市场行为，维护养老行业合法权益。

（三）民办非企业单位提供的养老服务

民办非企业单位是指企业事业单位、社会团体和其他社会力量，以及公民个人利用非国有资产举办的，从事非营利性社会服务活动的社会组织。在养老服务供给中，民办非企业单位主要体现为一些民办养老院、居家养老服务中心等，一般由政府以外的个人或组织作为举办主体，通过自有资金、收取合理服务费用、接受捐赠等多种形式集资举办，为老年人提供养老服务，以补充公办和营利性养老机构的不足。其所从事的业务领域与公办养老机构领域是一致的，在其运行过程当中不以营利为目的。

（四）基金会提供的养老服务

基金会是以私人财富用于公共事业的合法社会组织，一般配有专业的管理人员和组织架构，主要在第三次分配方面参与养老服务，在养老服务筹资等领域发挥着重要的作用。作为慈善组织的重要表现形式之一，基金会通常通过宣传与合作获取个人、单位等的捐助和赞助而成立，促进养老慈善事业发展。如中国老龄事业发展基金会是为全国老年人服务的慈善组织，具有一系列扶老助老的职能，在开展助老募捐活动和指导全国老龄事业发展等方面具有重要作用。

（五）其他

除以上非政府组织的主要类型外，在养老服务供给领域还存在着社区组织和各类养老服务志愿者组织。社区组织以社区为平台，整合社区内各种服务资源，为老年人提供养老服务。养老服务志愿者组织定期组织志愿者为老年人提供公益养老服务，是专门为老年群体建立的爱心组织。

四、非政府组织供给养老服务局限

非政府组织的参与可以弥补政府养老服务的不足，降低养老服务成本，推动养老服务的差异化供给。近年来，一些社会团体、民办非企业单位、基金会等投入到我国养老服务供给中，这些非政府组织成为我国养老服务供给主体的重要组成部分。它们能够最大范围地动员社会各界力量共同筹措资金,使社会各界积极投入到养老事业中,为老年人提供更多有针对性的服务。养老领域非政府组织也存在一些缺陷,主要体现在缺乏政府支持、规模较小、组织化程度低和参与能力有限等方面。

(一) 缺乏政府支持

当前政府对非政府组织的认识有限,政策支持力度不足。一是非政府组织在筹建养老服务机构时,所获得的准入机会和发展条件不足;二是对于支撑非政府组织参与的养老服务供给,由于缺乏具体的执行办法,致使政府的优惠政策落实不到位,非政府组织无法真正享受相关的优惠政策。

(二) 规模较小

非政府组织由于起步晚,运作不成熟,普遍规模较小,能够调动的资源有限,服务范围有限,服务内容也具有局限性。相比于市场私人组织,非政府组织本身在资金、人才方面存在劣势。即使政府将养老服务准入条件放宽,匮乏的资源也不足以支持大多数非政府组织短期内在养老服务上实现成熟的专业化运作。

(三) 组织化程度低

养老领域内的非政府组织存在着组织化程度低的问题。大多数的养老相关非政府组织内部存在制度不规范、执行能力差的现象。有的规章制度不健全,有的尽管已经建立了规章制度,但是组织执行者的执行不到位,使得这些规章制度成为一种形式,没有发挥其作用,不利于组织的发展。

(四) 参与能力有限

一方面,参与的主体能力有限。非政府组织供给养老服务的参与者大多是具有爱心的志愿者,他们没有经过专门的培训,对老年人的生活照料、医疗护理等方面的服务能力有限。另外,这些志愿者大多是利用业余时间免费照护老年人,不能很好地深入了解每一位老年人的真实需求,无法保证养老服务质量。另一方面,获得资金的能力有限。非政府组织缺乏稳定的资金来源,从而影响非政府组织发展和养老服务的参与能力。

第四节　家庭及个人供给养老服务

一、家庭及个人供给养老服务含义

(一) 家庭供给养老服务的含义

家庭是社会的细胞,是老年人赖以生存的主要场所,是他们情感、精神的重要支撑。随着社会的发展,家庭规模日趋小型化,人们的家庭生活方式、生活观念也随之发生了巨大的变化。但是,家庭仍然具备为老年人提供健康维护、经济保障、居家安全、后事安排等一系列功能。此外,家庭还是老年人情感满足、精神慰藉、享受天伦之乐的主要阵地。

家庭供给养老服务是指老年人在家生活,由子女等家庭成员提供养老资源。通常,养老资源由老年人的子女提供。在我国传统观念中,"儿子"是养老资源的提供者,但在我国法律层面规定,老年人有抚养和教育子女的义务,子女有赡养父母的义务。可以看出,在赡养父母的义务上,"子"和"女"是平等的。因此,家庭养老的本质是"在家养老"和"子女养老"的结合。

(二) 个人供给养老服务的含义

个人供给养老服务是指老年人依靠自己的能力来实现自我生活和自我照护。个人是养老的第一责任人，个人应当做好一生的规划，在年轻时应当积极参与社会分工，创造社会财富，获取自身的收入，按照国家规定缴纳社会保险，有条件的参与个人养老保险，为老年时期积累一定的财富。

个人养老一般依靠老年人的社保、存款、商业保险等保障日常生活。自我养老在老年人身体条件良好并能自我照护的情况下是可行的，但随着老年人年龄增大和生理功能退化，在我国长期护理险暂时还未全国推广的情况下，个人养老逐渐缺乏可行性，并不能有效提高老年人生活的质量。

二、家庭及个人供给养老服务特点

(一) 传统性

"尊高年""亲祖之恩"思想的产生由来已久，到了春秋时期，这种思想发展出崇老的核心——"孝道"，如《孝经·纪孝行章》规定："孝子之事亲也，居则致其敬，养则致其乐，病则致其忧，丧则致其哀，祭则致其严，五者备矣，然后能事亲。"其中讲到老年人的赡养问题、医疗问题、日常家居问题及后事问题，基本上概括了家庭养老的主要方面。可以说，我国家庭养老由崇老文化得以规范，崇老文化对我国家庭养老具有监控、保证和强化的作用。家庭养老符合中华民族几千年的文化传统，有着其特定的文化背景。尊老、敬老、养老是中国人铭刻于心的价值理念。"勿以不孝口，枉食人间谷。天地虽广大，难容忤逆族"，可见"孝"之重要，也表明家庭养老有着不可撼动的文化背景。

(二) 基础性

家庭及个人是老年人最基础的养老服务供给来源。尤其是子女对老年人的赡养是义务和亲情的因素，一般情况下可以当作养老资源的主要来源。用现代社会保障的观点来看"养儿防老"，生育和抚养子女的花费，可以被看成是正值劳动年龄的父母为将来养老而缴纳的"保障基金"。这笔基金随着子女年龄的增长在逐年"缴纳"和"积累"，在子女的逐步成长中得以"保值"和"增值"。当父母年老丧失劳动能力而子女成年进入劳动年龄时，原先所缴纳的"养老保障金"就开始"给付"了。另外，在子女和家庭之外，出于资源的紧张和成本的考量，政府或非政府组织对老年人提供的养老服务不可能做到完全满足养老需求，老年人所能稳定依靠的就是个人和家庭的自我提供，这也是养老最基础、最原发的特征。

(三) 长期性

家庭作为我国养老服务的重要主体长期发挥着支撑作用，在经济不断发展和社会全面进步的今天，家庭提供的养老服务仍是普遍适用的养老服务方式。关于传统家庭养老的功能弱化，学界对此的观点是基本一致的：虽然家庭养老功能已经弱化，但仍然具有不可替代的作用。尽管随着我国经济和社会的不断进步，新的养老服务供给主体不断涌现，但是家庭在长期依然是我国养老服务供给主体的组成部分。另外，家庭作为养老服务供给主体的核心，具有天然的血缘基础，家庭成员代际之间的经济供养、生活照料及精神慰藉等将会长期存在。

(四) 可及性

家庭及个人提供的养老服务具有可及性强的特点。一方面，我国社会长期以来"养儿防老"的传统养老方式和文化根基使得由家庭内部提供养老服务具有天然的优势和正当性。通常离家近的子女可以及时给予老年人关怀和照护，离家远的家庭成员也会通过提供经济资源来赡养老年人。另一方面，个人作为自己养老的第一责任人，在提供自我养老服务过程中最直接、最便捷和最可靠，相对于其他养老服务提供主体的可及性更强。

三、家庭及个人供给养老服务类型

(一) 由家庭供给的养老服务类型

1. 核心家庭养老　核心家庭养老指老年人依靠自己家庭中最亲密的核心成员提供经济和服务支持的一种家庭养老模式。核心家庭成员一般指夫妻双方及其子女构成的核心家庭成员圈。它使老年人能在熟悉的环境中维持自己的生活。这种模式下,一般由老年人自身、伴侣及子女提供绝大部分养老资源,同时享受少量政府补贴和非政府组织或社区提供的养老服务。核心家庭成员之间的互相付出和血缘关系的影响,使得核心家庭养老模式长期存在,是重要的基础家庭养老模式。

2. 大家庭养老　大家庭养老是在核心家庭养老模式的基础之上,扩充了养老资源的来源成员。在大家庭养老模式中,亲友等核心家庭成员之外的次级成员也负责提供养老资源,共同尽到赡养老年人的义务。大家庭养老多见于兄弟姐妹较多的老年人家庭,其同辈、后辈成员多,逢年过节、生病住院等都会得到大家提供的养老支持。随着当前人口结构变化和城市化发展,大家庭养老模式可能会不断衰落。

(二) 由个人供给的养老服务类型

1. 个人经济自立　个人经济自立通过个人提前投资以达到在老年时拥有更多经济保障。个人养老需要个人在工作阶段有所积累,有了一定储蓄后,除参加社会养老保险外,还可以选择购买商业养老保险,以丰富风险分摊渠道和力度,保障老年生活。此外,"以房养老"等新的养老融资形式也已出现。"以房养老"指老年人将自己的产权房抵押或者出租出去,以定期取得一定数额养老金或者接受老年公寓服务的一种养老方式。通过一定的金融机制或非金融机制,将住房蕴含的价值尤其是自己身故后住房仍然会保留的巨大价值,在自己生前变现用来养老。

2. 个人生活自理　老年人自我养老需要个人生活自理。通过保持健康的体魄可以让老年人自己处理生活中的各种事情,许多老年人早起晨练,自己买菜、做饭、散步,晚间跳广场舞等,做到了养老服务的自给自足。个人生活自理是老年人为自身提供养老服务的最大支撑,同时也是老年人为自己提供的最重要养老服务。

四、家庭及个人供给养老服务局限

家庭供给养老服务能给予老年人精神归属感,个人供给养老服务能给予老年人生活成就感,但家庭和个人供给养老服务具有优势的同时,也存在资源不断减少等缺点。

(一) 家庭养老资源减少

家庭子女对老年人提供供养是家庭养老的主要途径。由于青壮年外出求学、务工等原因,空巢、独居老年人比例增加,家庭养老资源日渐不足,传统的家庭养老形式逐渐衰弱,既有的家庭保障形式已很难适应当今社会的生产生活需求,传统家庭养老赖以存在的客观环境发生了变化,家庭的养老资源不断流失。

(二) 个人养老服务供给能力弱

个人养老的供给来源单一,普通家庭老年人的积蓄和社会保险一般只能支撑个人正常的生活和医疗开支。一旦遇到重大疾病或慢性病,常常难以为继。而即便没有遭遇以上情况,缺少子女或者子女不愿履行赡养义务的老年人,其个人的养老能力通常也不足以支撑养老服务费用。尤其在农村地区,仅靠老年人的积蓄,很难享受到较好的养老服务。

知识链接

《"十四五"国家老龄事业发展和养老服务体系规划》——
传承弘扬家庭孝亲敬老传统美德

一是巩固和增强家庭养老功能。在全社会开展人口老龄化国情教育,积极践行社会主义核心价值观,传承弘扬"百善孝为先"的中华民族传统美德。建立常态化指导监督机制,督促赡养人履行赡养义务,防止欺老、虐老、弃老问题发生,将有能力赡养而拒不赡养老年人的违法行为纳入个人社会信用记录。支持地方制定具体措施,推动解决无监护人的特殊困难老年人监护保障问题。

二是完善家庭养老支持政策体系。将家庭照护者纳入养老护理员职业技能培训等范围,支持有关机构、行业协会开发公益课程并利用互联网平台等免费开放,依托基层群众性自治组织等提供指导,帮助老年人家庭成员提高照护能力。支持有条件的地区对分散供养特困人员中的高龄、失能、残疾老年人家庭实施居家适老化改造,配备辅助器具和防走失装置等设施设备。探索设立独生子女父母护理假制度。探索开展失能老年人家庭照护者"喘息服务"。

（万晓文）

ER-5-2

扫一扫
测一测

复习思考题

1. 当前由政府供给的养老服务有哪些局限?
2. 市场提供养老服务的特点是什么?
3. 当前由非政府组织供给养老服务的局限有哪些?
4. 由家庭及个人供给的养老服务有哪些特点?

◆◆◆ 第六章 ◆◆◆

养老服务体系

📝 学习目标

知识目标

掌握家庭养老、机构养老、居家社区养老的内涵和内容,熟悉三种养老模式的现状和优势,了解三种养老模式存在的主要问题和发展策略。

能力目标

具备良好的解决问题能力,能够根据老年人的实际情况和需求推荐个性化的养老服务模式。

素质目标

培养学生的创新创业精神,能够根据我国养老服务体系现况和社会需求,探索相应的养老服务解决方案。

课程思政目标

引导学生对老年人的尊重和关爱,认识自己在未来职业发展的方向,养成责任驱动的学习动力。

学习要点

1. 三种养老模式的内涵和内容。

2. 三种养老模式的现状和优势。

3. 三种养老模式存在的主要问题和相应的发展策略。

第一节 家 庭 养 老

一、家庭养老内涵

(一) 家

"家"的字形在《说文解字·宀部》解释为"家,居也。从宀,豭省声"。有学者认为,"豕"同样表意,是猪的象形。"家"原来是指祭祀的场所,"豕"属于猪、牛、羊三牲祭品之一,宗族纪念祖先的祭祀活动称为"家祭"。"家"除了本义"居所"外,逐渐派生出家族、家庭、家人、家乡、国家等义项。

(二) 家庭

"庭"的本义为厅堂。《汉语词典》对家庭解释为"以婚姻和血缘为纽带的基本社会单位,包括父母、子女及生活在一起的其他亲属"。《中华人民共和国民法典》界定为"配偶、父

母、子女和其他共同生活的近亲属为家庭成员"。因此,家庭的概念包括家庭成员、家庭成员共同生活的居所两部分内容。

(三) 家庭养老

与社会养老相比,界定家庭养老的关键是"由家庭成员承担并履行养老责任"。结合2018年公布的《中华人民共和国老年人权益保障法》第十三条,家庭养老应该定义为由子女等家庭成员提供养老服务资源,履行对老年人经济上供养、生活上照料和精神上慰藉的义务,照护老年人的一种养老模式。

课堂互动

讨论:如何定义家庭养老。

有些老年人自身经济状况较好,雇佣保姆照料其生活,又和子女共同居住;有些父代与子代分住于不同城市,但父母的养老支出全部由子女负担。这两种情况是否属于家庭养老?

你认为应该如何定义家庭养老?

二、家庭养老内容

(一) 传统家庭养老

传统的家庭养老是一种源于农业社会的以婚姻和血缘关系为基础,在家庭居住,由子女等家庭成员为老年人提供经济供养、生活照料和精神慰藉等的养老模式。

(二) 现代家庭养老

与传统家庭相比,现代社会的家庭在居住方式、照护主体、经济支持来源及代际关系方面都发生了变化。例如有的老年人与子女分开居住,但是经济供养、生活照料、精神慰藉都来自子女;有的老年人与子女共同居住,经济供养来自老年人自身,生活照料由老年人自己解决或者老年人、子女雇人解决,由子女提供精神慰藉。只要是由家庭成员承担并履行养老责任,就属于家庭养老。

三、家庭养老现状

(一) 老年人的经济支持、生活照料和精神慰藉情况

1. 老年人经济支持状况　无论是在城市还是在农村,子女的经济支持仍然是父母维持晚年生活的重要来源。一般而言,自身经济状况和健康状况较好、家庭关系较好、子女数量较多的老年人,他们能够自给自足,甚至还有余力支持子代,其子代在经济上供养的负担较轻。反之,自身经济状况和健康状况较差、子女较少、家庭关系欠佳的老年人,则更依赖于子代的经济支持。

2. 老年人生活照料状况　在家庭养老模式下,配偶和子代等家庭成员是老年人最主要的照料者,家庭养老负担比较沉重。随着社会发展和家庭结构变化,家庭成员因工作和生活原因难以时刻陪伴,导致照料困难。当前,家政服务和社区养老等服务虽有一定支持,但数量与质量均不足,而且部分老年人因经济或健康条件无法享受,使其照料问题更加严重。

3. 老年人精神慰藉状况　家庭成员与老年人之间情感交流的精神慰藉作用虽然难以量化,但对老年人缓解心理压力、提高生活满意度、增强心理韧性等有重要作用。一般而言,

健康状况较好、家庭关系和谐、与配偶或子代同住的老年人幸福感较高,孤独感较低。相反,健康状况差、家庭关系不融洽、与子代分居的老年人则幸福感偏低,孤独感更高。

(二) 家庭养老需要的服务支持

1. 居家环境适老化改造　对居家环境进行适老化改造,关系到老年人的生命安全和身心健康。例如增加室内光照,选用防滑材料,降低家具棱角,设置安全扶手,加强隔音措施,安装紧急呼叫设备、升降设备和自动感应装置等,可以让居家环境安全、舒适、便利,提高老年人的生活质量。

2. 生活照料支持　日常清扫、收拾整理、洗衣做饭等家政服务,应以社区为平台,整合社区内各种服务资源,提供平价的家政服务支持。同时,各种医疗、护理、养老服务等机构可以为家庭照护者进行照护技能的培训,提高生活照料的效率和质量,从而减轻家庭照护者的负担。

3. 心理支持　由于长期从事强度高、难度大、个人生活易受干扰的老年照护工作,容易使家庭照护者承受躯体上和精神上的双重疲劳,需要依托专业机构对其开展针对性的心理疏导与服务支持,帮助家庭照护者缓解心理危机。

四、家庭养老优势

(一) 精神慰藉优势显著

家庭是老年人毕生精力和努力的结晶,保留了老年人整个生命历程的印记。家庭养老满足老年人"安土重迁"的心理,使老年人感到安全和对亲情需求的满足,给予老年人归属感。老年人与家人共同居住生活,家庭成员能够为老年人提供持续的陪伴和情感支持,有助于老年人感受到家人的关爱和温暖。

(二) 家庭经济负担较小

家庭成员亲自照料老年人的饮食起居、卫生清洁等,可以降低养老的经济成本。家庭的房屋、家具、电器等物品可以为老年人提供舒适的居住环境和必要的生活设施,不必支付机构养老的相关费用。家庭成员较多者通过分担经济支持,能够减轻家庭照护者的经济负担。

(三) 环境熟悉舒适

老年人可以根据需求和喜好对家庭环境进行个性化调整,在熟悉的环境中可以感到安心和放松。便利的生活环境有助于老年人保持规律的生活节奏,除了和家庭成员之间的互动交流外,老年人还能与亲朋好友保持联系,有助于缓解老年人的孤独感,促进心理健康。

(四) 促进社会和谐稳定

家庭养老可以促进家庭成员间的紧密联系与合作,强化亲情家庭关系,减少家庭矛盾。同时,家庭养老减轻了社会养老负担,为国家节省了财政资源。此外,家庭养老有助于传承和弘扬中国优秀传统文化,形成尊老爱老的社会氛围,增强社会的凝聚力与稳定性。

五、家庭养老存在的主要问题

(一) 家庭结构变化带来挑战

家庭规模小型化、结构核心化,以及家庭类型多元化,是当前社会发展的趋势,给传统的家庭养老模式带来了挑战。随着社会经济发展和老龄化加剧,家庭成员数量逐渐减少,每个成员需要承担更多的养老责任。核心家庭成为主流,导致家庭成员之间的关系变得相对疏远,缺乏传统的大家庭所具有的互助和支持。老年人与子女居住方式发生改变,代际分开居住的方式越来越普遍,给家庭养老带来诸多不便。空巢家庭、丁克家庭等多元化家庭类型,也使得一些家庭缺乏足够的成员来照护老年人。

（二）代际关系与价值观变化带来挑战

在社会和市场的变革下，年轻一代的多元化价值观与老年人的传统价值观常常相冲突，导致家庭关系分歧和矛盾。年龄和生活方式的差异也导致代际之间的摩擦，父母的权威逐渐减弱，年轻一代更加独立并追求权力，第三代儿童成为家庭核心。在新型代际关系中，生活重心从祖辈转移到孙辈，关爱和资源主要流向第三代。这种新型不平衡代际关系给家庭养老带来了挑战，导致家庭养老功能逐渐削弱，老年人面临更多的困难和孤独感。

（三）家庭照护者面临压力与困境

家庭照护者承受着照护老年人的直接压力和间接压力。直接压力来自身体、心理和经济方面的负担。日常照料活动、陪同就医等需要耗费大量时间和精力；对老年人健康状况和情绪变化的担忧，以及照护过程中遇到的困难和挫折感常常造成心理压力；家庭照护者还需承受生活开支和医疗费用等经济压力。间接压力主要表现在对家庭照护者的工作和家庭生活的影响上，可能导致家庭照护者牺牲职业发展，面临工作与家庭的矛盾和冲突，使家庭照护者在职业和家庭之间难以平衡。

（四）城乡养老问题差异显著

城市的家庭规模相对较小，核心家庭逐渐增多，子女与老年父母分开居住较多；而农村家庭规模较大，家族关系紧密，家庭成员之间互相支持更多。随着城市化进程加速，农村年轻劳动力外流，家庭养老支持也逐渐减弱。城市经济相对发达，养老服务和福利保障体系较为完善，老年人有更多选择和资源；而农村经济发展水平相对较低，养老服务和福利保障体系相对落后，老年人经济负担较重。城市的医疗、文化、教育、娱乐等设施丰富多样，满足老年人需求的能力较强；而在农村地区这些设施相对匮乏，难以满足老年人的需求。

六、家庭养老发展策略

（一）推进适老化改造

国务院办公厅 2024 年发布《国务院办公厅关于发展银发经济增进老年人福祉的意见》指出：适老化改造应着眼于推进公共空间、消费场所等无障碍建设，定期开展国土空间规划实施评估。开展居家适老化改造，鼓励老旧小区加装电梯、家庭配备智能安全监护设备。开展数字适老化能力提升工程，推进互联网应用改造，保留涉及老年人的高频事项线下服务。推动老年食品、药品、用品等的说明书和宣传材料适老化。

（二）加强对家庭养老政策的支持

建立保障家庭经济安全的机制，增加社会保障和社会救助中的家庭视角；促进家庭内部平等与包容，开展家庭建设项目，倡导和睦互助的家庭文化；对家庭养老予以政策支持，如子女照护卧床老年父母的政策支持、提高对纯老年人家庭的支持力度、为老年人随子女迁移提供便利等。

（三）不断优化社会养老支持体系

首先，加强社区养老服务，如日间照料、家政和康复护理，使老年人在熟悉环境中安享晚年。其次，鼓励机构养老发展，为需要长期照护的老年人提供专业服务。再者，强化培养养老专业人员，以满足老年人在医疗、康复和精神关怀等方面的需求。此外，政府需进一步引导社会资源投入，规范服务市场，确保养老服务质量。

（四）加强对家庭照护者的支持

社会提供平价的专业照护服务，可以减轻家庭照护者的身心负担；开展专业照护培训，提高家庭照护者的照护能力和应对突发状况的能力；为家庭照护者提供心理咨询服务，帮助老年人疏导心理压力。在应对间接压力方面,通过为家庭照护者提供职业培训,帮助他们实现职业提升;倡导企业实施灵活的工作安排,如远程办公、弹性工作时间等。

💗 思政元素

贵州小伙刘秀祥,千里背母上大学

刘秀祥,一个在困境中坚守孝道的贵州学子。在年幼时,他经历了父亲离世、母亲患病、哥哥姐姐离家等一系列不幸。他并没有被这些困难击垮,而是肩负起家庭重担,一边照顾精神失常的母亲,一边坚持上学。在县城读中学时,他带着母亲在身边,通过拾荒、打零工等方式维持生计,并克服重重困难,最终考上山东临沂大学。2008 年,他毅然带着母亲一同前往大学,在学校的支持下顺利完成学业。后来,他婉拒高薪工作,成为家乡深山里的人民教师,当选为党的二十大代表。他骑坏 8 辆摩托车,劝 1 800 多位孩子重返校园,牵线资助 7 000 名贫困学生,自己资助贫困学生 168 人。面对生活困难,他始终坚守孝道,照顾母亲。

刘秀祥的事迹在社会上引起了广泛关注,成为孝敬长辈、关爱家庭的典范。家庭是社会的基石,家庭和谐是社会和谐的前提。让我们以刘秀祥为榜样,关注家庭养老问题,弘扬孝亲敬老的中华民族传统美德,为构建和谐社会贡献力量。

第二节 机 构 养 老

一、机构养老内涵

(一) 机构养老

学术界关于机构养老的概念存在多种表述,主要包括几个核心要点。首先,机构养老是有别于传统家庭养老的一种社会化养老模式,老年人离开原住地和家庭成员,居住于养老机构进行养老。其次,机构养老的经济支持依靠国家和社会资助、家庭成员资助或老年人自助。再者,由养老机构的专业人员提供综合性、全方位、个性化的服务与管理。

综上所述,机构养老的概念可以界定为以养老机构作为载体,由国家、社会、家庭成员或老年人自身资助,由专业人员进行组织、运营、管理、服务等工作,以满足老年人住宿、生活照料、康复护理和紧急救援等多种需求的一种社会养老模式。机构养老属于社会养老服务,在家庭养老功能弱化的背景下,加强社会养老服务体系建设,提高老年人的生活和生命质量,对积极应对人口老龄化至关重要。

(二) 养老机构

2015 年《中国养老机构发展研究报告》将养老机构定义:"养老机构是指为老年人提供集中居住、生活照料、康复护理、精神慰藉、文化娱乐等服务的老年人服务组织,其主要服务对象是失能、半失能老年人。"2020 年《养老机构管理办法》(中华人民共和国民政部令第66 号)第二条进一步完善了养老机构的定义:养老机构是指依法办理登记,为老年人提供全日集中住宿和照料护理服务,床位数在 10 张以上的机构。

养老机构的主要服务对象是广义的老年人群体,但重点是为在家中难以获得照护服务

的失能、半失能老年人提供服务。在服务功能上,养老机构首先应提供住宿场所,这是与其他不提供住宿场所的老年人日间照料中心等服务机构的核心区别。此外,养老机构还需为入住老年人提供多样化服务,包括生活照料、康复护理、精神慰藉和文化娱乐等,以满足他们的各种需求。

(三)养老机构的分类

我国的养老机构按投资主体分类,分为国办、集体办、民办、外资办、混合型等类型;按照是否以营利为目的,养老机构可以分为非营利性养老机构和营利性养老机构两大类;根据民政部2001年颁布的《老年人社会福利机构基本规范》,我国养老机构可以分为老年社会福利院、养老院(老人院)、老年公寓、护老院、护养院、敬老院、托老所、老年人服务中心等。

二、机构养老内容

在老年人个案照护计划的基础上,养老机构为老年人提供的养老服务主要包括以下内容。

1. 个人生活照料服务　个人生活照料服务包括老年人个人清洁卫生、穿衣、修饰、饮食起居、口腔清洁、皮肤清洁护理、压疮预防、便尿管理等。

2. 老年护理服务　老年护理服务包括老年社区护理、基础护理、老年专科疾病护理、老年心理护理、老年康复指导、老年期健康教育、健康咨询、护理技术操作、院内感染控制、临终护理等。

3. 心理/精神支持服务　心理/精神支持服务包括访视、访谈、危机处理、咨询活动等。

4. 安全保护服务　安全保护服务包括提供安全设施、使用约束物品、改善老年人生活环境、采取预防措施。

5. 环境卫生服务　环境卫生服务包括老年人居室、室外的环境清洁等。

6. 休闲娱乐服务　休闲娱乐服务包括开展各种休闲娱乐活动,如棋、牌、器械、体育运动、书法、绘画、唱歌、戏曲、趣味活动、参观游览等。

7. 协助医疗护理服务　协助医疗护理服务包括观察老年人日常生活情况变化;协助老年人服药;协助生活不能自理的老年人进行肢体活动;协助老年人使用助行器具;完成标本的收集送检;协助老年人疾病并发症的预防;完成物品的清洁消毒,协助做好院内感染预防工作等。

8. 医疗保健服务　医疗保健服务包括建立健康档案,提供老年专科医疗保健,维持或改善老年人健康状态,做好老年人常见病、多发病、慢性非传染性疾病的诊断治疗,做好院前急救工作和转院工作,为临终老年人提供医疗服务。

9. 膳食服务　膳食服务是指根据营养学、卫生学、老年人生活、地域特点、民族、宗教习惯制定菜谱,为老年人提供营养丰富、全面合理的均衡饮食。

10. 洗衣服务　洗衣服务以满足老年人清洁衣物的需求为目的,包括送洗及送回服务。

11. 陪同就医服务　陪同就医服务是指协助监护人陪同老年人到指定的医疗机构就医。

12. 咨询服务　咨询服务包括法律、心理、医疗、护理、康复、教育、服务等信息方面咨询。

13. 通信服务　通信服务是指利用不同的通信手段协助联系亲友或监护人。

14. 送餐服务　送餐服务包括为无法独立购物或准备膳食的老年人提供一日三餐。

15. 教育服务　教育服务是指通过评估老年人服务需求,有计划、有目的地开展各类教育服务。

16. 购物服务　购物服务包括为老年人代购物品或陪同购物。

17. 代办服务　代办服务包括代读、代写书信,代领老年人的各种文件,代缴各种费用。

18. 交通服务　交通服务包括定时接送老年人及监护人。

三、机构养老现状

(一) 养老机构数量和规模

随着老龄化程度的加深,我国的养老机构数量和规模都在不断扩大。据统计,截至2023年底,全国注册登记的养老机构为4.1万个,比上年增长1.6%,床位512.1万张,比上年增长2.9%。

(二) 服务供给各有特色

政府主导的养老机构以满足基本养老需求为主,主要面向经济困难、高龄、失能等老年人群体;提供基本的生活照料、医疗护理、康复服务等,满足老年人的基本生活需求;收费标准相对较低。社会力量兴办的养老机构以市场化为导向,服务对象包括不同经济状况、年龄和健康状况的老年人;服务项目更加多样化,更能满足不同老年人的个性化需求,其收费标准根据服务内容和水平而定,价格较为灵活。

(三) 政策支持和监管

政府在机构养老方面出台了一系列政策措施,包括建设补贴、税收减免、政府购买服务等,以鼓励和支持养老机构的发展。同时,政府也加强了对养老机构的监督和管理,规范服务标准和收费标准,保障老年人的权益。

(四) 社会参与和认知度

随着社会的发展和观念的转变,越来越多的企业和个人开始关注和参与到机构养老事业中来。一些非政府组织和个人通过捐款、捐物、志愿服务等方式支持机构养老的发展,一些企业也通过投资兴建、运营管理等方式进入机构养老领域。同时,随着媒体对养老问题关注度的提高,机构养老的认知度也在逐渐提高。

四、机构养老优势

(一) 居住环境设施完备

养老机构内配备无障碍通道、电梯、扶手等设施,以确保老年人能够安全地行动;房间配备紧急呼叫系统,以便老年人在需要时能够迅速获得帮助;机构配备安全监控系统,以确保老年人的安全;机构内的房间和公共区域进行适老化设计,以适应老年人的生活习惯和身体状况;机构内配备空调、暖气等设备,以确保室内温度适宜。

(二) 专业化的服务团队和服务内容

养老机构通常拥有一支由医生、护士、康复师、营养师、养老护理员等专业人员组成的团队。机构不仅提供日常生活照料服务,如饮食、洗浴、穿衣等,还提供医疗护理、康复训练、心理咨询等服务,全面的服务内容能够让老年人在养老机构中得到全方位的照护和关怀。此外,养老机构还会根据老年人的具体情况和需求,提供个性化的服务。

(三) 提供社交互动与活动

养老机构为老年人提供了一个社交场所,使他们能够与同龄人进行交流互动,开展有趣活动,有助于老年人减轻孤独感。通过交流,老年人分享经验感受,增进理解和友谊,丰富精神生活,促进心理健康。养老机构可以组织各种活动,如棋牌游戏、健身活动、文艺表演等,让老年人展示才艺,增强自信心和成就感。

（四）减轻家庭照护的负担

将老年人送到养老机构,可以享受专业照护,通过探访和电话联络等方式给予老年人精神慰藉,家庭照护者虽然需要缴纳机构养老的费用,但可以从对老年人的照护中解脱出来,专注于自己的工作和生活,能够较好地平衡家庭和工作责任。

五、机构养老存在的主要问题

（一）经济成本较高

相对于家庭养老,机构养老的经济成本较高。养老机构除了收取基础的床位费、护理费、餐饮费、空调和暖气费、生活用品费用、水电费等,就医陪诊、定期体检等服务也需要额外付费。此外,养老机构的运营和维护需要大量资金,包括人力、物力等方面的投入,这些成本也导致机构养老费用相对较高。

（二）缺乏家庭温暖

虽然机构能够提供专业照护和全面服务,但是难以替代家庭亲情的温暖和关爱。在养老机构中,老年人与家人分离,与家人的日常互动和情感交流减少,导致老年人感到孤独和失落,可能对老年人的心理健康造成负面影响。

（三）服务供给有待完善

目前我国养老机构的服务在基本生活照料和膳食服务方面供给较好,但对于老年人的医疗、护理、送终等方面的需求,部分养老机构提供的服务不够全面。主要是因为部分养老机构缺乏专业的医疗人员、护理人员、善终服务专业人才,以及相应的设施,导致医疗、护理、临终关怀和送终服务的供给不足,无法充分满足老年人和家属多方面需求。

（四）管理和监管问题

由于政府部门难以及时准确地掌握养老机构的运营、管理、服务的问题状况,监管效率有待提高,发现问题和解决问题相对滞后,这导致部分养老机构服务质量低下的情况得不到及时纠正,对老年人的权益保护和养老行业的发展造成不利影响。

六、机构养老发展策略

（一）加强监督管理

政府应设立严格的准入机制,对申请设立的养老机构进行资质审核,确保其具备相应的硬件设施和专业人员;对已运营的养老机构进行定期检查,评估其服务质量、安全管理;对存在问题的养老机构,依法进行处罚并责令整改,严重者撤销其运营资格;将养老机构的评价结果向社会公示,通过投诉热线、媒体曝光等方式增强社会对养老机构的监督。

（二）增加有效资金投入

政府应积极增加对养老服务的资金支持,在自身财力范围内尽可能提供更多的资源。同时,政府应大力鼓励社会力量参与养老机构的兴办,以吸引更多社会资金进入养老服务领域。此外,政府还应鼓励有能力的组织和个人对养老服务进行资金捐助,通过多元化的资金来源提升养老服务的质量和覆盖面。

（三）加快养老人才培养

政府应进一步重视养老服务相关专业和课程,培养老年医学、护理、营养、心理、善终服务等专业人才,加强师资队伍建设和培训教材开发,增加学生到养老机构见习和实习时间;提高养老服务从业人员的服务水平和职业道德,持证上岗;探索在养老服务中引入专业社会工作人才机制,推动养老机构开发社工岗位;加快培育养老服务志愿者队伍。

（四）加强人文关怀

政府鼓励家庭成员更多地参与老年人的照护,如提供探视假和探视补贴。养老机构可以加强与家庭成员的沟通,建立定期探视制度,提供家庭式的服务和活动,让老年人感受到家庭的温暖。家庭成员应主动关心老年人的情感需求,增加探视和联系的频率,通过电话、视频、亲自探访等方式与老年人保持联系,让他们感受到亲情的关爱。社会各界加强开展宣传教育活动,形成关爱老年人的社会氛围。

第三节　居家社区养老

一、居家社区养老内涵

（一）居家养老

2000年2月民政部等11个部门联合发文的《关于加快实现社会福利社会化的意见》中,提出在供养方式上坚持以居家为基础、以社区为依托、以社会福利机构为补充的发展方向。在北京、上海等地开始试点后,居家养老的模式得到推广,在随后的各种政策文件中进一步明确了居家养老的基础地位。

居家养老是指老年人居住在自己家里,除了家庭成员的照护外,同时还享受专门的服务机构提供各种服务的一种社会养老模式。这些服务包括生活照料、家政服务、康复护理、医疗保健和心理关怀等,通常以上门服务的形式提供。居家养老的资金来源包括政府的直接资助、社会的捐赠、家庭成员的资助,以及个人的自助。

（二）社区养老

根据《现代汉语词典》的解释,社区是指在一定地域形成的社会生活共同体。在社区养老模式中,社区是指以政府划定的社区居民委员会所辖区域。

社区养老又称居家助老或社区助老,是指在家庭养老的基础上,以社区为平台,以社区基层组织为主导,强调政府、社区、家庭及个人等多方参与,整合社区内各种服务资源,为老年人提供生活照料、医疗保健及文化娱乐等全方位服务的一种养老模式。老年人在自己家中居住,当白天无人照料时,他们可以托管给社区的日间照料中心、托老所等社区养老设施,由社区提供相应的日托、临托等多种形式的老年社区照护服务。社区养老的资金来源同样包括政府的直接资助、社会的捐赠、家庭成员的资助,以及个人的自助。

社区养老和居家养老的主要区别是服务地点不同,居家养老服务的地点是在老年人的家中,而社区养老服务的地点则是在社区。

（三）居家社区养老

居家养老一般由社区为老年人提供上门服务,而社区养老则是老年人出门到相应的社区养老设施享受养老服务,两者均依托社区,服务内容存在一定的交叉性,融合成为居家社区养老模式。

根据居家养老和社区养老的内涵,可以将居家社区养老的概念界定为:养老服务机构或相关社会组织通过多种方式为居家社区老年人提供所需养老服务,包括到老年人家中或在社区养老服务设施或机构,为有需求的老年人提供日常生活起居、医疗护理、日托、短期全托等服务。居家社区养老的资金来源于个人、家庭、社会、政府,服务内容包括生活照料、基础照护、健康管理、探访关爱、精神慰藉、委托代办、家庭生活环境适老化改造等。居家社区养老体现了我国的福利多元化,与机构养老共同构成社会养老服务体系。

案例分析

案例：江苏省盐城市亭湖区万湖新村长者幸福食堂里，干净整洁的环境、新鲜营养的菜品，让前来就餐的老年人赞不绝口。开业以来，每天用餐100余人次，食堂每周制订营养食谱，提供特色餐饮，深受老年人喜爱，用一餐热饭的温度呵护老年人晚年幸福。盐城市坚持把发展老年助餐服务作为为民办实事的重要内容，优化完善老年助餐服务，做到供给高质量、普惠高水平、享老高品质，为"盐年益寿"养老服务体系建设提供更加有力的支撑。

问题：发展老年助餐服务有何积极意义？

分析：发展老年助餐服务是实施积极应对人口老龄化国家战略的重要内容和重要民生工程，是支持居家社区养老、增进老年人福祉的重要举措。

二、居家社区养老内容

（一）居家养老服务

居家养老服务涵盖生活照料、家政服务、康复护理、医疗保健、精神慰藉等，以上门服务为主要形式。对身体状况较好、生活基本能自理的老年人，提供家庭服务、老年食堂、法律服务等服务；对生活不能自理的高龄、独居、失能等老年人提供家务劳动、家庭保健、辅具配置、送饭上门、无障碍改造、紧急呼叫和安全援助等服务。

（二）社区养老服务

社区养老服务是居家养老服务的重要支撑，具有社区日间照料和居家养老支持两类功能，主要面向家庭日间暂时无人或者无力照护的社区老年人提供服务。在城市，结合社区服务设施建设，增加养老设施网点，增强社区养老服务能力，打造居家养老服务平台。倡议、引导多种形式的志愿活动及老年人互助服务，动员各类人群参与社区养老服务。在农村，结合城镇化发展和新农村建设，以乡镇敬老院为基础，建设日间照料和短期托养的养老床位，逐步向区域性养老服务中心转变，向留守老年人及其他有需要的老年人提供日间照料、短期托养、配餐等服务；以建制村和较大自然村为基点，依托村民自治和集体经济，积极探索农村互助养老新模式。

三、居家社区养老现状

（一）居家社区养老服务格局逐步形成

居家社区养老服务在全国各地已经取得了一定的成绩，尤其在大中城市，上门服务逐渐受到欢迎。针对老年人的服务主要集中在特定场所和专用设施上，涵盖了生活的各个方面，如日常生活照料、医疗服务、休闲运动、社会权益保护，以及心理问题的预防和维护等。

（二）居家社区智慧养老开始兴起

居家社区智慧养老通过各种智能设备，如智能家居、智能健康监测设备等，监测老年人的生活和健康状况。居家社区的智慧养老强调社区资源的整合，包括医疗、餐饮、家政服务等，老年人可以通过智能设备预约服务。此外，居家社区的智慧养老注重家庭与社区的协作，家庭成员可以与社区服务人员保持联系，共同关注老年人的生活和健康状况。

（三）养老服务更多元

近年来，各地纷纷致力于探索和创新养老服务领域，推动养老服务向多元化方向发展。

例如,通过引入第三方养老服务机构,为社区老年人提供及时、个性化的生活服务和支持,打造全面覆盖的居家社区养老服务模式。为了适应老年人不断提升的需求,营造让他们感到愉悦和满足的养老环境,各种创新型的居家社区养老模式(如嵌入式养老等)应运而生。

四、居家社区养老优势

(一) 满足老年人的情感需求

居家社区养老既解决了在养老机构亲情淡薄的问题,又克服了传统家庭养老服务不足的难题。这种养老方式充分尊重了我国传统的家庭养老思想,满足老年人继续留在自己熟悉的家庭环境中养老的心理诉求,有助于提高老年人的生活质量和幸福感,同时也为家庭和社会带来了诸多益处。

(二) 充分利用资源,节约社会成本

居家社区养老让老年人在自己家庭和社区中安享晚年,既方便子女亲属照护,也可以委托给专业的社区服务人员照护。在费用方面,老年人可以根据自己的经济状况和实际需求选择合适的养老服务项目。这种养老方式不仅保留了家庭养老的温馨和便利,避免了高昂的机构养老费用,而且充分利用社区资源,同时节约了社会成本。

(三) 全方位、个性化的养老服务

居家养老服务涵盖生活照料、家政服务、康复护理、医疗保健、精神慰藉等,社区养老服务具有社区日间照料和居家养老支持两类功能。这种全方位的服务确保老年人在自己的家庭或社区中能够得到全面的关照,而个性化的精准服务也使得每一位老年人都能得到最适合自己的关怀与照护。

(四) 符合我国的国情

目前,我国的人口老龄化呈现出"边富边老、边备边老"的显著特征,养老资源及专业服务人员却相对匮乏,传统的家庭养老功能逐渐退化。在这种情况下,居家社区养老提供了可行的解决方案,具备成本低、效率高和全方位、个性化关怀等优点,符合我国现阶段的国情。

五、居家社区养老存在的主要问题

(一) 服务内容单一

当前居家社区养老服务存在内容单一的问题,主要集中在日常生活照料和家政服务上,如洗衣、做饭、打扫卫生等。然而,老年人的需求是多元化的,不仅有生活照料需求,还有精神陪伴、医疗服务和康复训练等需求。由于服务供给与需求之间的不对称,导致许多老年人难以获得全面、高质量的养老服务。

(二) 专业化程度偏低

许多从事居家社区养老服务的人员虽然具备一定的工作经验,但由于缺乏系统的养老服务知识和技能培训,导致服务质量和效果不尽如人意。这不仅影响了老年人的生活质量和幸福感,也制约了居家社区养老服务的发展。此外,由于居家社区养老服务人员流动性较大,导致服务的连续性和稳定性受到影响。这不仅增加了管理的难度,也不利于提高服务水平。

(三) 服务设施不够完善

居家社区养老服务的完善离不开各类服务设施的支持。除了日常生活照料和家政服务,老年人还需要日间照料中心、康复中心和心理咨询中心等设施来满足他们的多元化需求。然而,当前许多居家社区养老服务设施的建设还存在不足,尤其是在一些欠发达地区和农村地区,老年人的需求得不到充分满足。这不仅影响了老年人的生活质量,也制约了居家

社区养老服务的发展。因此,加强服务设施建设,提高服务覆盖面和供给能力,是推进居家社区养老服务发展的关键。

(四) 资源整合不足

居家社区养老服务是一个综合性的领域,涉及医疗、康复、心理咨询、家政服务等多个方面。提供全面、高效的养老服务,需要整合各种资源,包括人力、物力、财力及技术等。然而,目前居家社区养老服务的资源整合力度还不够,政府、非政府组织、企业等主体之间的协作不够紧密,导致服务效率和服务效果欠佳。

六、居家社区养老发展策略

(一) 完善服务内容

除了日常生活照料和家政服务外,居家社区养老服务还应更全面地满足老年人的需求。老年人需要更多的医疗、康复和心理咨询等服务来提高生活质量。通过建立健康档案、提供定期健康检查、康复训练和心理咨询等服务,居家社区养老服务可以更好地满足老年人的需求,让他们在社区中享受更全面的照护。这些服务不仅有助于提高老年人的生活质量,还能促进居家社区养老服务整体发展。

(二) 加强专业化培训

对居家社区养老服务人员应进行专业化培训,包括养老服务技能、沟通技巧、心理辅导等方面的知识和技能。通过培训,提高服务人员的专业水平和服务质量,使他们能够更好地满足老年人的需求。同时,应完善养老服务人员的资格认证制度,以确保服务人员的专业性和服务质量。

(三) 完善服务设施

政府和社会应加大对居家社区养老服务的投入,建设和完善各类服务设施,包括日间照料中心、康复中心、心理咨询中心等。同时,在建设过程中,应充分考虑到老年人的特殊需求,如无障碍设施、紧急呼叫系统等,以提高服务设施的实用性和便利性。通过加大投入和完善设施,可以更好地满足老年人的需求,提高他们的生活质量。

(四) 整合资源

政府、企业和非政府组织等主体在居家社区养老中扮演着重要的角色,为了更好地满足老年人的需求和提高服务效率,应该加强协作,整合各种资源。例如,政府可以与非政府组织和企业合作,建立信息共享平台,实现资源共享和优势互补。此外,它们还可以联合开展服务项目,共同解决养老问题。这种协作方式有助于提高服务效率,更好地满足人民的需求。

(罗振亮)

复习思考题

1. 如何区别家庭养老与居家社区养老这两种养老模式?
2. 在养老机构进行养老,如何提高老年人的幸福感?
3. 如何区别机构养老与居家社区养老这两种养老模式?

ER-6-2

扫一扫
测一测

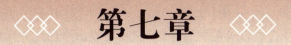

第七章

养老服务内容

学习目标

知识目标

掌握基本养老服务、老年人生活照料、老年人精神慰藉、老年人文化教育和老年法律援助的基本概念,明确各类养老服务的内容和原则。

能力目标

了解养老服务内容内涵,能够为老年人选择适当的生活照料、精神慰藉、文化教育、法律援助服务。

素质目标

使学生深刻把握养老服务内容的范畴,体会养老服务内容的定位及对于社会生活的重要意义,加深对养老服务内容的理解。

课程思政目标

使学生体会到我国养老服务内容的重要性,并且正确树立专业学习理念。

学习要点

1. 国家基本养老服务清单制度的内容及意义。

2. 老年人生活照料需求的评估。

3. 老年人精神慰藉服务的内容。

4. 老年人文化教育服务的原则。

5. 老年人法律援助的概念和常见类型。

第一节　基本养老服务概述

一、基本养老服务概念

基本养老服务是指由国家直接提供或者通过一定方式支持相关主体向老年人提供的,旨在实现老有所养、老有所依必需的基础性、普惠性、兜底性服务,包括物质帮助、照护服务、关爱服务等内容。我国基本养老服务快速发展,内容逐步拓展,公平性、可及性持续增强。2020年,在党的十九届五中全会上,党中央做出关于健全基本养老服务体系的重大决策部署。2022年,党的二十大提出推动实现全体老年人享有基本养老服务。

推动基本养老服务制度建设,是我国养老领域的重要制度创新,是在养老服务领域实现"保基本、兜底线、补短板、调结构"的重要制度内容,也是实现人人享有基本养老服务发展目标的重要举措。党的十九大及十九届二中、三中、四中、五中全会,都对基本养老服务制度提出了要求,《"十四五"民政事业发展规划》进一步提出全面建立和加强基本养老服务制度,加快构建基本养老服务制度框架,建立基本养老服务清单制度。

基本养老服务在实现老有所养中发挥重要基础性作用。推进基本养老服务体系建设是实施积极应对人口老龄化国家战略、实现基本公共服务均等化的重要任务,对于进一步合理界定家庭、政府、社会、市场的责任边界,稳定和引导合理预期均具有重要的战略意义。

二、国家基本养老服务内容

(一)国家基本养老服务清单制度

2021 年 11 月,《中共中央　国务院关于加强新时代老龄工作的意见》发布,明确要求建立基本养老服务清单制度。制度包含三方面内容。

1. 制度结构　即国家层面有《国家基本养老服务清单》,同时要求省级政府制定并发布各自的清单,清单应当包含《国家基本养老服务清单》中的服务项目,且覆盖范围和实现程度不得低于《国家基本养老服务清单》要求。

2. 清单内容　清单要明确服务对象、服务内容、服务标准等。

3. 动态调整　《国家基本养老服务清单》明确的对象、项目、内容等,要根据国家经济社会发展情况、国家财政保障能力,以及人民群众的生活需求等因素进行动态调整,调整既包括新增项目,也包括对现有项目覆盖范围和实现程度的变化。

(二)国家基本养老服务清单的内容

《国家基本养老服务清单》包含物质帮助、照护服务、关爱服务等三大类 16 个服务项目,并分别明确了每个项目的服务对象和内容。目前《国家基本养老服务清单》列明的 16 项服务中,《国家基本公共服务标准(2021 年版)》明确规定的有 13 项,其余 3 项均为法律法规和政策有明确规定的项目。

1. 物质帮助方面

(1)达到待遇享受年龄的老年人,享受职工基本养老保险和城乡居民养老保险。

(2)为 80 周岁及以上老年人发放高龄津贴。

(3)为经济困难老年人提供养老服务补贴。

(4)为经认定生活不能自理的老年人提供护理补贴。

(5)为纳入最低生活保障范围的老年人提供最低生活保障。

(6)经认定符合条件的残疾老年人,享受困难残疾人生活补贴和重度残疾人护理补贴。

(7)对生活无着的流浪、乞讨老年人,依照有关规定给予救助。

2. 照护服务方面

(1)对 65 周岁及以上老年人进行老年人能力综合评估。

(2)对经济困难的老年人进行家庭适老化改造。

(3)对经认定生活不能自理的老年人提供家庭养老支持服务。

(4)对特困老年人进行集中供养或者分散供养。

(5)对为国家和社会做出特殊贡献的老年人,提供集中供养服务。

(6)计划生育特殊家庭老年人,优先享受机构养老。

3. 关爱服务方面　面向独居、空巢、留守、失能等特殊困难老年人提供探访关爱服务。

总的来说,《国家基本养老服务清单》旨在保障老年人的基本生活需求,促进社会公平和稳定。

三、国家基本养老服务清单制度的意义

我国明确提出基本养老服务范畴,并且用清单化、标准化的方式将基本养老服务作为公共产品向全体老年人提供,这是根据我国国情做出的一项创新性政策举措,其意义主要体现在以下三个方面。

(一) 有利于保障和改善基本民生

《国家基本养老服务清单》明确了现阶段各级政府必须予以保障的基本养老服务项目范围和底线标准,可以让地方政府对现阶段保障养老服务"重点要保什么""保到什么程度"做到心中有数,有利于引导各地对照中央要求,查缺补漏,优化资源配置,把有限的财力用到老年人最关心的领域,用到老年人生活最需要的关键环节。同时,也有利于广大老年人对于能够从国家、社会得到什么样的服务保障,做到心中有底,能够更好地安排自己的晚年生活。

(二) 有利于推动发展成果全民共享

《国家基本养老服务清单》是健全基本养老服务体系的基础,为各地确定本地区的实施标准、养老服务机构实行标准化服务流程管理提供了重要依据,有利于推动在全国范围内实现基本养老服务标准化、均等化供给,逐步实现全体老年人都能够公平可及地获得大致均等的基本养老服务,共建共享改革发展成果。

(三) 有利于推进国家治理体系和治理能力现代化

制定出台《国家基本养老服务清单》,明确基本养老服务的底线标准,是国家向人民群众做出的庄严承诺,是健全完善国家基本公共服务体系的基础性工作,有利于推动统筹城乡民生保障制度更加成熟定型,有利于推进国家治理体系和治理能力现代化。

第二节　老年生活照料

一、老年生活照料概述

(一) 老年生活照料概念

老年生活照料是指因身心健康状况不良或受年老体衰影响,老年人在日常生活能力、外出活动功能等方面逐渐衰退,需要家庭成员或社会照料人员帮助老年人提供生活起居、饮食、环境清洁和物品整理等方面照料服务,以满足其生活需求。

不同老年人由于身体状况不同,处理日常生活能力会有一定的差别,所需要的生活照料服务也会不同。因此,生活照料服务人员首先需要定期对老年人的身体功能状态进行客观评估,了解老年人的生活照料需求,然后制定有个体化的老年生活照料服务方案。照料的目的在于维持和促进老年人身心功能,锻炼老年人自我照料及独立的生活自理能力,保持老年人的正常生活状态,从而提高其生活质量。

(二) 老年人日常生活活动能力的分类

老年人的生活照料需求受年龄、视力、听力、运动功能、躯体疾病、情绪等因素的影响,因此,要结合其生理健康水平、心理健康水平和社会健康水平三个方面进行全面度量和综合考虑,通常包括基本日常生活活动能力、工具性日常生活活动能力、高级日常生活活动能力三个层次。

1. 基本日常生活活动能力　基本日常生活活动能力(basic activities of daily living, BADL)是老年人最基本的日常生活能力。如衣(穿脱衣、鞋、帽,基本的着装打扮)、食(进餐,筷子、勺子和叉子等的正常使用)、行(行走、上下车、上下楼等)、料理个人卫生(洗脸刷

牙、洗发沐浴、如厕、控制大小便),这一层次的能力受限,将影响老年人基本生活需要的满足。BADL 是评估老年人是否需要生活照料服务的重要指标。

2. 工具性日常生活活动能力　工具性日常生活活动能力(instrumental activities of daily living,IADL)是老年人在寓所内进行独自生活活动的能力,包括家庭清洁和物品整理、做饭、洗衣、购物、使用电话等,这一层次的能力状况提示老年人是否能够独立生活并具备良好的日常生活能力。

3. 高级日常生活活动能力　高级日常生活活动能力(advanced activities of daily living,AADL)一层次反映了老年人的智能状况和社会角色能力,包括主动参加社交、休闲娱乐、职业活动等。随着老年期生理功能的衰退及疾病的困扰,这种能力可能会受到不同程度的影响。高级生活活动能力的缺失,要比基本日常生活活动能力和工具性日常生活活动能力受损早。

(三) 老年人日常生活活动能力评估工具

在医院、社区、养老院和康复中心等开展老年生活照料时,有多种标准化的评估量表可供工作人员使用(表 7-1)。使用较为广泛的工具包括 Katz 日常生活能力(ADL)量表和 Lawton 功能性日常生活能力(IADL)量表。

表 7-1　常用基本生活自理能力评估量表

序号	量表	功能
1	Katz ADL 量表(Katz ADL scale)	评估基本自理能力
2	Barthel 量表(Barthel index)	评估自理能力和行走能力
3	Kenny 自护量表(Kenny self-care scale)	评估自理能力和行走能力
4	IADL 量表(IADL scale)	评估烹饪、购物、家务等复杂活动
5	Lawton IADL 量表(Lawton IADL scale)	评估 IADL 能力

二、老年生活照料内容

(一) 起居照料

帮助老年人养成规律的作息习惯,每天早睡早起,午睡时间不超过 1 小时。指导其参加一些力所能及的日间户外活动,以增强体质,提高日常生活的自理能力。

(二) 饮食照料

给老年人提供营养平衡的饮食,富含优质蛋白、高维生素、低脂低糖低盐和高钙铁的食物,适当限制热量的摄入。可以少吃多餐,七八分饱即可。两餐之间可适当增加水果或点心,晚餐不宜过饱。食物宜温偏热,松软易消化,色香味俱全。

(三) 环境清洁

帮助老年人每天开窗通风半小时以上,保证室内空气新鲜,室温保持 22~24℃,湿度在 50%~60%。老年人居室内的陈设尽量简洁,避免磕碰老年人。擦拭完地板后及时擦干,以免老年人滑倒。

(四) 物品整理

帮助老年人将物品按照个人的喜好分类放置,每次用完后都放在固定位置,这样老年人在取用的时候就比较方便、快捷。

三、老年生活照料原则

(一) 鼓励老年人充分发挥其自理能力

老年人由于机体功能衰退或疾病因素导致其无法独立完成基本日常生活活动时,需要

笔记栏

他人给予部分或完全生活照料服务。由于各种原因,有部分老年人会对照料服务人员产生过度依赖的心理,甚至有些老年人仅仅是为了获得他人的关注和爱护而主动要求照料。过度的照料服务对于老年人保存现有的机体功能是不利的,在一定程度上甚至会加快机体功能的衰退。因此,照料服务人员应鼓励老年人最大限度地发挥现有机体功能的作用,在力所能及的程度上让老年人积极参与基本的日常生活活动,促进其生活自理能力的提高,同时给予一些个体化的心理鼓励和精神支持,充分调动老年人的主动性。

课堂互动

　　讨论:如何看待对老年人过度的生活照料服务?

　　在现实中,有一些老年人会由于机体功能下降而无法做到完全生活自理。比如吃饭时,用小勺往嘴里递送食物会出现不受控制的手抖而导致食物洒落在衣物上。有些照料者会采用直接喂饭到口的方式来帮助老年人。这样的照料服务表面看起来解决了老年人进食时的一些困难,但长此以往,老年人尚存的机体功能得不到有效锻炼,会进一步加快各方面机体功能的丧失。

　　针对这种对老年人过度生活照料的行为,你有什么看法?

(二) 保障老年人安全

　　生理功能的衰退、疾病的影响及老年人生活环境中的不安全因素,可能在一定程度上威胁老年人的健康甚至是生命安全。老年人常见的安全问题有噎呛、跌倒、服错药物、烫烧伤、坠床、触电、交叉感染等,照料服务人员应敏锐观察老年人可能出现的安全问题,并积极采取有效的干预措施,以保护老年人安全。

(三) 尊重老年人个体人格

　　每一个老年人都是一个独立的个体,他们有着自己独特的社会经历和人生历程,其认知方式和价值观也会有所差异。照料服务人员要能够认识到每一位老年人都有着丰富生活经验,都曾经是家庭的顶梁柱,为社会发展作出了应有的贡献,要充分理解和尊重老年人。

(四) 保护老年人隐私

　　在生活照料服务中有些可能会涉及老年人的个人隐私,例如如厕、沐浴、更换衣物、服用一些特殊药物和财务管理等。照料服务人员要保护老年人个人隐私,必要时可用屏风或床帘进行遮蔽,不可以向无关人员泄露老年人的个人信息资料。

第三节　老年精神慰藉

一、老年精神慰藉概述

(一) 老年精神慰藉概念

　　老年精神慰藉是指能及时识别老年人出现的心理问题,尊重、理解和陪伴老年人,并与老年人有效沟通,必要时可采用心理咨询和心理治疗,以实现老年人的心理健康。

　　负面的心理状态,对机体的老化过程、个体的健康状态、疾病的治疗进程都会产生一定的不良影响。因此,需要正确识别老年人的心理问题,做好老年人的精神慰藉服务,鼓励

其树立积极乐观的生活态度,培养正确的处事方式和良好思维能力,帮助其顺利度过老年生活。

(二) 老年人常见的心理问题

1. 焦虑抑郁　焦虑抑郁是一种负面情感体验。老年人焦虑是一种很普遍的心理状态,几乎每个老年人都曾有过焦虑的体验。适度的焦虑在一定程度上有益于老年人更好地应对应激源,有利于老年人通过自我调整保持身心平衡。但过度或持久的焦虑则会给老年人的身心健康带来负面影响。导致老年人焦虑抑郁的原因有多种,包括体弱多病、力不从心、离退休、经济窘迫、家庭关系不良、丧偶、丧子、日常生活常规的打乱、一些疾病及药物副作用等。老年人可表现为持续性精神紧张,提心吊胆,平时比较敏感,处于高度的警觉状态,生活中稍有不如意就心烦意乱,易与他人发生冲突,注意力不集中等。过度或持久的焦虑抑郁可严重损害老年人的身心健康,增加生活失控感,损害自信心,并可诱发高血压、冠心病。

2. 孤独　孤独是一种不被他人接纳、被疏远和被抛弃的情绪体验。孤独感在老年人中比较常见。导致老年人孤独的可能原因:本身性格孤僻;离退休后远离社会生活;体弱多病,行动不便;独自居住等。孤独感会使老年人产生伤感,精神萎靡不振,顾影自怜,若体弱多病,行动不便时,消极感会更加明显,久之,会造成机体免疫功能降低,从而出现躯体疾病。有的老年人会因孤独而转化为抑郁症,有自杀倾向。因此,老年人孤独是不容忽视的社会问题。

3. 自卑　自卑是一种消极的情感体验,表现为自我评价偏低。老年人产生自卑的可能原因:离退休后原有社会角色的改变;经济压力较大;因机体功能衰退或疾病引起的生活自理能力下降等。当老年人形成自卑心理后,更容易将自己封闭起来,有意减少社交活动,领略不到生活的乐趣。

4. 离退休综合征　离退休综合征是由于老年人离退休后不能适应新的社会角色、生活方式的变化而出现空虚、悲哀、焦虑、抑郁、恐惧等消极情绪,或由此产生偏离常态行为的一种适应障碍,这种适应障碍通常还会引发其他生理疾病,极大危害了老年人健康。研究表明,离退休综合征与性别、职业、个性特征、个人爱好都有着一定的关系。离退休综合征表现:坐卧不安,行为重复或无所适从;注意力不能集中,做事常出错;容易急躁和发脾气,多疑;对现实不满,常常怀旧等。

5. 空巢综合征　空巢综合征是指没有和子女共同居住,独自生活的老年人因缺乏关爱、人际疏远而产生被舍弃、疏离的感觉,常出现寂寞、孤独、空虚、情绪低落、伤感、精神萎靡等一系列心理失调症状。产生空巢综合征的原因可能有:对离退休后的生活变化不适应;对子女情感依赖性强;老年人自身个性方面的缺陷等。

二、老年精神慰藉内容

(一) 指导老年人保持良好的心态

多尊重和谦让老年人,理解老年人的焦虑抑郁心理,鼓励和倾听老年人的内心宣泄,真正从内心去关心体贴老年人。使老年人学会自我疏导和自我放松,建立规律的活动与睡眠习惯。

(二) 督促老年人多参与社会活动

积极参加一些力所能及的社会活动,扩大社交范围,一方面可以消除老年人的孤独和寂寞,另一方面也可以获得自我价值和自我满足感,增加生活乐趣。

(三) 创造关爱老年人的社会氛围

为老年人创造温馨友爱的社会心理环境,人人尊老敬老;挖掘老年人的潜能,让其得到

笔记栏

自我实现,增加其生活的自我价值感和自尊。

（四）协助老年人妥善处理家庭关系

家庭是老年人晚年生活的主要场所,如果老年人家庭关系和睦,家庭成员互敬互爱则有利于他们的健康长寿。帮助老年人正确面对"代沟",求同存异,相互包容,促进老年人与家庭成员的情感沟通。

（五）督促老年人养成良好的运动习惯

多坚持适量运动对于老年人的身心健康是非常有利的。一方面,适量运动有助于改善老年人的体质,延缓组织器官的老化;另一方面,适度运动可增加老年人对生活的兴趣,减轻老年生活的孤独、失落和焦虑的情绪,让老年人处于开朗愉悦的情绪中。老年人可根据自己的年龄、身体状况、兴趣爱好选择适合自己的运动项目,如散步、游泳、太极拳、气功、八段锦、老年健身操、慢跑等,都是非常适合老年人的运动项目。在运动中要注意,强度要适合自己,时间不宜过长,贵在坚持,循序渐进。

（六）培养老年人广泛的兴趣爱好

广泛的兴趣爱好不仅能开阔老年人视野,丰富其晚年生活,陶冶其性情,还能很好地帮助他们摆脱孤独、失落、焦虑等不良情绪,促进身心健康。因此,老年人要根据自己的情况,主动培养一两项兴趣爱好,如书法、绘画、唱歌、下棋、摄影、园艺、旅游、钓鱼等,用以充实生活,调节情绪,让老年人的晚年生活丰富多样且充满朝气。

三、老年精神慰藉原则

（一）帮助老年人正确认识健康、衰老和死亡

生老病死是人类生命周期的自然规律。有研究表明,如果能用轻松自如的平常心态接受生老病死,则在一定程度上会延缓衰老。但如果老年人对自己的健康状况持消极评价,过度担心自己的疾病和躯体不适,反而会加重疾病情况,加速衰老,对健康十分不利。只有正确对待疾病,积极配合治疗活动,才能促进病情稳定和康复。因此,要帮助老年人正确认识健康和疾病,正视人类衰老的进程,尽可能保持生活自理,并最大限度地发挥生活自主性。

（二）鼓励老年人适当用脑

坚持适量的脑力劳动,使中枢神经系统不断接受信息刺激,在一定程度上可以延缓脑的衰老和脑功能的退化。有研究表明,与老年人进行适当言语沟通交流,让他们进行适度的体育锻炼和一些益智小游戏活动等,可增进其感知觉功能,延缓老年人认知能力的衰退,预防老年期痴呆的发生。老年人应坚持学习,多和外界沟通交流,通过书报、电视或网络等不断获得新知识新信息。

（三）营造良好的社会支持系统

尊老敬老是中华民族的传统美德,要进一步树立和发扬尊老敬老的良好社会风尚,给老年人营造一个尊重、轻松、体贴、多方位包容的社会环境,让老年人处处能感受到社会给他们的爱和关怀。

（四）必要时求助心理咨询和治疗

如果老年人有比较明显的心理问题,可以到专业的机构接受正规心理咨询和治疗,以保证老年人的心理健康。常用的方法有心理疏导、暗示疗法、合理情绪疗法、认知行为疗法和表达性艺术治疗等。

第四节 老年文化教育

一、老年文化教育概述

(一)老年文化教育概念

老年文化教育是根据老年人的生理和心理特征进行的一系列文化教育活动,旨在满足老年人的知识需求和心理需求,提高其生活质量和幸福感。老年文化教育可以使老年人增长知识、开阔视野、丰富生活、增强体质。

发展老年文化教育是积极应对人口老龄化、实现教育现代化、建设学习型社会的重要举措。2021年,《中共中央 国务院关于加强新时代老龄工作的意见》发布,其中着重强调"将老年教育纳入终身教育体系"。2022年,《"十四五"国家老龄事业发展和养老服务体系规划》也明确提到,要创新发展老年教育,加快发展城乡社区老年教育,支持举办老年大学,建设社区养老学习点,筹建国家老年大学,推动各地开放大学举办"老年开放大学",鼓励老年教育机构开展在线老年教育,推动社会及高校开放举办老年大学等。

(二)老年文化教育的功能

老年文化教育作为我国教育事业和老龄事业的重要组成部分,除基础的育人功能之外,还具备经济、文化、社会等方面的功能,是充分开发老年人力资源的重要举措,是老年人共享社会主义精神文明成果的重要途径,是提升老年人社会参与的有力抓手。

在经济功能方面,老年教育具有促进老年人个体收入增长和提振老年消费市场的双重作用。老年教育是促进老年人参与生产活动、创造社会价值的重要途径。

在社会功能方面,老年教育是促进老年人参与社会服务、维护社会和谐稳定的有效途径。"老有所乐"的老年人发展目标不应局限于兴趣爱好得到满足的快乐浅表层面,还应包含实现社会价值的高级层面。因此,参与社会服务是实现培育"有作为、有进步、有快乐"老年人的必然途径。

在文化功能方面,老年教育是社会主义精神文明建设的重要载体,是促进家庭文化建设与传承的纽带。在物质生活水平得到较大程度满足的基础上,提升老年人精神文化生活质量已成为提高社会主义文化生产力的必要途径。

二、老年文化教育内容

老年文化教育的内容主要包括文化娱乐、职业训练,以及对退休生活的适应等。老年文化教育的形式主要有各种讲座、学习班、老年学校、老年学院和老年大学,老年学院和老年大学是老年教育的一种普遍而重要的形式。

(一)文化娱乐

1. 音乐与舞蹈 音乐和舞蹈是人类共同的语言,也是最受老年人欢迎的文娱项目之一。音乐和舞蹈能够激发老年人的情感,让他们在轻松愉悦的氛围中享受生活的美好。老年音乐和舞蹈团体定期举行表演,不仅展示了老年人的才艺,还为社区带来了欢乐和活力。

2. 绘画与手工 绘画和手工艺让老年人通过创作和设计,发挥自己的想象力和创造力。这些活动可以帮助老年人保持专注,在艺术的世界里找到乐趣。他们可以将自己的作品送给亲朋好友,表达彼此的情感。

3. 旅游 旅游是开阔老年人视野,丰富老年人生活的重要方式。通过旅游,他们可以领略到大自然的美丽风光,了解不同地区的历史文化。老年旅游团已成为一种流行的趋势,老年人结伴而行,共同探索世界的奥秘。

4. 运动与健身　运动与健身不仅有助于保持身体健康,还能够增强老年人的体质。各种老年健身舞蹈、太极拳、瑜伽等传统运动项目深受老年人的喜爱。此外,一些新兴的健身方式,如健身气功、水中健身等也受到了老年人的欢迎。

5. 阅读与写作　阅读与写作可以让老年人沉浸在知识的海洋中,丰富他们的精神世界。通过阅读各种书籍,老年人可以拓宽自己的视野,了解社会动态。而写作则可以锻炼老年人的思维能力,表达自己的情感。一些老年人还通过写作回忆录、生活感悟等方式,将自己的经历和智慧传承给下一代。

(二)职业训练

2021年,中共中央、国务院印发的《中共中央 国务院关于加强新时代老龄工作的意见》明确提出"充分发挥低龄老年人作用",鼓励老年人把老有所为同老有所养结合起来。当前,我国一部分低龄老年人具有知识和经验优势,身体健康状况较好,就业、再就业愿望强烈,希望通过职业教育更好地发挥余热,实现新阶段人生价值,并在就业、再就业过程中以身心发展为自我赋能。

近年来,我国已创建了一大批老年大学、老年教育学习体验基地和老年学校,积极开展老年教育教学,形成了我国老龄事业的重要阵地。但总体而言,目前我国老年职业教育发展不平衡、不充分问题仍然突出。应多措并举,促进老年教育同老年人力资源开发有效结合,打造老年人才"蓄水池",培育适老产业"新蓝海",加大对老年职业教育基础设施投入力度,进一步发展老年职业教育,增强低龄老年人的就业和再就业本领。

退休后,要消除"树老根枯"的悲观思想和消极情绪,坚定美好的信念,通过学习来更新知识。老年人要加强学习,树立新观念,跟上时代的步伐,将退休生活视为另一种绚丽人生的开始。重新安排自己的工作、学习和生活,培养爱好,扩大社交,做到老有所为、老有所学、老有所乐。

三、老年文化教育原则

老年文化教育是一项新兴事业,为了更好保障老年人享受教育权利,满足老年人多元学习需求,提升老年人生活品质,彰显老年人生命价值,促进社会和谐,老年文化教育要与时俱进,不断提高文化教育质量。

1. 在老年文化教育的主要内容上增强"赋能赋值"　老年文化教育应从过去单纯的娱乐休闲型教育逐渐向包括现代人文教育在内的综合素质教育改变,在课程中增强人文关怀,尤其要开展中国传统文化教育,使优秀传统文化为老年人提供持久的心灵滋养,成为鼓舞老年人奋发向上的精神力量。通过赋予老年人生活和生存能力,提高老年人生命质量,提升老年人的幸福感和获得感。

2. 在老年文化教育的应对策略上注重"互通互学"　在网络时代条件下,要充分利用广播、电视、互联网等现代化传播手段,开办老年教育网站和老年教育空中课堂,逐步形成覆盖城乡的远程老年教育体系,方便老年人就地、就近学习,使各层次的老年人都能学有所得,学有所用。并通过多世代学习、共同体学习、混合式学习使所有的学习者在输入与共享过程中实现自我接纳和自我发展。

3. 在老年文化教育的发展路径上达成"共建共享"　通过鼓励社会力量参与、推进医养教一体化、支持高校提供平台,跳出以政府为主、社会力量参与为辅的思维定式,引入市场机制,增添老年教育新的活力。

第五节 老年法律援助

一、老年法律援助概述

（一）老年法律援助概念

法律援助是指由政府设立的法律援助机构或者非政府组织设立的合法律所,组织法律援助的律师,向经济困难或者特殊案件的当事人无偿提供法律服务的一项法律保障制度。旨在保障公民的合法权益,促进公平、公正、公开的司法。法律援助是一项扶助贫弱、保障社会弱势群体合法权益的社会公益事业,同时也是我国实践依法治国方略、全面建设小康社会的重要举措。

老年法律援助是指通过法律渠道,为老年人提供法律帮助和保护的一种方式。主要包括法律咨询、代理、法律教育等,旨在帮助老年人了解和维护自己的权益,提供法律上的支持和保护。老年法律援助是面向老年弱势群体的一项法律保障,旨在维护老年人应有的权益,保障他们的日常生活。

（二）老年人常见的法律纠纷

1. 赡养纠纷 "老有所养"是每一个老年人的心愿,也是其维系生活的基础。在国家养老服务体系尚未健全的背景下,家庭养老、子女赡养是养老的重要方式。《中华人民共和国老年人权益保障法》第十四条规定,赡养人应当履行对老年人经济上供养、生活上照料和精神上慰藉的义务,照顾老年人的特殊需要。但现实生活中,赡养人认为自己没有赡养义务、不愿赡养、没有能力赡养,甚至遗弃老年人的现象并不少见。

2. 房产纠纷 一些子女借赡养、照护为名与老年人同住,在购买产权、迁入户口、变更房屋产权人,或冒领老年人的拆迁补偿款目的达到之后便遗弃、虐待老年人。《中华人民共和国老年人权益保障法》第十六条保护了老年人的居住权,规定赡养人应当妥善安排老年人的住房,不得侵犯老年人的房屋产权。但一些子女认为父母的财产天然是自己的,多子女家庭中子女还有可能对父母财产的分配发生争议。房产纠纷牵涉时间长,房产政策及价格变化大,案件复杂、疑难程度高。

3. 婚姻纠纷 婚姻自由是《中华人民共和国民法典》中《婚姻法》的基本原则,一些老年人因为各种原因希望重新组建家庭,以保持自己的身心健康,减少子女负担。但老年婚姻纠纷涉及的财产关系有时较为复杂,老年人处理起来有很大难度。也有些子女因害怕增加赡养负担或减少继承份额等原因对老年人再婚进行干预,干涉老年人婚姻自由。

此外,老年人遭遇意外事故、医疗纠纷、财产犯罪、劳动争议等侵害的可能性也很高。特别是部分身体健康、仍有劳动能力的老年人退休之后继续工作,但退休人员已不是法律意义上的劳动者,双方的关系属于民事上的劳务关系。这种情况下,发生工伤、无故辞退等问题会使老年人面临维权困境。虽然家庭外部案件可能有来自子女、亲友的帮助,但子女工作繁忙、无暇无力顾及的众多"空巢"老年人遭遇纠纷,仍要独自应对。

二、老年法律援助内容

（一）法律咨询

听取老年人的意见和诉求,通过接听来电、接收来信、接待来访等形式解答有关婚姻继承、合同纠纷、交通事故、相邻关系、劳动争议等各类"民生案件"的法律咨询服务,对生活困难的老年人无偿提供法律咨询,调解各种民事、经济纠纷,依法维护了老年人的合法权益。

(二) 代理

制定相关制度,规范老年人法律援助服务全过程。接受老年人委托,代写法律文书、开展非诉讼调解、提供公民代理;明确老年人法律援助案件指派标准,优先选择经验丰富、精通方言、擅长沟通的律师、基层法律服务工作者承办案件;加强沟通协调,畅通跨部门协同合作渠道,解决老年人在婚姻家庭、继承、养老等方面遇到的纠纷。

(三) 法律教育

搭建老年人法律援助教育服务平台,深入养老机构、老年大学等场所,开展专题教育。通过以案释法、专题讲座、发放法律援助教育手册等形式,对老年人进行维权法律知识、维权途径等相关内容的讲解,扩大法律援助的知晓度,提高老年人自我防范意识和法律知识水平,营造尊老敬老、依法维权的氛围。

三、老年法律援助原则

(一) 建立健全老年人权益保障法律体系

要加强老年人的法律保护和权益保障,首先需要建立健全老年人权益保障法律体系。这包括制定和完善老年人权益保障法律法规,明确老年人的权益范围和保护措施。同时,要加强对老年人权益保障法律的宣传和普及,提高老年人的法律意识和维权能力。

(二) 加强老年人权益保障机构建设

为了更好地保护老年人的权益,需要加强老年人权益保障机构的建设。这包括建立老年人权益保障机构,提供法律咨询和援助服务,为老年人解决法律问题。同时,要加强对老年人权益保障机构的培训和管理,确保其能够有效履行职责,为老年人提供优质的服务。

(三) 提供多维度的法律援助服务

为解决老年人的法律援助困境,需要从多个维度提供法律援助服务。首先,要加强对老年人的法律教育,提高老年人的法律知识水平。通过开展法律讲座、宣传活动等形式,普及老年人的法律知识,增强其法律意识。其次,要建立健全法律援助体系,为老年人提供法律咨询和法律援助服务。政府要加大对法律援助机构的支持力度,为老年人提供高质量、免费或者低费用的法律援助服务。同时,还可以建立志愿者服务队伍,为老年人提供专业的法律援助服务。另外,要加强社会各方力量的参与,形成合力。加强老龄组织与法律援助机构的合作,共同为老年人提供法律援助。

(四) 加强老年人权益保障的宣传教育工作

加强老年人的法律保护和权益保障,需要加强对老年人权益保障的宣传教育工作。只有通过宣传教育,才能够增强社会对老年人权益保障的认识和支持,提高公众对老年人权益保障的关注度和重视程度。同时,要加强对老年人的法律知识教育,提高他们的法律意识和维权能力。

(五) 加强法律援助工作的监督与评估

为保证老年人法律援助工作高效和规范,需要加强对法律援助工作的监督与评估。政府要建立相关的监督机制,对法律援助机构的工作进行监督,并及时解决问题和纠正偏差。同时,要加强对法律援助工作的评估,定期评估和总结法律援助工作的成效和不足,为提供更好的法律援助服务提供指导。

老年人法律援助是为保护老年人的合法权益而设立的一项重要制度。随着我国社会人口老龄化程度的进一步加深,老年人的法律援助问题将成为国家和社会重点关注的问题之

笔记栏

一。为有效保障老年人的合法权益,应当切实根据老年人群体特点,不断健全老年法律援助机制,有效地保护老年人的合法权益。

知识链接

一、老年人可以申请法律援助的条件

1. 60 岁以上的本市老年人,有事实证明为保障自己合法权利需要法律帮助的,但因经济困难无力支付法律服务费用的。

2. 条件为经济困难,原则上参照市最低生活保障标准的 2.7 倍以内。

3. 70 岁以上本市老年人申请法律援助不再审查经济困难情况。

二、老年人可以申请法律援助的流程

1. 明确自己是否符合法律援助申请的对象和案件范围。

2. 书写法律援助申请书。

3. 明确法律援助管辖权。

4. 明确应递交的材料。在向法院援助机构提交申请书的同时,需递交下列材料:身份证、户籍证或暂住证;有关单位出具的申请人及家庭成员经济状况的证明;申请法律援助事项的基本情况;法律援助机构认为需要提供的其他材料。申请人为未成年人或无行为能力人的,应由其监护人代为申请。代申请人应提交有代理权资格的证明。

5. 法律援助机构审查批准。法律援助机构应当自收到申请书之日起 20 日内进行审查,并做出是否予以法律援助的决定。

6. 对审查认为符合条件的,应做出同意提供法律援助的书面决定书,并指定承担法律援助义务的律师,并通知受援人。由承办律师与法律援助机构、受援人三方签订法律援助协议书,明确规定各方的权利和义务。

7. 对不符合条件的,应做出不予法律援助的决定书,并通知申请人。申请人对不予法律援助决定有异议的,可以申请重新审议一次。

（张淑萍 梁 瑜）

ER-7-2
扫一扫
测一测

复习思考题

1. 简要描述养老服务内容包括哪些?

2. 什么是老年生活照料服务? 简要谈谈老年生活照料服务的原则有哪些?

3. 什么是老年精神慰藉服务? 简要谈谈老年精神慰藉服务的原则有哪些?

4. 发展老年文化教育有何意义? 你认为如何使老年人度过一个幸福的晚年?

5. 老年法律援助案的特点有哪些?

第八章

养老服务创新模式

ER-8-1

PPT 课件

学习目标

知识目标

掌握养老服务创新模式的主要类型,明确医养结合、护养结合、康养结合、健养结合的服务内容与服务要求。

能力目标

明确医养结合、护养结合、康养结合、健养结合的异同,能够结合老年人的实际情况为老年人选择合适的模式。

素质目标

深刻理解养老服务创新模式的重要价值,体会养老服务创新发展的重要意义。

课程思政目标

使学生体会到医养结合、护养结合、康养结合、健养结合体现的多学科交叉的重要性,培养学生主动了解交叉学科发展前沿的探索精神。

学习要点

1. 医养结合、护养结合、康养结合、健养结合的服务内容。

2. 医养结合、护养结合、康养结合、健养结合的服务要求。

第一节 医 养 结 合

一、医养结合基本内涵

(一) 医养结合的概念

医养结合是指以健康老龄化为目标,以养老服务需求为导向,以医疗卫生服务为手段,将医疗卫生服务资源与养老服务资源相结合,在居家社区或养老机构中为老年人提供综合、专业、连续的健康养老服务。医养结合实现了将医疗和养老资源有机整合,旨在满足老年人日益增长的医疗和养老需求,提高老年人的生活质量和健康水平,解决医疗与养老资源的分离问题。通过医养结合的养老服务模式,提供全面的健康管理和医疗服务,可以满足老年人生活、医疗的多方面需求,促进老年人身心健康和幸福感的提升。

医养结合可以更好地满足老年人的生活需求,延缓老年人生活质量下降,提高老年人生活幸福感和社会参与度,是在对老年人提供养老生活照料服务的基础上,更加关注老年人医疗服务需求的一种新型养老模式。

（二）医养结合的现状

截至 2020 年底，全国具备医疗机构执业许可或备案，并进行养老机构备案的医养结合机构共有 5 857 家，床位总数达 158.5 万张，医疗卫生机构与养老服务机构建立签约合作关系达 7.2 万对，超过 90% 的养老机构以不同形式为入住老年人提供医疗服务。《关于进一步推进医养结合发展的指导意见》中指出，医养结合是优化老年健康和养老服务供给的重要举措，是积极应对人口老龄化、增强老年人获得感和满意度的重要途径。医养结合工作近年来取得了积极进展，明确了医养结合的主要服务内容与模式，进一步完善了以居家为基础、社区为依托、机构为补充、医养康养相结合的养老服务体系。

（三）医养结合的发展方向

1. 推动养老机构深入开展医养结合服务　为推动医养结合高质量发展，2022 年，国家卫生健康委员会等 11 部门联合印发的《关于进一步推进医养结合发展的指导意见》指出，要指导支持养老机构、医疗卫生机构开展签约合作，鼓励大型或主要接受失能老年人的养老机构，内部设置医疗卫生机构。推动养老机构改造增加护理型床位和设施，支持社会力量建设专业化、规模化、医养结合能力突出的养老机构。

2. 发展居家和社区医养结合服务　现阶段以社区为依托的居家养老服务发展还不成熟，特别是居家社区养老与医疗卫生服务结合不紧密，基层医疗机构工作繁重，家庭医生上门少、服务难，不能满足老年人健康服务需求。为进一步规范居家和社区医养结合服务内容，提高服务质量，在深入调查研究、广泛征求意见的基础上，2023 年，国家卫生健康委办公厅、国家中医药局综合司、国家疾控局综合司联合印发的《居家和社区医养结合服务指南（试行）》指出，居家和社区医养结合服务是有条件的医疗卫生机构通过多种方式为居家养老和社区养老的老年人提供所需的医疗卫生服务，适用于提供居家和社区医养结合服务的各级各类医疗卫生机构，相关机构提供的医疗卫生服务应适用现行医疗卫生服务的规范、标准和管理规定。

二、医养结合服务内容

医养结合服务的服务对象是辖区内有医养结合服务需求的居家社区养老及入住养老机构的老年人，重点是失能（含失智，下同）、慢性病、高龄、残疾、疾病康复或终末期，出院后仍需医疗服务的老年人。服务内容包括健康教育、基本公共卫生服务、医疗巡诊服务、家庭病床服务、居家医疗服务、养老机构支持服务、中医药服务、心理精神支持服务、转诊服务。

（一）健康教育

医疗卫生机构利用多种方式和媒体媒介，面向老年人及其照护者广泛传播运动健身、心理健康、伤害预防、合理用药、生命教育等健康科普知识。有条件的医疗卫生机构可针对老年人举办健康知识讲座，开展老年健康宣传周、敬老月、重阳节等活动，制作发放健康教育宣传资料，引导老年人形成健康生活方式，提升老年人健康素养。

（二）基本公共卫生服务

基层医疗卫生机构按照国家基本公共卫生服务规范，为老年人建立健康档案，并根据老年人健康状况提供老年人健康管理、高血压患者健康管理、2 型糖尿病患者健康管理、中医药健康管理等基本公共卫生服务。有条件的基层医疗卫生机构可为老年人提供针对性保健咨询、营养改善指导等服务。

（三）医疗巡诊服务

有条件的医疗卫生机构根据资源配置情况，为有需求的老年人提供医疗巡诊服务，包括居家上门巡诊和社区巡诊，主要为老年患者提供常见病多发病诊疗、诊断明确的慢性病治疗、应急救护等基本医疗服务。有条件的社区养老服务机构可与开展远程医疗服务的医疗卫生机构合作,为入住老年人提供远程会诊等服务。有条件的基层医疗卫生机构可利用便携医疗设备,结合基本公共卫生服务和家庭医生签约服务,定期开展社区巡诊服务。

(四) 家庭病床服务

医疗卫生机构根据资源配置情况,为符合条件的居家老年人和社区养老服务机构入住的老年人提供家庭病床服务。服务对象是行动不便、诊断明确、病情稳定、适合在家庭或社区养老服务机构进行检查、治疗和护理的老年患者。服务项目应为在家庭或社区养老服务机构条件下医疗安全能得到保障、治疗效果较为确切、消毒隔离能达到要求、医疗器械便于携带、非创伤性、不容易失血和不容易引起严重过敏的项目。

(五) 居家医疗服务

有条件的医疗卫生机构按照《关于加强老年人居家医疗服务工作的通知》的有关要求,为有需求的老年人提供诊疗、康复护理、安宁疗护等上门服务。原则上,以需求量大、医疗风险低、适宜居家操作实施的服务项目为宜。医务人员在提供相应服务过程中应遵循《老年护理实践指南(试行)》《安宁疗护实践指南(试行)》等,规范服务行为。

(六) 养老机构支持服务

一是支持医疗卫生机构开展医养结合服务。例如,推动医疗卫生机构将上门医疗服务向养老机构拓展,为符合条件的老年人提供家庭病床、上门巡诊等服务。二是提升养老机构医养结合服务能力。例如,支持养老机构、医疗卫生机构开展签约合作,为养老机构提供预约就诊绿色通道、上门巡诊等服务。

(七) 中医药服务

医疗卫生机构利用中医药技术方法,为老年人提供常见病、多发病、慢性病的中医诊疗服务,中医药康复服务及中医健康状态辨识与评估、咨询指导、健康管理等服务,推广使用针刺、推拿、刮痧、拔罐、艾灸、熏洗等中医适宜技术。有条件的医疗卫生机构可为老年人提供中医养生保健、中医护理、膳食营养指导等服务,对老年人个性化起居养生、膳食调养、情志调养、传统体育运动等进行健康指导。

(八) 心理精神支持服务

有条件的医疗卫生机构为有需求的老年人提供环境适应、情绪疏导、心理支持、危机干预、情志调节等心理精神支持服务。了解和掌握老年人心理和精神状况,发现异常及时与老年人沟通并告知第三方,必要时请医护人员、社会工作者等专业人员协助处理或转至专业医疗机构。有条件的医疗卫生机构可定期组织志愿者为老年人提供服务,促进老年人与外界社会接触交往。

(九) 转诊服务

对于居家社区养老有医疗服务需求并符合转诊条件的疑难病、危急重症老年患者,巡诊医疗卫生机构及时将其向上转诊至综合医院或专科医院。对于治疗后向下转诊在居家社区养老但仍需要慢性病治疗、康复、护理的老年患者,负责辖区巡诊的医疗卫生机构可根据病情和医疗机构医嘱按规定开具处方,并提供必要的家庭病床、随访、病例管理、康复、护理等服务。

三、医养结合服务要求

(一) 符合法律法规和标准规范

医养结合提供的医疗卫生服务应当符合相关法律法规和标准规范,落实各项医疗质量安全管理核心制度,确保医疗卫生安全。医疗卫生机构应严格执行《中华人民共和国传染

病防治法》等法律法规及相关管理制度、操作规范,制定传染病应急预案,防止传染病的医源性感染和院内感染。发现有关传染病疫情时,应当按要求及时报告并采取相关必要措施。

(二) 注重协同合作

为老年人提供医养结合服务的相关人员,如医护人员、医疗护理员等要加强信息沟通交流。要充分发挥社区工作者的作用,建立社区工作者与上述服务人员的联动工作机制,共同为老年人做好服务保障。公立医疗卫生机构在内部绩效分配时,对完成居家医疗、医养结合签约等服务较好的医务人员给予适当倾斜。

(三) 注意风险管控

医疗卫生机构应建立健全对提供居家医养结合服务人员的安全风险应对机制,如对服务对象身份信息、病历资料、家庭签约协议、健康档案等资料进行核验;提供居家服务时,要求应有具备完全民事行为能力的患者家属或看护人员在场;为服务人员提供手机小程序(APP)定位追踪系统,配置工作记录仪等装置,购买责任险、人身意外伤害险等,切实保障双方安全。

(四) 加强机构建设

要在摸清失能等老年人底数的基础上,结合入住需求和意愿,采取差异化补助等多种措施,支持社会力量建设专业化、规模化、医养结合能力突出的养老机构,主要接收需要长期照护的失能老年人。支持养老机构、医疗卫生机构开展签约合作,为养老机构提供预约就诊绿色通道、上门巡诊等服务,做实合作机制和内容,提高医养结合签约服务质量。

第二节　护　养　结　合

一、护养结合基本内涵

(一) 护养结合的概念

护养结合主要是指在养老服务过程中引入专业化的护理服务,融合生活照料、健康护理等,以满足一些老年人特殊的护理需求。

护养结合是在对老年人提供普惠性养老生活照料的基础上,更加关注老年人的健康及护理服务需求的一种新型养老模式。护养结合的养老服务模式能够提供精细化、整体性和高质量的护理服务,精准对接老年人多元化、差异化的日常生活和护理服务等需求。为更好地实现老年人健康需求,需要将优质护理服务与养老服务相结合,不断织密护养结合养老服务网络。

(二) 护养结合的现状

护理院是为患者提供长期医疗护理、康复促进、临终关怀等服务的医疗机构,是医疗服务体系的重要组成部分。国家卫生健康委员会先后印发《护理院基本标准(2011 版)》《护理中心基本标准(试行)》,从床位设置、专业设置、人员配置、基本设备、管理等方面规定了护理院、护理中心的建设标准,明确了护理院、护理中心是为失能、失智或长期卧床人员提供以日常护理为主,辅以简单医疗措施,提高患者生存质量为基本功能的专业医疗机构。护理院与养老有着天然耦合性,护理院的服务对象是需要长期医疗护理、康复促进及临终关怀的患者,而这些与老年人连续性护理服务需求相匹配,为护养结合提供落脚点。

(三) 护养结合的发展方向

2022 年,国家卫生健康委员会将北京、江苏等 15 个省市作为老年医疗护理服务试点地区先行先试,创新多元化老年医疗护理服务,增加多层次老年医疗护理服务供给。为切实解决养老服务痛点,提高老年人护理质量,国家卫生健康委员会及国家中医药管理局联合印发的《进一步改善护理服务行动计划(2023—2025年)》,提出要扩展护理领域,促进护理服务更加贴近社会,更加惠及老年人,要切实加强护理的延续性,实现居家护理随访、居家护理指导等养老护理服务。护养结合并不仅是指在养老服务过程中加入护理元素,还强调在宏观管理上以网格化布局的县域医共体为载体,发挥优质护理资源下沉带动作用,建立专科护理联合团队,通过开展巡诊、远程护理会诊等,积极提供老年护理服务,解决老年人急需的养老护理问题。

二、护养结合服务内容

居家社区护养结合服务的服务对象面向辖区内所有老年群体,以满足高龄老年人基本生活需求和特殊老年人的多样性、特殊性需求为目标,服务内容包括颐养护理、护理专业服务、康复服务、精神慰藉服务、健康监护服务、休闲康乐服务等。

(一) 颐养护理

颐养护理包含最基本的衣食住行与生活照料等。日常生活照料服务的供给与老年人的自理程度有关。对完全不能自理、半自理的老年人,如运动功能障碍、视听功能障碍、认知功能障碍的老年人,提供个人卫生、穿脱衣服、转移、进食、饮水、协助大小便、外出等日常生活照料服务。

(二) 护理专业服务

居家社区护养结合服务机构通常配备基础的医疗物资和医疗条件,能够为老年人提供生命体征的测量、常规输液及清创等基础护理治疗操作,并对患有冠心病、高血压、糖尿病等常见慢性病的老年人及高危人群进行健康养生知识的保健宣讲,强调预防先行的保健理念。

(三) 康复服务

康复服务内容主要包括健康检查、体力测试、康复训练等。通过个性化定制的康复方案和康复训练,协助身体功能受损的老年人正确使用轮椅、拐杖等助行器,并为脑卒中、认知障碍、运动障碍等老年人提供被动的肢体康复训练等服务,提高其身体运动功能和健康状况。对躯体功能保存较好的老年人则提供太极拳、气功、瑜伽、步行等运动康复项目指导,维持其躯体功能。

(四) 精神慰藉服务

定时开展巡视,了解老年人身心状态,与不熟悉的老年人建立信任关系,及时发现老年人的心理困境,并对具有抑郁情绪、焦虑情绪、孤独情感、行为问题及社会支持不足的老年人重点展开情感沟通和支持陪伴,及时满足老年人精神慰藉的需求。此外,还可通过与心理医生的多学科协作,提供心理咨询服务等,缓解或消除老年人的不良心理疾病。

(五) 健康监护服务

借助床栏、护具等安全设备防止老年人跌倒、摔伤的发生。利用可穿戴监护设备,对老年人健康情况及运动行为等生理数据进行实时监测和远程健康监护,预防老年人走失、互伤、噎食、触电等。对需要进行诊疗或转诊的老年人,提供陪同就医服务,以保障其就医途中安全,并及时向老年人及其家属反馈就诊情况。

(六) 休闲康乐服务

提供书法、绘画、图书室、棋牌室等文化场馆,组织各种文化娱乐活动,例如音乐会、绘画班、健身班等,促进脑部活化,预防或延缓失智,从精神层面丰富老年人的休闲娱乐方式,促进老年人的社交活动,消除社会隔离,提高他们的主观幸福感和生活质量。

笔记栏

三、护养结合服务要求

(一) 构建多元照护服务链

建立政府、社区、养老机构等信息联通和共享机制。通过设计全面、到位、实效的服务为老年人打造从生理需求到精神需求、从基本需求到高阶需求的护理服务。

(二) 完善养老服务人员培养机制,提高专业护理水平

通过定期举行职业教育培训、联合各专业服务人员定制个性化的护理计划,满足老年人的服务需求。建立养老护理人员职称体系,提高养老护理人员职业认同感、幸福感。

(三) 建立科学有效的监督评估体系

保障护养结合服务供给的质量和有效性。制定护养结合的专业标准和服务事故责任认定等。定期评估照护服务、动态调整服务计划、定期回访服务对象,将满意度设为护养服务重要的评价指标。

(四) 强化护养结合服务硬件设施

综合考虑护养结合照护老年人的个体特征,基于老年人生活服务需求、文化娱乐服务需求和教育服务需求,合理设置护养结合养老服务设施,开展适老化环境改造,促进老年人产生良好的情感体验。

> **课堂互动**
>
> 讨论:如何看待医护专业人员可以申报养老服务人员职称体系?
>
> 江苏省于 2023 年在全国率先建立养老护理职称体系,将养老护理专业技术资格纳入卫生职称系列,与卫生技术、药品药学等专业平行设立。自此,养老护理服务人员也能评职称了,这是一次畅通养老护理人才成长渠道的有益尝试。
>
> 你对医护专业人员可以申报养老护理职称体系有什么理解?

第三节　康 养 结 合

一、康养结合基本内涵

(一) 康养结合的概念

康养结合是将康复治疗引入养老服务,使老年人可以在离开医院以后继续接受身体和心理上的康复治疗,促进功能恢复,提高生活质量。康养结合通过将康复和养老相结合,以实现老年人的身心健康和幸福为目的。康养结合理念倡导家庭、社区和政府等多方合作,共同为老年人提供全面的康复和养老服务,突出康养结合,丰富服务供给,多维评价服务质量,从而实现老年人的全面健康和幸福。

康养结合对养老服务的品质、个性化需求有着较高要求,强调老年人在康复过程中的全面关怀和支持,包括身体康复、心理康复和社交康复等多个方面。同时,康养结合还强调老年人在养老阶段的生活质量和幸福感,提倡为老年人创造一个健康、快乐和有意义的养老与康复环境。此外,康养结合需要老年人在康复过程中积极、主动参与,鼓励他们参与康复活

动和养老服务,以提高生活质量和自我管理能力。

(二) 康养结合的现状

当前康养结合的目标人群主要是出现多种潜在病因导致的疾病、不明原因残疾及新残损或迅速恶化的残损、残疾、残障,使照料者难度加大、逐渐难以应付的人群。康养结合的内容包括神经康复(脑卒中),心脏康复(心血管疾病),脑康复(痴呆),肢体功能(运动)康复(骨关节疾病),括约肌及吞咽等功能康复等。服务人员主要包括康复医师、老年人能力评估人员、康复治疗师(士)、康复护师(士)、养老护理员、心理咨询人员和社会工作者。服务人员具有相关资格证书,具有为老年人服务的工作经验,负责老年人健康宣教、开展团体康复活动和提供心理支持。

康养结合服务可以由专门设立的社区康复中心提供康复治疗、护理和康复指导等,也可以由康复团队上门为需要康复的老年人提供康养结合服务,方便他们在家中接受康复治疗。或是利用远程医疗技术,为老年人提供远程康复咨询和治疗,解决老年人因交通、行动不便等问题而难以到医疗机构就诊的困难。

(三) 康养结合的发展方向

为贯彻落实积极应对人口老龄化国家战略,国家卫生健康委员会联合多部门于2021年制定了《关于加快推进康复医疗工作发展的意见》,强调康复医疗工作的发展需要以人民健康为中心,以社会需求为导向。发展康养结合,需要积极推动老年康复等康复医学亚专科建设,加强对全科医生、家庭医生签约团队的培训,提高其康复医疗服务能力。基于此,首先要进一步完善康复医疗服务网络,创新康复医疗服务模式,以基层医疗机构为依托,鼓励积极开展社区康复医疗服务,优先为有迫切康复医疗服务需求的人群(如失能或高龄老年人)提供居家康复医疗、日间康复训练、康复指导等服务。其次要鼓励医疗机构通过"互联网+"、家庭病床、上门巡诊等方式将机构内康复医疗服务延伸至社区和家庭。康养结合体系的逐步完善需要整合各类医疗、康复、养老资源,在有力的制度保障、技术保障、服务保障支持下,有效预防和延缓老年人失能失智,促进功能恢复,改善自理能力,从而减轻社会和家庭养老负担。

二、康养结合服务内容

康养结合不仅让老年人恢复身体健康和心理康复,更能提升他们的生活质量,帮他们安度晚年。实施原则是以康复治疗方案为依据,以最大限度恢复功能、减轻残障为目标,密切联系老年患者的日常生活活动,开展适宜的康复项目,预防并发症和功能减退,提高自理能力。

(一) 康复评定

康复专业人员对老年人进行全面评估,包括身体功能、认知能力、情绪状态等方面的评估,以确定老年人功能状态、康复需求和目标等,为康养结合计划的制定提供依据。

(二) 身体功能康复

针对老年人的身体功能进行康复训练,包括力量训练、平衡训练、步态训练等,帮助老年人恢复或提高日常生活能力、运动能力、社交能力等。指导功能障碍老年人正确选用自助器、步行器、假肢、矩形器等各种辅助用具,指导辅助用具训练方法及其在日常生活活动中的使用方法。

(三) 日常生活技能训练

帮助老年人重新学习和适应日常生活技能,如自理能力、家务活动、购物、饮食等。在康养结合过程中,强调将训练内容与日常生活活动训练相结合,帮助老年人最大程度恢复自理,最终实现自我康复。

(四)言语和吞咽康复

对于有言语障碍与吞咽困难的老年人,进行言语治疗和吞咽训练,以提高他们的沟通能力和饮食功能。对于吞咽困难者,在完成吞咽动作训练,确定无危险并能顺利喝水后,可试行进食训练。

(五)心理康复支持

提供心理健康支持和咨询服务,帮助老年人面对生活变化和身体健康问题带来的悲观、失落、自卑、抑郁等消极情绪。在开展康养结合服务中,要注意观察老年人的情绪变化,引导他们接受现实,通过积极的康复训练发挥残存功能,最大程度适应现在的生活。

(六)社交活动和康养课程

组织社交活动和康养课程,以帮助老年人保持社交联系和活跃生活,促进老年人的社交互动、心理健康,提高老年人生活质量。

(七)养老规划和家庭支持服务

养老规划和家庭支持服务包括养老咨询、环境改造、法律援助和家庭关系辅导,以帮助老年人和家人共同面对康养结合问题和挑战。强调无障碍设施对于行动不便或使用助行工具老年人的重要性,指导老年人家庭或养老机构开展适老化环境改造。

三、康养结合服务要求

(一)以老年人服务需求为中心,突出康养服务的角色作用

从服务对象上看,无论是在健康老龄化、生命历程的理论视角下,还是在康养结合的政策与实践中,所有老年人都应被视为康养相结合的服务对象。

(二)加大服务供给,推进康养结合服务深入融合

"可及、可负担和可持续"是康养结合服务供给应遵循的基本原则,包括尽可能扩大康养结合服务的覆盖面,保障重点人群的服务需求,兼顾地区社会经济发展水平与老年人的可支付能力,实现康养结合服务的可持续发展。康养结合需要有专业的服务团队,包括康复医生、物理治疗师、职业治疗师、言语治疗师等,以提供全面的康复服务。

(三)提升康养结合服务品质

在开展康养结合服务时,需要针对老年人不同的康复需求,提供个性化的康复计划,包括身体功能评估、康复目标制定和定期评估调整。在提供服务时,需要提供先进的康复设施和设备,以支持康复训练和治疗。为居家养老老年人提供康养结合服务时,要充分发挥家庭作用,通过提供家庭支持和康复指导,帮助老年人及其家人理解康复进程,并提供家庭康复指导和支持,鼓励患者参与社区活动,促进社交互动和融入感,有助于康复过程中的心理健康。

(四)多维评价服务质量,促进服务质量提升

对康养结合养老服务体系的质量评价包含评价主体、评价内容和评价标准等多方面。在现有医养结合服务质量评价体系基础上,应引入包含老年人及其家庭成员的服务使用者、服务提供者及第三方机构等主体参与服务质量评价,定期对康复效果进行评估,及时调整康复计划,提供服务反馈,以不断改进和优化社区康复服务的质量。

第四节　健　养　结　合

一、健养结合基本内涵

(一) 健养结合的概念

健养结合是指将健康管理与养老服务相结合,在老年人的日常照料中融合健康管理的思想和方法,实现全生命周期、全过程的健康管理。健康管理作为一种前瞻性的卫生服务模式,以较少的投入获得较大的健康效果,从而提高养老服务的价值。

健养结合服务通过全面检查、监测、分析、评估健康风险因素对老年人健康的影响,提出针对健康风险因素及提高整体健康水平的干预策略和措施,从而提高老年人健康水平。健养结合服务是前瞻性的全程服务,尤其强调的是提高老年人自我健康管理的意识和能力,充分发挥老年人、家庭和社会的健康潜能,以求提高生活质量。健养结合服务强调以人为本、以需求为导向、以预防为主、以整体健康为目标的全面健康管理和促进。

(二) 健养结合的现状

促进健康老龄化是积极应对人口老龄化的长久之计,健康服务需求是老年人最急迫、最突出的需求。在党和国家重大规划和政策意见引领下,我国健康支撑体系不断健全,以老年人健康为中心,提供包括健康教育、预防保健、疾病诊治、康复护理、长期照护、安宁疗护等在内的老年健康服务。《中华人民共和国基本医疗卫生与健康促进法》《“健康中国 2030”规划纲要》等一系列法律、规划的颁布促进了医疗服务从“以疾病为中心”向“以健康为中心”转变,推进了老年健康预防关口前移。截至 2022 年底,全国建成老年友善医疗机构的综合性医院 8 627 个、基层医疗卫生机构 19 494 个,设有临终关怀(安宁疗护)科的医疗卫生机构4 259 个,65 岁及以上老年人在基层医疗卫生机构免费获得健康管理服务。

(三) 健养结合的发展方向

1. 完善老年健康支撑体系　积极应对人口老龄化国家战略的制度框架为养老事业和产业有效协同、高质量发展提供了有力支撑。今后需进一步合理配置老年健康服务资源,完善综合连续、覆盖城乡的老年健康服务体系,健全老年健康保障制度,从而使老年人健康生活的社会环境更加友好,老年人健康需求得到更好满足,老年人健康水平不断提升,健康预期寿命不断延长。

2. 丰富智慧健康服务,提升健康管理能力　伴随着现代信息技术的高速发展,智慧健康服务应运而生,提升了健康及养老服务资源利用效率,智慧健康养老理念逐渐深入人心。要加快促进信息技术产品在预防、医疗、康复、护理、安宁疗护全生命周期中普及应用,重点发展远程医疗、个性化健康管理、互联网 + 护理服务、互联网 + 健康咨询、互联网 + 健康科普等服务,组合发展智慧健康管理与养老服务,使养老服务的场景更加丰富融合。

二、健养结合服务内容

(一) 健康检测

全面了解和掌握老年人健康状况是开展健养结合活动必备的知识基础和核心技能。健康检测的目的在于评估老年人健康状况,并从中发现健康危险因素。健康检测的内容包括老年人一般情况(性别、年龄、居住状况、医疗保险类型等)、目前健康状况和疾病家族史及不良健康行为(如吸烟、酗酒、运动不足、膳食不均衡、睡眠不足、心理压力大等)、体格检查(如身高、体重、血压等)、辅助检查(如血脂血糖等生化指标、心电图、B超等)、社会环境因素(如职业特点、养老服务支付能力等)。只有连续做好健康检测才能有效地维护个体健康。在实际工作中,收集个体健康信息需要结合医疗与养老服务机构条件、目标人群特点等,从医院或社区体检系统、养老机构评估系统中导出健康检测数据,或通过问卷、体格检查、实验室检查等收集健康信息。

(二) 健康风险评估

健康风险评估是对老年人个体或群体健康状况及未来患病或死亡风险的量化评估。作为一种分析方法,健康风险评估用于描述老年人个体或群体未来发生某种特定疾病(生理疾病或心理疾病),或因某种特定疾病导致健康损害甚至死亡的可能性。健康风险评估通过构建健康风险因素与健康结局间的数量依存关系,获得发病或死亡的概论。常使用的个体健康风险估算的结局包括健康年龄、健康分值、患病危险性等。其中,健康年龄是依据年龄与健康结局间的函数关系,按个体所存在的危险因素计算出预期健康结局水平后求得的年龄。健康分值是将健康危险度的估算结果通过一定方法转化为数值型评分。患病危险性包括绝对危险性和相对危险性,是在多种危险因素作用下患病的可能性。健康风险评估的结果通常以健康风险评估报告的形式呈现,也是健养结合服务各方(老年人及家庭、健康管理机构等)之间交换信息即风险沟通的重要形式。

(三) 健康干预

健养结合服务中的健康干预与一般的健康教育和健康促进不同在于,健养结合服务中的健康干预是个性化的,是根据老年人的健康危险因素,通过健康咨询、健康管理后续服务、专项健康与疾病管理服务等,实现个体健康干预目标,并动态追踪干预效果。

1. 健康咨询 健康咨询是咨询者与咨询对象间的人际协助关系,咨询者通过仔细聆听咨询对象所倾诉的问题,并与之讨论、分析其健康问题所在,从而帮助咨询对象提高解决问题的能力,最终达到促进咨询对象身心健康的目的。健康管理人员可以深入家庭、养老机构展开咨询工作,或是以门诊方式开展健康咨询服务。借助网络的便捷性,老年人和照护者也可以与健康管理人员在网络上建立咨询关系,通过在线人工服务、智能机器人服务、即时语音或视频交流等方式开展健康咨询,从而克服空间上的限制,提高健康咨询的覆盖率。在健康咨询过程中,健康管理人员向老年人提供的解决健康问题的方法要以老年人为主体,充分挖掘老年人自我健康管理潜力,避免将健康管理人员自身的意愿强加给老年人,确保由老年人自主做出健康决策。

2. 健康管理后续服务 健康管理后续服务是健康管理计划执行的监督、保证与完善步骤,主要包括以现代网络技术为基础建立管理平台,对老年人健康信息进行查询、做出指导、定期寄送或发送健康管理信息,以及提供个性化的健康促进方案。监督随访则是跟踪评价健康管理计划的执行情况,并检查主要健康危险因素的变化状况。此外,健康管理课程也是后续服务的重要措施,在老年人生活方式改变、慢性病控制及营养管理等方面有良好效果。

3. 专项健康与疾病管理服务 对于有特定健康问题或患病的老年人,可根据其健康管理目标或疾病管理指向提供专项健康与疾病管理服务。对于有压力性尿失禁、衰弱等健康问题的老年人,可为其提供生活方式改善咨询、健康问题解决技术等服务。对于已经患有慢性病的老年人,可针对其特定疾病或危险因素为其提供专项服务,如心血管疾病危险因素的管理等。

三、健养结合服务要求

(一) 以标准化为基础

标准化要求健养结合服务对老年人个体和群体健康进行科学管理。健养结合服务模式要求在个体和群体健康状况评估基础上,量化健康风险影响,制定个性化健康干预策略。要避免将简单的健康传播看作是健养结合服务的做法,将健康监测、健康风险评估、健康干预作为健养结合的长期、连续过程。

(二)发挥健养结合数据共享平台作用

高效、可靠、及时的健康信息支持系统是开展健康管理服务的基石。鼓励各级各类养老服务机构接入相应信息平台,全面规范和促进健康医疗数据应用发展,不断健全居民电子健康档案、电子病历等数据库,将循证医学和循证健康管理的标准、学界公认的预防和控制指南与规范融入健康干预环节,强化依托健康大数据在健养结合方面的研究与应用力度,不断提升健养结合行业治理能力和水平。

(三)探索商业保险模式促进健养结合

根据《中华人民共和国社会保险法》等规定,健康管理等非疾病治疗项目,不属于基本医疗保险基金支付的诊疗项目范围。《健康保险管理办法》鼓励健康保险产品与健康管理服务相结合,并对健康管理目的、主要内容、与健康保险的关系定位、管理费用列支等方面进行了明确。在健养结合中,要进一步明确保险公司在老年群体开展健养结合服务的原则、完善健养结合服务运行规则,强化健养结合服务监督管理,进一步加强健康管理与健康保险机构有效结合,为老年人提供健康保险、健康管理、养老服务多重保障。

(四)加强智慧健康养老产品和服务推广应用

工业和信息化部联合国家卫生健康委员会、民政部印发的《智慧健康养老产业发展行动计划(2021—2025年)》,发布的《智慧健康养老产品及服务推广目录(2022年版)》中遴选出可穿戴健康管理类设备、便携式健康监测设备、自助式健康检测设备等智慧健康养老产品118项,遴选出慢性病管理、居家健康养老、个性化健康管理、互联网健康咨询等6大类智慧健康养老服务120项。要在健养结合服务中加强老年神经、睡眠等监测与干预相关技术及产品应用,发展健康管理服务、健康检测与监测等智慧健康养老服务。

● (李现文)

复习思考题

1. 医养结合的服务内容包括哪些?
2. 如何理解护理院在护养结合服务中的意义?
3. 健养结合服务的内涵有哪些?

ER-8-2

扫一扫
测一测

◆◆◆　第九章　◆◆◆

养老服务人才管理

📑 学习目标

知识目标

理解养老服务人才、人才聚集的基本概念,明确养老服务人才的培养要求,建构养老服务人才培养的模式。

能力目标

了解养老服务行业人才培养的现有模式,理解养老服务行业人才聚集的影响因素、特征。

素质目标

把握养老服务人才使用的趋势,加深对养老服务行业人才培养和使用的理解。

课程思政目标

使学生体会到我国养老服务人才的重要性,加强对本专业的认同感和价值感,激发专业学习的热情,端正学习态度,并树立正确的职业观、道德观。

学习要点

1. 养老服务人才的概念。

2. 养老服务人才的分类。

3. 养老服务行业人才聚集的影响因素、特点。

4. 养老服务人才的培养模式。

第一节　养老服务人才概述

一、养老服务人才概念

《国家中长期人才发展规划纲要(2010—2020 年)》将"人才"定义为具备相应的知识或专门技术,通过创新性劳作并对社会发展作出贡献的人。养老服务人才具有广义和狭义的概念。广义上是指在居家社区机构相协调、医养康养相结合的养老服务中为老年人提供全方位服务及管理的人才。狭义上是指在各类养老机构中提供服务、能推动养老服务高质量发展的人才,可分为各级相关管理人才(行政管理人才、运营管理人才、人力资源管理人才等)和服务技术人才(养老护理员、养老护士及相关康护医技人才等)。其中养老护理员是护理服务技术队伍的主体,包括初、中、高级和技师四个级别。初级养老护理员主要从事基本的生活照料与护理;中高级养老护理员、技师与医护人员、康复保健师、心理咨询师、社会工作师、健康管理师等负责疾病预防与保健、医疗与康复等工作。这些人才的整体素质和工作能力直接关系到养老服务的质量和老年人的满意度,决定着养老行业的社会和经济效益。

二、养老服务人才分类

目前,我国对于养老服务行业人才没有统一的分类方式,按照不同的分类标准,分类如下。

(一) 根据人才专业度划分

1. **核心专业人才**　包括医疗、护理、康复、心理、社工等,这些人才具备专业的知识和技能,能为老年人提供高质量的医疗、护理和心理等服务,是既重要又具有高度专业性的人才。

2. **非核心专业人才**　包括律师、金融等相关人才,这些人才可以为老年人提供法律、财务等方面的咨询服务。

3. **核心非专业人才**　包括养老护理员、厨师等,这些人才具备一定的工作技能,负责老年人的日常生活照料和饮食等服务,虽然专业性不高,但是对养老服务具有重要的作用。

4. **非核心非专业人才**　包括司机、保安、保洁等,这些人才负责维护养老机构的日常运营和环境卫生等工作。

(二) 按人才角色来划分

1. **管理人才**　主要包括养老机构的院长、社区养老服务驿站站长、养老服务企业负责人或投资人等管理人才。主要职责是负责机构的日常管理和运营,制定发展规划和战略,确保机构的正常运转。此外,管理人才也包括养老服务行业相关政府部门的管理人才。

2. **专业技术类人才**　主要包括医疗保健、健康管理、康复护理、心理咨询、营养调配、技术培训、能力评估、服务规划等专业技术人才。这些人才具备专业的知识和技能,为老年人提供高质量服务。

3. **服务类人才**　主要包括养老护理员、厨师、司机、保安、保洁等人才。具备一定的职业技能,负责老年人的日常生活照料、饮食、清洁卫生、安全保卫等服务工作。

4. **后勤保障人才**　主要包括行政管理人才、财务管理人才、市场营销人才等。负责机构的行政管理、财务管理、市场营销等方面的工作,确保机构的正常运转和可持续发展。

(三) 根据养老产业统计分类划分

国家统计局公布的《养老产业统计分类(2020)》将养老产业范围确定为养老照护服务、老年医疗卫生服务、老年健康促进与社会参与、老年社会保障、养老教育培训和人力资源服务、养老金融服务、养老科技和智慧养老服务、养老公共管理、其他养老服务、老年用品及相关产品制造、老年用品及相关产品销售和租赁、养老设施建设,共12个大类。

1. **养老照护服务人才**　养老照护服务主要包括居家养老照护服务、社区养老照护服务、机构养老照护服务。居家养老照护人才需要对老年人进行生活照料、康复护理等服务,如助餐、助行、助急、助浴、助洁、助医、日常照料等;社区养老照护人才主要参与社区老年人的紧急救援、精神慰藉、社区邻里互助、助老食堂、助老餐桌、老年社区工作等服务;机构养老照护人才除了具备基本的生活照料能力外,还可以为老年人提供专业化护理等服务。

2. **老年医疗卫生服务人才**　老年医疗卫生服务人才需要为老年人提供常见病、多发病和慢性病的诊疗;开展疾病预防、营养、中医养生等非诊疗性健康服务;预防保健、健康咨询、健康状态辨识、健康危险因素的干预、家庭医生、老年疾病档案管理等健康管理服务,包括老年人中医治未病、家庭医生签约服务等。

3. **老年健康促进与社会参与人才**　老年健康促进与社会参与包括老年体育健身服务、老年文化娱乐活动、老年旅游服务、老年健康养生服务、老年志愿服务。因此老年健康促进与社会参与人才应当提供公益性群众体育活动、国民体质监测与康体服务、养老相关的各类

笔记栏

文化娱乐活动,为老年人提供健康疗养或医疗旅游的旅行社相关服务,以及开展老年人心理评估及相关志愿活动。

4. 老年社会保障服务人才　指具备老年人社会保险、老年人社会救助、老年人慈善服务、老年人社会福利、养老彩票公益金等相关专业知识和技能的人才,能够为老年人提供社会保障政策的咨询、申请、办理等服务。

5. 养老教育培训和人力资源服务人才　指具备教育培训、人力资源管理等专业知识和技能的人才,能够为养老机构、企业提供培训、招聘、人力资源规划等服务,包括养老教育和技能培训、老年教育、养老人力资源服务三个类别的相关人才。

6. 养老金融服务人才　指具备金融、会计、审计等专业知识和技能的人才,能够为养老产业提供投融资、风险管理、会计审计等服务,包括老年商业保险、商业养老保险、养老理财服务、养老金信托、养老债券和其他养老金融服务。

7. 养老科技和智慧养老服务人才　指具备信息技术等专业知识和技能的人才,能够为养老产业提供技术研发、智慧养老方案设计、养老信息化等服务,包括养老科技服务、智慧养老服务两个类别。

8. 养老公共管理人才　指具备公共管理、社会管理等专业知识和技能的人才,能够为政府、非政府组织、企业提供公共管理、战略规划、政策研究等服务,包括政府养老管理、养老政策制定相关人才。

9. 其他养老服务人才　指具备多学科专业技能和服务能力的人才,能够为老年人提供多样化服务,如养老传媒服务、老年法律服务和法律援助、养老相关展览服务、老年婚姻服务、养老代理服务等。

10. 老年用品及相关产品制造人才　指具备产品研发、生产管理等专业知识和技能的人才,能够为老年用品及相关产品的制造提供技术支持和生产管理服务,包括老年食品制造、老年日用品及辅助产品制造、老年健身产品制造、老年休闲娱乐产品制造、老年保健用品制造、老年药品制造、老年医疗器械和康复辅具制造。

11. 老年用品及相关产品销售和租赁人才　指具备市场营销、客户服务等专业知识和技能的人才,能够为老年用品及相关产品的销售和租赁提供服务,以满足老年人基本生活、休闲娱乐、文化体育等需求。

12. 养老设施建设人才　指具备建筑设计、室内设计、项目管理等专业知识和技能的人才,能够为养老设施的建设提供设计咨询、项目管理等服务,包括养老设施建设、改造及装修维修、住宅适老化及无障碍改造、公共设施适老化及无障碍改造,以改善老年人居住环境。

三、养老服务人才相关职业认证

(一) 养老护理员

养老护理员指从事老年人生活照料、护理服务的人员,是养老服务的主要提供者。养老护理员作为社会新职业,由中国人力资源和社会保障部门认证,为老年人提供生活照料、助餐、助浴、助洁、助行、代办、医疗保健、精神慰藉、文化体育、紧急救援、安全守护和法律援助等服务。

(二) 老年人能力评估师

老年人能力评估师在老年人所需要的养老服务评价或者改进方面中起着重要作用,是健康养老产业首个专业评估类职业,由中国管理科学学会培训中心认证。工作任务包括:采集、记录老年人的基本信息和健康状况;评估老年人日常生活活动能力;测量与评估老年人认知能力、精神状态、感知觉与沟通能力、社会参与能力;依据测量与评估结果,确定老年人能力等级;出具老年人能力综合评估报告;为老年人能力恢复提出建议。

（三）健康照护师（长期照护师）

健康照护师是指运用基本医学护理知识与技能,从事家庭、医院、社区及长期护理服务机构等场所照护对象的健康照护及生活照料服务的人员。长期照护师是指运用基本生活照料及护理知识、技能,在家庭、社区、养老机构、医疗机构等场所,为享受长期护理保险待遇人员等人群提供基本生活照料及与之密切相关的医疗护理、功能维护、心理照护等服务的从业人员。按照《中华人民共和国职业分类大典》(2022年版)中的分类方法,长期照护师是包含于健康照护师中的新职业工种。国家医疗保障局会同人力资源和社会保障部等相关部门,组织地方医疗保障局和专家力量,组织开展长期照护师等级认定和证书颁发等工作。长期照护师是将生活照料、医疗护理、健康管理、长期护理保险等专业知识与技能融合于一身的复合型人才。

（四）社会工作者

社会工作者简称社工,指在养老服务中具有专业性的服务提供者、社交支持者、老年人权益保障者和养老服务的组织者。社会工作者由民政部、人力资源和社会保障部认证。从事养老社会工作必须具备丰富的专业知识和专业技能,包括社会学、心理学、政治学、经济学、生物学、法学、个案工作方法等必需的知识和技能,从而更好地整合养老社会资源,参与社区养老建设、丰富社区老年文化等工作。

（五）健康管理师

健康管理师在养老服务中与其他医疗和社会服务提供者(如医生、护士、社工等)密切合作,以提供全面的老年关怀服务。健康管理师由人力资源和社会保障部认可的第三方社会评价机构进行认证。其主要从事的工作包括:采集和管理个人或群体的健康信息;评估个人或群体的健康状况和疾病危险性;进行个人或群体的健康咨询与指导;制定个人或群体的健康促进计划;对个人或群体进行健康维护与教育;健康管理技术的研究与开发;健康管理技术应用的成效评估。

（六）公共营养师

公共营养师在养老服务中为老年人提供营养咨询服务和相关指导。公共营养师是通过严格的营养基础理论学习和专业临床营养技能训练,指导人们在预防疾病、辅助治疗、预防亚健康、健康管理等领域设计方案和提供跟踪服务的营养专业人才。公共营养师由中国营养学会认证。其工作内容包括:膳食调查和评价,结合服务对象的实际需要进行营养管理和营养干预;人体营养状况的测定、评价、管理与指导;对服务对象的日常膳食营养状况进行评价、管理和指导;给社区民众提供营养知识的咨询与普及宣传教育。

（七）康复治疗师

康复治疗师在养老服务中负责为老年人提供康复方面的服务,可以为老年人设计和实施康复训练和治疗方案。康复治疗师由国家卫生健康委员会认证,其工作内容包括对患者进行肢体运动功能、日常作业能力、言语与吞咽功能的评估,并根据评估结果制定功能训练、作业训练、言语训练的康复治疗计划。

（八）心理咨询师

心理咨询师在养老服务中对存在心理问题或困扰的老年人进行心理疏导。心理咨询师由人力资源和社会保障部认证,对老年人的心理疏导内容主要包括焦虑、抑郁、恐惧、孤独情绪和睡眠障碍的调整,心理创伤的处理,健康心态的培养,人际沟通和社会适应性的辅导等。

四、养老服务人才职业素养

（一）独立开展工作的能力

独立开展工作的能力是养老服务人才必备的核心素质之一。这包括能够独立思考和解

笔记栏

决问题,以及独立承担工作任务和责任。养老服务工作具有复杂性和多元性,需要服务人才具备独立思考和解决问题的能力,以便在面对不同老年人的需求和问题时,能够灵活应对并提供有效的解决方案。

(二) 综合的知识和技能

综合的知识和技能是养老服务人才不可或缺的素质。这包括对老年医学、老年心理学、护理学、康复学等相关领域知识的掌握,以及对实际操作技能的熟练掌握。养老服务人才需要不断学习和更新知识,以适应不断变化的需求和技术发展。同时,他们还需要具备相关的技术和设备操作技能,以及应对紧急情况的能力。

(三) 较强的沟通协调能力

较强的沟通协调能力是养老服务人才重要的素质之一。与老年人沟通需要耐心、关心和关爱,同时还需要具备良好的口头和书面沟通能力。在交流中,养老服务人才要能够理解老年人的需求和期望,并及时提供有效的反馈和解决方案。此外,他们还需要与家庭成员、医护人员及其他相关人员保持密切的沟通协调,确保老年人的健康和生活质量。

(四) 一定的心理疏导能力

一定的心理疏导能力是养老服务人才必备的素质之一。一方面老年人常常面临孤独、焦虑、抑郁等问题,养老服务人才需要具备一定的心理学知识和疏导能力,以帮助他们缓解不良情绪和心理问题。另一方面,由于养老服务的特殊性,养老服务人才往往也需要具有调节情绪和控制行为的能力。

(五) 高效的团队合作能力

团队合作能力在养老服务人才职业能力素质中具有重要作用,团队合作能够提高养老服务的质量和效率,共同解决老年人遇到的问题,为老年人提供更加全面和专业的服务。同时,通过团队合作,工作任务可以得到合理分配,养老服务人才可以共同承担工作压力,减轻个人负担,提高资源的分配和利用率。

♡ 思政元素

优秀护理员丁燕——"用我青春伴您夕阳"

2023 年 10 月上海闵行区举行以"美的温度,爱永远在路上——致敬最美守护者,礼赞最美暖心人"为主题的敬老月活动,现场公布闵行区"十佳最佳护理能手"名单,来自浦江镇一家人养老院的丁燕荣获优胜奖。作为护理部的一线工作人员,她照料老年人的衣食起居,积极了解在院老年人的身体状况、心理状况,做到对每位老年人的情况都了如指掌,每天都在思考如何为老年人提供更好的护理服务。

丁燕提到,当好一名护理员,不仅要照料好老年人生活,更要懂得老年人心理。养老护理员是一个平凡的岗位,但平凡中包含责任蕴含真情,需要细心耐心责任心,始终保持一颗为老年人服务的爱心。

在平凡的工作中默默奉献,丁燕把敬老院的老年人当作自己的亲人一样对待,把敬老院当成自己的家,把养老事业当成自己一生的事业。像丁燕这样的养老服务人才,兼具爱心和职业素养,是养老服务高质量发展的保障。

第二节　养老服务人才聚集

一、养老服务人才聚集概念与价值

(一)人才聚集的概念

人才聚集是指在一定时间内,由于受到某种因素影响,随着人才流动,大量同类型或相关人才按照一定的联系,在某一地区(物理空间)或某一行业(虚拟空间)所形成的聚类现象,是人才流动过程中的一种特殊现象。其最重要的特征是规模性,其本质是人才个体在地理空间上的聚集行为或现象。养老服务人才聚集是养老服务及相关专业人才受到我国老龄化加快、国家政策支持和社会经济发展等多方面因素的影响,在养老服务需求大的城市或地区形成的规模性聚集现象。

人才聚集既是人才个体追求自我发展的过程,也是市场优化配置人才资源的结果。人才聚集现象在各行各业中都有自身的规律性,发生人才聚集的客观条件也受到各类因素的影响。例如,每个劳动力个体都具有不同技能水平,相互之间合作可以大大降低生产成本,实现规模效益,为了创造这样的效益,地区或者企业就会通过各种方式实现劳动力个体的集中和组合。各种专业人才在就业上存在的关联性,也导致在空间上出现比较集中的现象。聚集的人才可以通过彼此之间经验、能力的相互协调,提高自身专业技术水平,创造出更大的价值。因此,人才聚集现象的实现是经济、制度、文化、技术等因素共同作用的结果。

(二)人才聚集的价值

人才是经济与社会发展的关键,是经济社会发展的重要推动力,更是一个行业发展的首要条件。人才聚集对经济发展和社会进步有着积极影响:一方面,一个地区拥有大量的高素质人才,将为经济发展创造出更多的价值,同时还能够吸引大量的企业和投资;另一方面,人才聚集能够提升城市的知名度和形象,高素质的人才一般具有较高的文化修养和生活品位,其生活方式和需求可以促进一个地区文化、教育、医疗等社会服务的提升。

目前,我国养老服务行业形成了明显的人才聚集。一方面,随着我国老龄化进程加快,以居家社区养老和机构养老为典型代表的各类养老模式创新构建,各类养老服务机构不断发展,都需要大量养老服务人才提供服务,巨大的需求吸引了较多人才进入养老服务行业,在全社会中产生了明显的人才聚集效益。另一方面,为了让养老服务人才与养老行业高质量发展同频共振,各地方政府多措并举,积极为行业人才的培养提供支持。例如,目前我国多个省市由政府主导,面向行业免费开展养老服务人才培训提升活动,大规模培训养老院院长、养老护理员、老年社会工作者,同时强化在职人才培训,鼓励培养养老顾问、养老职业经理、养老护理员师资、老年人能力评估师等各类涉老人才。养老服务人才在各个层次的需求中不断聚集,并形成一定规模,从而使养老服务行业人才聚集效益发挥最大效果,促进养老服务行业的发展。

二、养老服务人才聚集影响因素

(一)经济基础

经济发展水平和工资水平是影响养老服务人才聚集的两个重要因素。经济发展水平能在很大程度上反映出一个地区的经济发展潜力、就业机会和生活舒适程度;工资水平将

笔记栏

直接影响人们对工作的满意度和对某个地区的向往程度。从我国养老行业的分布区域来看,养老相关的产业链主要分布在江苏、广东、山东等省份,其次是四川、河南、安徽、河北、辽宁等省份。在城市养老服务行业分布中,一线城市或沿海地区养老产业分布较多,区域集中度较高。由此可见,经济发达的东部地区和一线城市的养老服务人才聚集程度较其他省份高。

(二) 政策因素

政策因素能够反映政府对人才的重视程度,扶持政策的出台对养老行业的发展起到核心作用,对养老产业的人才聚集更有突出影响。党和政府始终重视人民养老服务需求,与时俱进作出了相应制度安排。2021年,《中共中央　国务院关于加强新时代老龄工作的意见》发布,将老龄事业发展纳入统筹推进"五位一体"总体布局,融入"积极老龄观、健康老龄化"理念。2021年,国务院发布的《"十四五"国家老龄事业发展和养老服务体系规划》要求,基本建立积极应对人口老龄化国家战略的制度框架,加快健全老龄事业和产业有效协同、高质量发展,构建居家社区机构相协调、医养康养相结合的养老服务体系和健康支撑体系。国家层面政策的出台促使各地政府制定了一系列吸引养老人才聚集的措施,截至2021年底,建立养老护理员省级补贴、省级岗位补贴制度的省(市)达10余个;建立市级入职补贴、岗位补贴制度的城市达30余个。

(三) 文化教育因素

高等教育发展水平较高的地区在培养、吸引和留住人才方面具有优势。文化教育的高低,同时也是一个地区人才素质的决定因素,文化教育程度越高,人才素质越高,对生活质量的要求也高,相关服务行业的高质量人才需求也越大,从而容易形成人才聚集的现象。当地大学创办养老服务相关专业情况及质量对该地区养老服务人才聚集具有一定影响。目前养老服务行业聚集的专业人才主要有护理专业人才、养老服务管理人才、中医专业人才、康复理疗人才、健康管理人才、心理咨询人才等,其中护理专业人才的数量最多。吸引年轻人报考养老服务相关专业,是从培养层面上引导人才聚集的影响因素,不仅能够直接增加养老服务相关专业人才的数量,更能够规范和提高养老服务专业的从业能力,并且促进养老服务专业的发展。

(四) 社会环境因素

城镇化、开放性和公共服务水平等社会环境因素对人才聚集具有重要的促进作用。城镇化快速推进为养老服务人才聚集提供了契机与平台;开放性代表了一个地区接纳其他地区人口的意愿和难易程度,一个地区对养老产业越开放越友好,养老服务人才越容易融入该地区并为其创造价值;公共服务水平则直接影响人才在该地区生活的舒适度和便利性。从我国养老服务人才聚集的热点区域中可以看出,长江三角洲、珠江三角洲地区的城镇化水平高、人口稠密、地区开放性好、公共服务水平高、基础设施完善,养老服务人才聚集效应明显。

(五) 需求因素

人才聚集形成的另一个重要因素是人才需求,通常是因某行业的发展无法得到相关人才数量和质量上的匹配而产生的需求,尤其是养老服务行业的发展,对相关人才的需求和吸引决定了其发展和完善的程度。目前,在少子化、寿命延长和人口迁移等因素影响下,我国老龄化进程将继续加快且难以逆转,老年人口增多推动养老需求激增,促使养老服务人才在行业内形成聚集,也在老龄化程度较深、养老服务行业较为发达的地域形成聚集。

课堂互动

讨论：如何形成中医药健康养老服务相关人才集聚？

随着人口老龄化趋势明显，养老服务已成为社会关注的焦点。中医药作为中国传统医学的重要组成部分，其在养老服务中的应用也日益受到重视。中医药健康服务在维护身体健康、预防老年疾病的发生，缓解老年病症、改善老年人慢性病的症状，心理疏导、舒缓焦虑和抑郁情绪等多方面发挥重要作用，但是中医药养老服务目前也存在专业人才短缺的问题。

据此，《关于促进中医药健康养老服务发展的实施意见》指出，加强中医老年病学和中医护理学等中医药健康养老服务相关学科建设，培养一批中医老年病学学科带头人和骨干人才。加大中医药健康养老服务应用型人才培养力度，鼓励和引导有条件的学校设置中医药健康养老服务的相关专业。

你认为除了政策引导之外，还有哪些措施可以促进中医药健康养老服务人才的集聚？

三、养老服务人才聚集特征与模式

（一）人才聚集的特征

1. 区域养老行业范围内的集中性　区域养老行业范围内的集中性是指在养老服务人才聚集过程中，人才资源通过养老服务人力资本市场不断在养老行业发达地区重新配置，一般聚集在养老机构、设置养老相关专业的院校、职业教育机构，或是在居家养老服务公司，或聚集在养老服务人才市场中等待重新配置。

2. 养老服务专业人才聚类性　养老服务专业人才聚类性是指养老服务人才汇集中的"聚类"，表现为养老行业发达地区集中了大量不同类型的养老服务人才。养老服务专业人才聚类包括专业技能聚类、服务需求聚类、地域聚类、服务对象聚类等，体现出按类聚集的特征。养老服务专业人才按照其特征和属性进行聚类，有助于提高养老服务的质量和效率。

3. 养老服务人才数量规模性　养老服务从业人才数量规模性是指养老服务人才交易成本的降低导致养老服务人才在空间上的集中，这种活动持续进行就会呈现养老服务人才聚集的规模化特征。

（二）人才聚集的模式

养老服务人才的聚集有两种基本模式，即市场配置型人才聚集模式和政府主导型人才聚集模式。市场配置型人才聚集模式完全发挥市场机制在人才资源配置中的作用，政府主导型人才聚集模式突出政府在人力资源配置中的推动作用。我国养老服务人才聚集的模式以政府为主导，市场配置为手段。

基于现阶段我国老龄化进程中对养老服务人才需求量巨大的客观要求，国家制定多项人才吸引政策。大力推进投资主体多元化、服务对象公众化、运行机制市场化、服务方式多样化，以及服务队伍专业化的养老服务社会化的进程，吸引专业人才进入养老服务行业。

ER-9-2

拓展阅读：打造"强磁场"，为养老事业发展注入澎湃人才动力

第三节 养老服务人才培养

一、养老服务人才培养现状

（一）养老服务人才培养供不应求

养老服务人才的需求随着我国老龄人口不断增加,老龄化问题日益严重而不断增长。为了应对市场对人才的巨大需求,2019年《民政部关于进一步扩大养老服务供给 促进养老服务消费的实施意见》指出,2022年要分别完成培养培训1万名院长、200万名护理员、10万名专兼职老年社工的养老急缺人才规划。民政部《2022年民政事业发展统计公报》显示:全国约有养老服务机构和设施38.7万个,床位829.4万张。按照养老机构护理员与被照护老年人之比为1:4的国家标准计算,养老机构至少还需要150万名护理员,从事居家养老服务的人才需求更大。巨大的市场需求对养老服务人才培养的数量和速度都提出了较高要求。目前,我国已有200多所院校开设了养老服务管理等相关专业,涵盖技工院校、中职学校、高职学校和本科学校,大部分仍处于建设阶段,还不能满足需求。

（二）养老服务人才培养质量参差不齐

为较快满足行业需求,充实养老服务行业从业人员数量,在充分考虑行业不同层次需求和从业人员素养条件的前提下,国家采取了放宽入职标准,降低学历要求的措施,同时考核标准只要求掌握从事本职业的基本要求,小学未毕业人员可采取口试进行理论知识考试。这些措施对低文化水平从业人员有较大吸引力,在一定程度上实现了行业从业人员的充实,但也导致了一线养老服务人员实践经验和理论知识储备不匹配的现象,较难提供高质量的养老服务。在目前养老服务人才队伍中,除少数高职及本科院校养老服务管理相关专业毕业生之外,普遍存在着年龄偏大、文化水平低下、专业技能缺乏的特点,而行业机构培训的内容主要侧重于护理技巧和经验,注重实际操作,缺少养老照护理论知识的系统学习,导致服务质量参差不齐。

二、养老服务人才培养模式

（一）院校培养

院校培养是人才培养的主要方式,分为高职、本科、研究生教育等不同的培养层次。通过开设养老服务管理相关专业,院校直接输送符合要求的专业人才到养老行业。为优化我国院校培养的养老服务人才质量,2021年国务院印发的《"十四五"国家老龄事业发展和养老服务体系规划》提出:拓宽人才培养途径,优化养老服务专业设置,结合行业发展新业态,动态调整增设相关专业并完善教学标准体系,引导普通高校、职业院校、开放大学、成人高校等加大养老服务人才培养力度。同时,国家积极推进"1+X"证书("学历证书 + 若干职业技能等级证书")制度,以鼓励、引导的形式让学生在完成学业并获取学历证书的同时主动参加更多职业技能等级考试,获取更多合格的等级资格证书。

目前而言,养老服务人才的院校教育建设趋势呈现横纵结合的特点,在横向上加强养老服务领域教学资源建设,持续推动深化养老服务相关专业之间的协同建设;在纵向上形成以高职教育为主体,中高职和本科及研究生层次齐全、相互衔接的多层次养老服务人才培养体系。

（二）校企合作培养

校企合作培养主要包括"订单式"培养和现代学徒制两种模式。

"订单式"人才培养是指院校联合养老服务企业或机构的一种合作办学模式,具体是指学校与企业签订用人协议,双方共同制订人才培养计划,充分利用双方的有利资源共同参与人才培养过程,实现预定的人才培养目标,最后由用人单位按照协议约定安排学生就业。校企合作"订单式"培养通过养老服务人才产教融合来构建校企一体化的长效机制,有助于确保人才培养与社会需求同步,实现精准的人力资源输送。

现代学徒制是养老服务人才培养正在探索的新模式,2014年,教育部发布《国务院关于加快发展现代职业教育的决定》(国发〔2014〕19号),正式提出在全国试点该模式。现代学徒制主要应用于职业技术院校与企业合作培养的模式,是由学校老师和行业师傅共同承担的"双师型"培养模式,以企业职业培训为主,通过新型"师徒"关系,学徒学习师傅工作经验,全面了解岗位工作内容及要求,熟悉养老服务的岗位职责和工作流程。目前,教育部已在养老服务相关领域遴选立项三批现代学徒制试点,未来该模式会对养老服务行业其他人才培养模式形成补充。

案例分析

案例:2023年11月21日,一场以"构建区域养老人才高地,推动校企产教融合深度发展"为主题的校企合作推进会在上海举行,某集团总裁陈先生表示,该集团一直致力于推动养老产业的发展,与闵行区某学院的校企合作,源自闵行区"双元制"学历提升专场招聘会,双方共同推进了"共育养老服务行业人才培养计划"。闵行区该学院副校长表示,养老服务实践育人基地的设立将惠及更多养老服务人才培养,深化校企合作将更好地助力养老服务行业成长。

分析:校企合作推进会旨在深化校企合作,培养更多养老服务专业人才,以弥补养老行业人才缺口,并提升养老服务从业人员的职业能力。实践表明,校企合作是适应养老服务人才教育发展的一种新的教育方式,是培养复合型、实用型人才的必然选择,可以实现职业教育与就业的双赢,在一定程度上适应老龄化社会对养老服务人才的需求。

(三) 行业培养

行业培养主要负责养老服务人才在院校培养后的继续教育,是持续提高自身和机构竞争力乃至行业竞争力的重要方式。继续教育实行政府、社会、用人单位和个人共同投入机制,涵盖政府培训、企业培训两种方式。

1. 政府培训　通常是指政府部门以公共科目和专业科目为培训内容,举办各种专业能力研习班、技能大赛、专业技术规范化培训、就业训练等提高专业人才职业技能和专业素质的方式。例如,2021年民政部、人力资源和社会保障部联合举办全国养老护理职业技能大赛,强化在职人才培训。作为目前我国养老服务行业规格最高的职业技能大赛,对选拔养老服务高质量人才、激励人才成长、展示养老服务人才风采有着积极影响。

2. 企业培训　组织者是养老服务企业和机构,包括岗前培训、技能培训等。岗前培训的目的是让员工达到上岗要求、适应岗位流程,养老服务人才的岗前培训包括理论知识、实践技能、安全意识、关怀能力等方面,使养老服务人才在上岗时提供更加优质的服务。技能培训是在工作后对专业知识和实践再提升的过程,通常由所在机构安排组织,如安排模范演示、模拟操作、讲座论坛、技能交流等多种形式。

第四节 养老服务人才使用

一、养老服务人才使用的问题

伴随着"银发时代"的到来,社会对养老服务需求日益增加,如何通过养老服务人才推动养老行业发展是需要关注的重要问题。人才的有效使用是行业发展的基础,更是行业发展的保障。目前,我国养老服务行业发展还存在阶段性的不足,导致行业人才使用存在一些问题。

(一)从业人数少、工作强度高

目前我国养老服务人才数量不能满足养老服务行业的发展,从一线护理人才到中高层经营管理人才,"用人荒"的现象频有发生。相关各类专业化服务人才同样缺乏,导致养老服务行业劳动强度普遍高,日常工作任务繁重,不仅要照料老年人日常起居,还要进行健康管理、心理疏导、保健康复等多方面内容的养老服务,工作强度高。

(二)工资收入低、平均年龄高

目前养老服务人才工资待遇普遍偏低。一方面表现在人才尤其是养老护理员劳动保障不完善,劳动合同签订率低,社会保险参保率较低,导致养老服务人才对工资收入的满意程度偏低。另一方面表现在部分养老服务机构缺乏物质奖励、生活福利及补贴等激励措施,缺乏合理的晋升渠道等,没有制定长久的职业发展规划。年龄普遍较高也是目前养老服务人才使用上比较突出的问题,一线护理人员以中年为主,甚至有超过60岁的老年人也在从事养老护理工作。

(三)专业程度低、行业期待高

养老服务人才整体专业程度偏低是人才使用上的突出问题。民政部社会福利中心的调查结果显示,截至2020年底,全国养老机构专业护理人员仅占12.21%,养老护理员学历水平集中于初中及中专学历,教育水平较低且接受的培训不足,护理人才队伍整体文化素质较低。而事实上不仅传统养老模式需要高素质养老服务人才,新型养老模式更是需要高素质养老服务人才。

综上,当前我国的养老服务人才使用上有"三低三高"的普遍特征:专业程度低、工资收入低、从业人数少,工作强度高、平均年龄高、行业期待高。充分解决以上相关问题对于加强养老服务人才队伍建设有重要意义。

二、养老服务人才使用趋势

养老服务人才在从业活动中展现出的问题、养老行业日益丰富的需求及国家为应对老龄化社会制定的各项政策措施对未来养老服务人才使用提出了新的要求,指明了未来养老服务人才使用朝多元化、精细化、专业化、高端化方向发展。

(一)多元化

目前我国老年人的养老方式包括居家社区养老、机构养老、家庭养老等,随着社会的发展,老年人的养老需求会呈现出更加多元化多层次的发展趋势。不同养老模式和类型对养老服务内容要求的侧重点也存在较大差异,需求的特点将引导人才出现相对应的匹配。未来会因为服务场景不同而对养老服务人才产生差异化要求,以满足养老服务的差异化需求。

（二）精细化

目前我国养老产业分为12个大类,其中包括51个中类和79个小类,未来随着养老需求差异化的趋势,养老产业将进一步细化发展以精准满足老年人的需要。这将促使养老服务人才也在专业领域内进一步精细分工,满足行业发展的需求,从而使养老产业在结构上更趋于完整,在养老服务人才使用中更趋于科学合理。

（三）专业化

我国养老服务职业认证的相关专业人才有养老护理员、老年人能力评估师、社会工作者、健康管理师和营养师等。随着老年人口的增多,越来越多的其他相关专业人才也将老年人群作为重点人群提供专业服务,如老年金融、老年心理咨询等。此外,伴随着养老服务行业的不断发展,专业的养老机构在服务专业化和管理专业化方面均有较高要求,养老服务管理专业在各大高校相继设立,与其他养老服务相关专业一起,为行业稳定输送专门化人才提供了保障。

（四）高端化

随着国民物质生活水平和社会化养老服务水平不断提升,越来越多的受教育程度和收入水平较高的老年人会追求更高品质的养老服务,对物质与精神层面都有较高的服务预期。未来,养老服务人才在提供高水平基本养老服务的同时,还应具备提供精神慰藉类养老服务的能力。智慧养老、康旅结合等新兴领域也将对养老服务人才的使用提出新要求。

三、养老服务人才使用措施

（一）提高服务技能

养老服务人才的专业化水平,很大程度上决定着养老服务的质量。提高服务技能,需要在国家层面设立养老服务人才岗位培养体系,加快制定养老服务人才队伍建设中长期规划,并在教育培训、工资待遇、人才保障等方面提供政策和制度保障,如完善养老机构等级评定、质量评价等政策,鼓励聘用取得职业技能等级证书的养老服务人才。

📖 **知识链接**

成都市人民政府——夯实人才队伍建设基础,助力养老服务高质量发展

近年来,四川省成都市深入贯彻落实习近平总书记关于养老服务工作重要指示精神,按照民政部关于推进养老服务人才队伍建设的工作部署,以建设公园城市示范区为统揽,实施养老服务"人才优先"等一揽子政策,提升养老服务人才专业技能和管理服务水平。

加强"三个联动",多渠道扩大养老服务人才队伍规模:加强"校企联动",建立校企养老服务人才双向培养机制;加强"政策联动",规范公办养老机构人才配比,建立社工引领志愿者机制;加强"部门联动",以长期护理保险制度试点为契机,民政、医保联合组织就业培训。

推进"三个合作",多层次加强养老服务人才专业技能培训:推进省市合作,实施"百千万养老人才队伍建设工程"品牌项目;推进区域合作,加强成渝地区养老服务协同发展;推进国际合作,实施城市建设和现代服务业开放合作示范项目。

落实"五项制度",多途径完善养老服务人才激励褒扬机制:落实竞赛奖励制度,从2020年起,连续三年举办成都市养老服务技能竞赛;落实从业奖励制度,以市政府办公厅名义出台养老服务人才奖励政策;落实岗位补贴制度,对吸纳高校毕业生、建档立卡

笔记栏

贫困户、低保和低保边缘家庭、返乡农民工、征地拆迁家属就业的养老机构发放岗位补助；落实稳岗补贴制度,向全市486家养老机构从业人员发放一次性稳岗补贴、开展养老护理员职业技能等级认定；落实褒扬激励制度,从2020年起,连续举办三届成都市"最美养老机构院长""十佳养老护理员"评选活动,对获奖的优秀养老护理员开通021积分落户"直通车"。

(二)增加人才数量

为缓解养老服务行业社会需求和人力资源不足的情况,2021年《"十四五"国家老龄事业发展和养老服务体系规划》提出"老年健康支撑体系更加健全"的要求,计划到2025年,本科高校、职业院校养老服务相关专业招生规模明显增长,以及每千名老年人配备社会工作者人数保持1人以上。同时规划要求加强老年医学人才队伍培养,从综合医院老年医学科、安宁疗护试点、基层医疗卫生人才选聘培养、院校培养等多个方面提出具体的建设、培训要求,全面扩充人才数量。此外,政府还应积极开展养老服务人才技能培训和等级评定,鼓励慈善组织、志愿服务组织及时发布为老志愿服务项目,以及通过积极增加公益性岗位来支持养老服务行业,推动城镇和农村养老服务需求与城乡富余劳动力供给有效对接。

(三)提高人才待遇

养老服务人才收入低、待遇差,是养老服务人才队伍流动性大、数量低的重要原因,提高待遇是吸引人才、留住人才、发展养老服务行业最直接和有效的措施。政府部门通过提高财政补贴,建立激励制度,如实施养老服务人才纳入城市积分落户、市民待遇等优惠政策,出台措施保障养老护理员薪酬待遇,支持和引导养老服务机构建立基于岗位价值、能力素质、业绩贡献的薪酬分配制度。积极完善人才补贴措施,将岗位补贴与职业技能等级挂钩,设立养老服务岗位奖励津贴,采取对新入职养老服务机构的大专院校毕业生给予入职补贴等措施。

(四)促进职业认同

加强养老服务行业人才的职业认同,首先可以加强对养老服务人才的形象塑造和正面宣传,让公众建立起对养老服务工作性质、社会价值及意义的充分认识,增强对养老服务人才职业的认同感,提高社会对养老服务人才的信任度,消除行业偏见和职业偏见。其次,要弘扬传统美德,构建敬老、孝老、养老的环境,增强对养老服务人才人格的尊敬与爱戴,引起全社会关心关爱养老服务人才,重视养老服务工作,宣传他们无私奉献的敬业精神,营造全社会尊老敬老、爱老助老的良好风尚。

(五)加强监督管理

首先是实行注册登记制度,对养老服务人才实行统一登记管理,包括从业经历、从业年限、服务对象评价、参加培训经历、投诉处罚等情况。建立养老服务人才基础信息采集维护机制,制定规范化的信息归集和使用标准,形成统一、可查询、可共享的养老服务人才信息数据库。其次是探索建立行业职称晋升体系,如养老护理员职称评定。职称体系的构建可以明确各个等级人才的能力要求,便于人才管理和使用,在职业认同、待遇提升、人才科学流动、高层次人才培养等多个方面起到积极作用。再次是建立评价监督机制,加强养老服务人才职业道德教育,坚守职业底线,在爱岗敬业中提升服务意识和服务质量。鼓励符合条件的养老服务机构开展技能人才自主评价,根据需要合理确定人才技能等级。建立养老服务人才信用评价体系,作为评职、晋级、提薪、转岗的重要依据。对涉嫌严重违法失信的养老服务从业者,依法列入养老服务联合惩戒名单,实施信用约束和联合惩戒措施。建立养老服务行业社会评价机制,鼓励养老服务商会定期发布养老服务机构服务质量排行榜,净化养老服务市场环境。

（刘　佼）

ER-9-3

扫一扫
测一测

复习思考题

1. 养老照护服务人才与老年医疗卫生服务人才有哪些不同的专业要求？

2. 影响养老服务人才聚集的因素有哪些？

3. 请思考目前我国养老服务行业人才使用存在哪些问题？应该如何优化？

第十章

养老服务筹资管理

学习目标

知识目标

掌握养老服务筹资意义,明确养老服务资金筹集渠道,建构养老服务筹资管理的思维。

能力目标

了解养老服务筹资管理内涵,能够解释现实中常见养老服务筹资渠道,能够应用养老金融工具规划养老金。

素质目标

能够对养老服务筹资管理准确定位,具备养老服务资金筹集安全稳健的基本理念。

思政目标

树立理性、长期、风险管理优于收益的养老金筹资理念。

学习要点

1. 养老服务筹资渠道。

2. 社会基本养老保险的构成。

3. 我国长期护理保险制度。

4. 养老金融的内容。

第一节　养老服务筹资概述

一、养老服务筹资概念与意义

(一)养老服务筹资的概念

筹资是通过一定渠道、采取适当方式筹措资金的财务活动,是财务管理的重要内容。养老服务筹资,就是针对养老服务需求和行业发展而采取的相关经济活动,包括基本养老保险、企业年金、个人养老金、长期护理保险、养老金融等制度。

(二)养老服务筹资的意义

1. 有效应对人口老龄化挑战　随着我国人口老龄化加快,全社会对养老服务资金的需求不断增加,而当前我国养老服务资金的供给却相对不足,并且在人口老龄化不断加深的现实情况下,养老服务资金供需失衡问题会更加凸显。满足养老服务快速发展需求,资金是关键要素。因此,探索与人口老龄化相适应的养老服务资金筹集渠道并细化管理,对有效应对人口老龄化挑战具有重要实践意义。

2. 满足养老服务资金需求　2012年党的十八大以来,中央政府不断出台应对政策,针对养老服务资金筹集问题也提出发展改革方案,加大政府财力投入。除此之外,还需要完善基本养老保险兜底保障,借助社会资本融入,增加养老服务资金投入规模,鼓励商业保险公司开发养老年金保险产品,尽快出台适合我国国情的长期护理保险。多渠道开展养老服务筹资,有利于更好地应对老年人日益增加的养老服务需求,解决服务资金困境。

3. 解决老年人"急难愁盼"服务难题　资金短缺制约养老服务模式的发展和推广,在一些城市,经费不足问题限制了社区服务的范围和深度,只有部分老年人享受政府购买居家养老服务,难以实现普惠性。目前,全球经济发展面临诸多不确定性风险,我国社会经济发展同样进入调整期,原来依靠政府财政补贴的养老服务资金供给模式已不具有持续性,必须探索多元化、多主体的养老服务资金筹集渠道,才能实现社会养老服务体系建设目标。

二、养老服务筹资渠道

(一) 社会养老保险

社会养老保险由国家立法,强制实施,企业单位和个人都必须参加,符合退休条件的参保人员,可向社会保险部门领取养老金;社会养老保险基金的来源,一般由国家、单位和个人三方或单位和个人双方共同负担,并实现广泛的社会互济;由于其具有社会性,享受的人多且时间较长,费用支出庞大,国家设立专门社会养老保险机构,实行专业化和社会化的统一规划和管理。社会养老保险资金也是广大老年人的主要收入来源,可用于支付养老服务。

(二) 政府财政拨款

为应对人口老龄化,我国政府不断加大对养老服务发展财政支持力度,推出了新建养老机构政府贴息贷款,前期运营减免水电网暖气的措施。北京市对社区养老驿站进行为期三年的财政补贴,按照驿站的床位数和服务老年人数量,分别给予不同额度的补贴,政府推出养老服务政府和社会资本合作(PPP)专项,通过公建民营的模式,减轻养老机构前期资金压力,也强化了政府监管责任,促进养老服务良性发展。

(三) 社会捐助养老服务

多年来,为应对人口老龄化挑战,我国民政部门联合市场主体、爱心人士的力量,开展"公益暖人心、关爱送真情"活动,激励有能力的企业、个人和非政府组织捐助养老服务,扩大养老保险基金筹资渠道,鼓励并支持社会各界对养老事业进行慈善捐款,也为孤寡老年人提供生活照料、护理、医疗和康复等服务的资金。

(四) 彩票公益金资助养老服务

2023年,《民政部办公厅　财政部办公厅关于开展2023年居家和社区基本养老服务提升行动项目申报和组织实施工作的通知》发布,提出通过中央专项彩票公益金支持,面向经济困难的失能、部分失能老年人建设10万张家庭养老床位、提供20万人次居家养老上门服务。这些项目发挥示范带动作用,引导更多专业优质资源投入居家社区基本养老服务,鼓励在设施建设、机构培育、人才培养、服务创新等方面积极探索,形成可复制可推广的居家社区养老服务模式。

（五）社会资本参与的养老服务资金市场化筹集

养老服务的市场化经历了比较漫长过程。早在20世纪80年代，"单位福利"体制转型，在社会福利事业改革中开始了养老服务的市场化探索。我国进入人口老龄化阶段后，《中共中央 国务院关于加强老龄工作的决定》（中发〔2000〕13号）首次提出"老年服务业的发展要走社会化、产业化的道路"，2016年国家发展和改革委员会提出全面放开养老服务市场，着力放宽社会资本的市场准入条件，激励社会资本进入养老服务行业。

三、国内养老服务筹资特色做法

养老服务涉及老年人的生活保障，是整个社会都应该考虑的问题。一些地方政府不断探索养老服务资金筹集方式，形成了适合当地的特色做法。

（一）北京的财政专项资助养老服务

特征是政府有专项财政支持；养老服务资金纳入财政预算；政府购买养老服务纳入市区两级财政及福利彩票公益基金的投入机制。效果是政府提供了多种形式的居家养老服务筹资；为不同需求的老年人提供各种居家养老资金服务；服务内容多元化，解决老年人刚性需求。

（二）上海的居家养老服务券

特征是依据需求精准细分服务对象；突出"三无"老年人、五保户、优抚及特殊贡献的老年人；由政府发放服务券购买居家养老服务。效果是激活了老年人养老服务消费热情；满足了不同老年人养老服务需求；为特困、失能、高龄等老年人群体提供了支持。

（三）大连的政府购买家庭养老服务

特征是政府购买服务帮助那些生活有困难或需要照护的老年人或者"空巢"老年人；有明确的评估指标。效果是政府购买服务解决特困老年人照护服务资金；激励了社会和企业力量为老年人提供养老服务。

（四）宁波的政府购买居家养老服务

特征是购买居家养老服务；由社区分派居家养老服务员提供服务；提供不同层次居家养老服务。效果是政府购买的居家养老服务覆盖到每位老年人；服务内容丰富多元，包括生活照料、医疗康复和精神慰藉。

第二节　养老保障体系

一、"三支柱"养老保障制度体系概述

1994年，世界银行提出"三支柱"的养老保障制度体系，主要包括：①公共养老金，是一种旨在防止贫穷的、现收现付的强制性福利措施；②职业养老金，是一种完全累积制的私营企业退休金体系；③个人储蓄，即政府通过一些激励政策进行长期储蓄，属于鼓励个人为退休而实行的自愿累积制。

在世界银行"三支柱"模式基础上逐渐发展成我国的养老保障"三支柱"体系：①政府主导、强制执行、财政补贴的基本养老保险制度，参保对象为城乡居民、城镇职工、国家公务人员，包括城镇职工基本养老保险和城乡居民基本养老保险；②单位承担、单位与个人共同缴费的年金制度，包括企业年金和职业年金；③个人承担、政府税优的个人养老金制度，如税收优惠型商业养老保险，个人养老金专项储蓄，见图10-1。

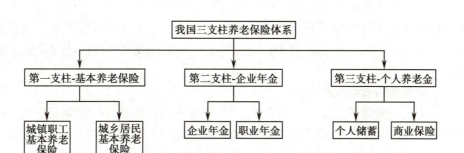

图 10-1　我国"三支柱"养老保险制度体系

二、社会基本养老保险

(一) 社会基本养老保险的概念

社会基本养老保险,是国家根据一定的法律和法规,为解决劳动者在达到国家解除劳动义务的劳动年龄界限,或因年老丧失劳动能力退出劳动岗位后的基本生活而建立的一种社会保险制度。社会基本养老保险,按照参保对象可以划分为城镇职工基本养老保险和城乡居民养老保险。习近平总书记在二十大报告中指出,加强社会保险体系建设,全面建成覆盖全民、城乡统筹、权责清晰、保障适度、可持续的多层次社会保险体系,全面实施全民参保计划,完善城镇职工基本养老保险和城乡居民基本养老保险制度,尽快实现养老保险全国统筹。基本养老保险有三层内涵:①基本养老保险是在法定范围内的老年人完全或基本退出社会劳动生活后才自动发生作用的。"完全"是以劳动者与生产资料的脱离为特征的;"基本"指参加生产活动已不成为主要社会生活内容。需强调说明的是,法定的年龄界限(各国有不同的标准)才是切实可行的衡量标准。②养老保险的目的是保障老年人的基本生活需求,为其提供稳定可靠的生活来源。③养老保险是以社会保险为手段来达到保障目的。

(二) 社会基本养老保险内容

按照《中华人民共和国社会保险法》规定,基本养老保险包括企业职工基本养老保险、新型农村社会养老保险和城镇居民社会养老保险。我国企业职工养老保险制度建立于 20 世纪 50 年代初期,1997 年国务院颁布《关于建立统一的企业职工基本养老保险制度的决定》,我国建立了统一的企业职工基本养老保险制度,制定了社会统筹与个人账户相结合的养老保险政策。建立了由国家、企业和个人共同负担的基金筹集模式,确定了社会统筹与个人账户相结合的基本框架。社会统筹部分采取现收现付模式,均由单位负担;个人账户部分采取积累模式,体现个人责任,全部由个人缴费形成。养老保险基金主要由企业和职工缴费形成,企业缴费比例一般不超过企业工资总额的 16%,个人缴费比例为 8%,由用人单位代扣代缴。2014 年,新型农村社会养老保险与城镇居民社会养老保险合并,合并后简称城乡居民养老保险。

三、企业年金

(一) 企业年金的概念

企业年金也可以称为"企业退休金计划"或"职业养老金计划",是指企业及其职工在依法参加基本养老保险的基础上自愿建立的补充养老保险制度。企业年金由受托人、账户管理人、托管人、投资管理人四个年金管理机构共同参与运作。受托人是指受托管理企业年金基金的符合国家规定的法人受托机构或者企业年金理事会。账户管理人是指接受受托人委托管理企业年金基金账户的专业机构。托管人是指接受受托人委托保管企业年金基金财产的商业银行。投资管理人是指接受受托人委托投资管理企业年金基金财产的专业机构。

(二) 企业年金的适用人群

企业年金是一种保障老年生活的金融产品,主要是由政府或保险公司提供的一种长期投资计划。一般来说,以下几类人群可以享受年金。①退休人员:退休人员是最主要的年金受益人群,他们可以通过缴纳社保或个人商业保险等方式获得年金。②职业运动员:职业运动员在退役后也可以获得年金,这是一种保障他们退役后生活的方式。③公务员:公务员在退休后也可以获得年金,这是一种保障他们退休后生活的方式。④企业员工:一些大型企业会为员工提供年金计划,员工可以通过缴纳一定的费用获得年金。

(三) 企业年金的意义

企业年金是对国家基本养老保险的重要补充,也是我国养老保险体系的重要组成部分。企业年金的意义包括以下几个方面。

1. 企业年金是一种更好的福利计划　在提高员工福利的同时,为企业解决福利中的难题提供了有效管理工具,真正起到了增加企业凝聚力、吸引力的作用。

2. 企业年金是一种激励机制　建立企业年金制度,有利于企业建立现代企业制度,完善人力资源管理。建立差异化的企业年金制度,可在单位内部形成一种激励氛围,充分调动员工的工作积极性,发挥自身的最大潜力,为企业的发展多做贡献。

3. 企业年金可以合理节税　建立企业年金制度,在提高员工福利的同时,利用国家有关税收政策,为企业和个人合理节税。

四、个人养老金

(一) 个人养老金的概念

个人养老金是指政府政策支持、个人自愿参加、市场化运营、实现养老保险补充功能的制度。个人养老金实行个人账户制,缴费完全由参加人个人承担,自主选择购买符合规定的储蓄存款、理财产品、商业养老保险、公募基金等金融产品,实行完全积累,按照国家有关规定享受税收优惠政策。个人养老金的参加人应当是在我国境内参加城镇职工基本养老保险或者城乡居民基本养老保险的劳动者。

(二) 个人养老金的特征

2022 年,《国务院办公厅关于推动个人养老金发展的意见》发布,标志我国个人养老金制度正式出台并步入快车道,我国个人养老金政策体现特征如下。

1. 具有自助性　采用个人实名账户,个人灵活选择缴费额和缴费方式,并且限制了提前领取,是为补充个人养老金设计的专项规划,不是保险,没有互助性。

2. 政府政策支撑,税收优惠显著　缴费者每年 12 000 元限额享受税前扣除,个人养老金账户投资收益暂不征收资本利得税,在将来领取个人养老金账户资金时,个人所得税统一按照 3% 最低税率单独缴税,不合并到其他收入征税。虽然每月缴纳个人所得税中的专项附加扣除上限是 1 000 元,但是长期来看,节税效果明显,累计享受的税收优惠额较大。

3. 自主选择投资　国家设计统一的个人养老金融投资产品平台,银行、证券、保险、基金等金融机构不断增加特定养老产品,个人根据各自经济条件和风险偏好选择合适的产品组合。个人养老金制度概览详见表 10-1。

表 10-1　个人养老金制度概览

项目	主要内容
总体目标	推动适合中国特色的个人养老金制度建设,健全多层次、多支柱的养老保险体系,实现养老保险补充功能
参保对象	在国内参加城镇职工基本养老保险和城乡居民基本养老保险的人员
缴费水平	每人每年上限 12 000 元,根据经济发展情况实时调整
税收优惠	缴费额当年税前专项扣除,投资收益暂且免税,领取养老金时按照 3% 最低税率缴税
投资产品	个人自主选择个人养老金投资平台的银行理财、储蓄存款、商业养老保险、基金等不同风险养老投资产品
个人养老金领取	参加人达到基本养老金领取年龄、完全丧失劳动能力、出国(境)定居,可以选择按月、分次或一次性领取
个人养老监管平台	人力资源和社会保障部组织建设信息平台,财政、税务等部门共享,提供个人养老金账户管理、缴费管理、信息查询监管等服务

(三) 个人养老金的意义

2021 年中国共产党第十九届中央委员会第六次全体会议(简称: 党的十九届六中全会)在总结党的历史经验决议中强调要汲取百年奋斗经验,扎实推进共同富裕。大多老年人养老储备资金不足,一旦遭遇疾病或意外,很容易陷入经济困境,应成为实现共同富裕目标的重点保障对象。发展个人养老金制度,可以逐步提高老年人收入水平,缓解收入差距,有利于稳步推进共同富裕。我国面临人口快速老龄化和高龄化的挑战,发展个人养老金制度,有利于缓解当前基本养老保险基金支付压力,逐渐弥补养老金缺口,增强个人对养老保障的规划责任。在以政府责任为主的基本养老保险、单位责任为主的企业年金 / 职业年金的基础上,建立以个人责任为主的个人养老金制度,通过第三支柱个人养老金平台,享受税收优惠政策,以满足个性化、多层次的养老金需求。

第三节　长期护理保险

一、长期护理保险内涵

(一) 长期护理保险的概念

长期护理保险是指对个体由于年老、疾病或伤残导致生活不能自理,需要在家或机构照护,由专人陪护所产生的费用进行支付的保险。长期护理保险主要解决长期照护服务供给及所需费用筹集的问题,包括长期护理服务体系和长期护理筹资制度两部分。

2016 年,《人力资源社会保障部办公厅关于开展长期护理保险制度试点的指导意见》发布,首次在全国 15 个城市试点长期护理保险制度。2020 年,《国家医保局 财政部关于扩大长期护理保险制度试点的指导意见》颁布,在全国新增 14 个城市试点长期护理保险制度。2022 年,党的二十大报告明确指出"建立长期护理保险制度"目标。

(二) 长期护理保险的意义

随着人口老龄化的发展,失能老年人数量持续增多,传统家庭照护模式难以满足失能老年人长期护理需求。随着护理服务费用日益增长,导致个人负担日益沉重,使得构建长期护理制度成为我国进入长寿时代后的紧迫任务。其目的是对生活不能自理或具有丧失自理风险的老年人,提供必要的经济支持以保障失能老年人获得正常生活和尊重的权利。其运行机制是运用制度化的方式、通过人对人的长期而持续的服务保障来确保失能老年人权利的实现。

二、我国长期护理保险制度

(一)长期护理保险的内容

从各地已颁布的长期护理保险政策内容来看,关于谁能受益的说明由三部分构成,即参保对象的范围、申请待遇给付的资格条件及认定资格的标准和程序。长期护理保险的参保范围是指长期护理保险政策所适用的群体,也就是长期护理保险政策的覆盖范围。长期护理保险属于健康险中的一种,主要是为被保险人在丧失日常生活能力、老年患病或身故时,侧重于提供护理保障(如喂食、穿衣、洗浴、行走等日常生活起居)以及经济补偿的保险产品。

(二)长期护理保险的参保类型

从目前各试点城市颁布的长期护理保险政策内容来看,所有城市的参保对象是依据基本医疗保险覆盖范围确定的,具体可以分成三类。

一是以参加城镇职工基本医疗保险的参保人为长期护理保险的参保对象,包括承德市、齐齐哈尔市、上饶市、广州市等 14 个城市。其中,安庆市、宁波市、扬州市和温州市只覆盖市区。

二是以城镇职工和城镇居民基本医疗保险的参保人为参保对象,主要包括长春市、石河子市、南通市等 8 个城市。

三是在第二类的基础上,以城镇居民基本医疗保险与新型农村合作医疗合并为契机,将居民的覆盖范围由城镇扩大至城乡,由此导致所有基本医疗保险的参保人都参加长期护理保险,主要包括上海市、苏州市、青岛市等 8 个城市,其中上海市额外规定了城乡居民的年龄必须是 60 周岁及以上的基本医疗保险参保人。

在试点城市,所有参加城镇职工基本医疗保险的参保人都已参加长期护理保险,少部分城市正在逐步将参加基本医疗保险的城镇居民乃至农村居民纳入长期护理保险覆盖范围。

(三)长期护理保险的对象和给付条件

1. 长期护理保险的对象　长期护理保险的保障对象是指符合长期护理保险待遇给付资格条件的参保人员。当参保人满足长期护理保险的给付要求时,就可以申请待遇给付,在审核通过后,参保人就成为保障对象。从诸多已经颁布的长期护理保险政策内容来看,不同城市之间的待遇给付资格条件差别较大。

2. 长期护理保险的给付条件　试点城市长期护理保险待遇给付条件主要由四个方面的限制因素构成,分别是处于失能状态的时间长度、失能失智程度、接受长期护理服务的场所及缴纳医疗保险费用的时间长度。失能评定是认定长期护理保险参保对象是否享有待遇给付资格的最重要认定环节。当保障对象失能程度(等级)发生变化或不符合待遇给付条件时,其长期护理保险待遇会随之发生调整或终止。从操作层面来看,失能评定标准与主体直接影响长期护理保险保障对象的范围。

三、国外长期护理保险制度模式

长期护理保险制度起源于荷兰、德国等国家,需要稳定的资金筹措模式作为保证。从世界范围内看,大部分国家老年人长期护理的资金来源都是由雇主和雇员共同分担的,政府也相应承担一部分。一般来说,长期护理保险资金筹措模式大致分为四类,分别是缴费模式、储蓄模式、国家保障模式及自由保险模式,本书对实施护理保险国家的经典模式展开分析。

(一) 荷兰长期护理保险制度

荷兰是世界上第一个将老年长期照护作为独立保障领域并立法的国家,长期护理保险制度是荷兰老年长期照护制度体系的核心。从覆盖范围来看,有义务缴纳所得税的所有公民及在荷兰工作的所有居民都是长期护理保险的参保对象,他们在需要长期照护服务时都有申请长期护理保险待遇给付的权利。荷兰建立了全国统一的需求评估标准,申请者作为需求评估组织成员,参与资格认定的全过程,保障对象拥有自由选择服务供给形式的权利。荷兰卫生部建立了保持老年人独立性、更尊重老年人个人意愿的个人预算计划。

长期护理保险基金的管理和收集由健康保险公司负责。护理院照护的资金使用由国家层面负责,而居家照护的付款则由当地市政府组织开展。长期护理保险的资金来源主要有三个渠道:被保险人缴纳的强制性保险费、政府补贴(也称为一般性税收)及被保险人的共同支付费用。根据法律规定,年满15周岁有纳税收入的公民都要依法缴纳保险费用,实现了照护保险制度优质高效运行。

(二) 德国长期护理保险制度

德国于1994年通过了《长期护理保险法》,并于1995年正式实施,社会长期护理保险是一个独立的社会保险分支,它与健康保险、养老保险、意外保险和失业保险共同构成德国社会的保险体系。虽然失能人员由于无法生活自理而需要他人的帮助,但是德国长期护理保险的最终目的是为需要照护的人提供帮助以使其能够独立生活。在覆盖范围方面,所有参加强制性健康保险的成员和私人健康保险公司的投保人在法律上有义务参加社会长期护理保险。因此,社会长期护理保险的覆盖范围是那些在强制或自愿基础上,义务参加健康保险的成员。在资格审查方面,参保人若想获得福利待遇,需要向社会长期护理保险基金主管部门提出申请。健康保险的医疗服务机构负责确定申请人的待遇给付资格,以及所需的照护等级,德国的长期护理保险与社会健康保险类似,不论收入或资产情况如何,每个人都有权享受同等水平的福利待遇,而且都有自由选择供给者的权利。

德国长期护理保险的社会供给类型主要可以分为社区照护服务福利(包括居家照护服务福利和现金福利)和机构照护服务福利。德国的长期护理保险制度资金来源是强制性缴费,按照收入的百分比计算。除了意外保险是雇主独立承担筹资责任之外,其他社会保险都是由雇主和雇员在对等的基础上共同分担筹资责任的。

(三) 日本长期护理保险制度

日本于2000年建立了介护保险制度,它也成为亚洲第一个建立长期护理保险制度的国家,在覆盖范围方面,长期护理保险制度是强制性的,即40岁以上的公民必须参加。被保险人按照年龄分为两类:第一类是65岁及以上的国民;第二类是40~64岁的国民。原则上,第一类被保险人一旦获得认证,就有资格通过长期护理保险制度获得长期照护服务。第二类被保险人如果患有与年龄相关的残疾,则符合待遇给付。在日本,长期护理保险制度的社会供给类型只有服务福利,不提供现金福利。长期照护服务主要分为两类:一是针对已经发生失能状况的长期照护服务;二是针对还未发生失能状况,但是经过诊断具有发生失能可能性的预防服务。长期照护服务供给形式主要有三种:居家照护服务、机构照护服务和基于社区的照护服务。

关于保险费用筹资,日本长期护理保险制度属于社会保险项目,采用现收现付制。它的资金一半来源于税收,另一半来源于40岁以上个人缴纳的保险费。在个人缴纳的保险费中,第一类人(65岁及以上)缴纳的数额是其年度项目预算的20%,从其养老金收入中扣除,第二类人(40岁至64岁)缴纳的保费额度是其年度方案预算的30%,与强制医疗保险费一起缴纳。个人缴纳的保险费在全国范围内汇集,并根据各市的年龄和收入构成进行重新分配,日本长期护理保险制度最显著特点是一种既分散又集中的系统。在这个系统中总体框架、服务价格、收益人资格标准、待遇给付方面在国家层面高度统一,而其他方面的服务使用则由各个地方政府决定。

荷兰、德国及日本三个国家的长期护理保险制度在覆盖范围、国家统一的评估体系、失能老年人所具有福利的自主选择权三个方面具有一定的相似性,值得我国借鉴。

第四节　养老金融

一、养老金融内涵

(一)养老金融的概念

养老金融是指为了应对人口老龄化挑战,围绕社会成员的各种养老需求所进行的金融活动的总和,包括养老金金融、养老服务金融和养老产业金融。养老金融的理念是在生命周期全过程,将有收入期间的结余,储存到养老期,实现跨周期的养老资金风险管理,借助金融市场和养老金融工具配置,为养老做好资金保障。养老金融涵盖了以养老需求为导向的一切相关金融性的产品和服务等。

(二)养老金融的意义

2023年印发的《国务院关于推进普惠金融高质量发展的实施意见》强调,加强对养老服务、医疗卫生服务产业和项目的金融支持等。2024年《国务院办公厅关于发展银发经济增进老年人福祉的意见》指出丰富发展养老金融产品。基于以上背景,发展养老金融具有重要意义。

1. 养老金融有助于经济的稳定和发展　通过为个体提供稳定的退休收入,可以促进消费和投资,从而推动经济增长,也是建设金融强国的重要抓手之一。

2. 更好地保障退休生活　养老金融系统可以帮助个体在退休后维持生活水平,减轻社会养老负担,是贯彻落实积极应对人口老龄化国家战略的重要举措。

3. 降低退休风险　养老金融系统通过风险分担的方式帮助老年人降低退休风险。

4. 提高养老公平性　通过建立养老金融系统,社会可以更好地实现财富和收入的公平分配。这有助于减少社会的贫富差距,提高社会整体的公平性。

5. 养老金融系统提供了一种个体财务规划的机制　通过参与养老金计划,个体可以在工作生涯中积累资金,以确保在退休后有足够的经济支持。

二、养老金融内容

(一)以发展和运营养老金为导向的养老金金融

"十四五"期间,政府出台系列政策推动养老金金融发展,例如2022年出台的一系列文件:《关于推动个人养老金发展的意见》与国际通行的个人养老金制度接轨,从试点推向全国;《中国银保监会关于规范和促进商业养老金融业务发展的通知》对养老金融统一做出原则性规定;《中国银保监会办公厅关于扩大专属商业养老保险试点范围的通知》《中国银保监会办公厅关于扩大养老理财产品试点范围的通知》等聚焦个人养老金业务框架、制定了具体业务养老金类型的规定。

(二) 以发展和供给养老产品为导向的养老服务金融

2016 年,中国人民银行公布《中国人民银行　民政部　银监会　证监会　保监会关于金融支持养老服务业加快发展的指导意见》,提出认识做好养老领域金融服务的重要意义、总体要求,完善促进居民养老和养老服务行业发展的多层次金融组织体系,积极创新适合养老服务行业特点的信贷产品和服务,支持拓宽有利于养老服务行业发展的多元化融资渠道,推动完善养老保险体系建设,优化保险资金使用,着力提高居民养老领域的金融服务能力和水平,加强组织实施与配套保障等。

(三) 以市场和产业的投融资为导向的养老产业金融

运用开发性金融的理论和方法,充分依托民政部门的组织协调优势,推动形成"政府引导、金融支持、社会参与、市场运作"的社会养老服务发展体制机制,发挥开发性金融的资金引领作用,吸引民间资本投入,秉承养老普惠的理念,共同引领以居家为基础、社区为依托、机构为支撑的社会养老服务体系建设。

三、养老金融发展措施

我国养老金融在探索中稳步推进,几年来无论是养老金金融、养老服务金融还是养老产业金融均取得了较大进展。目前,我国政府推进了养老金金融的框架建设,养老金的运营也步入市场化方向,养老服务金融的产品越来越多,有效供给促进了养老产业金融的投融资步入正轨。虽然养老金融发展态势良好,但由于推进阶段还是初期,养老金融目前还需要进一步完善。

(一) 积极开展养老金融服务

金融行业为应对人口老龄化进行积极探索。金融机构围绕养老产业发展资金需求,积极开展投融资金融服务。在养老金领域,金融行业除了提供支付结算、账户管理、基金托管、基金投资等服务外,还介入个人养老金领域,在产品创新等方面提供金融服务。围绕老年人消费需求特点,创新支付结算和投资理财等金融产品,为养老金的保值增值提供更多优质便捷的金融服务。此外,还要做好老年人金融知识普及教育,减少老年人被诈骗的风险,创新更多融资产品。

(二) 开拓养老金融服务领域

政府部门围绕养老金融发展提供相应的政策支持。如在养老产业领域研究推进公益性土地抵押,以方便养老市场主体更好地获得融资支持;加大结构性货币政策的实施力度,激励引导资金更多流入养老产业。在养老金领域,基于对试点成效的评估及时扩大或者全面实施个人养老金,提高个人养老金年度缴费上限,加大税收优惠力度并研究对低收入群体投资个人养老金提供补贴的可行性。

(三) 发展养老产业金融

2016 年,中国人民银行发布的《中国人民银行　民政部　银监会　证监会　保监会关于金融支持养老服务业加快发展的指导意见》,鼓励银行业金融机构根据养老服务行业发展导向和经营特点,专门制定养老服务行业信贷政策,开发针对养老服务行业的特色信贷产品,建立适合养老服务行业特点的授信审批、信用评级、客户准入和利率定价制度,为养老服务行业提供差异化信贷支持。鼓励银行业金融机构与民政部门、行业协会等合作开展养老信贷专项培训,提升信贷服务专业化水平。

案例分析

案例:小张 20 岁,大学毕业后,对自己的养老有规划意识。计划每月存 200 元(选择某款养老目标基金),坚持 40 年(480 个月),假设平均年化收益率 10%,那么到 60 岁时,小张存款账户余额是 1 264 815.92 元。

分析:养老目标基金是投资于未来退休资金的一种投资工具。根据其投资策略,养老目标基金通常分为两种类型:其一是目标日期基金,以投资者退休日期为目标,根据不同生命阶段风险承受能力调整投资配置,如养老目标日期为 2040 年;其二是目标风险基金,要在不同时间保持资产组合的风险恒定,投资者可在自身风险允许的范围内,选择风格相符的目标风险基金,可以根据市场环境和基金管理人员的决策来进行调整。

(汪连新 李春艳)

扫一扫
测一测

复习思考题

1. 养老服务资金筹集方式有哪些?
2. 如何理解养老服务金融的内涵?
3. 养老金融发展的必要性体现在哪些方面?
4. 如何设计适合我国国情的长期护理保险制度?
5. 为什么要加快完善个人养老金制度?

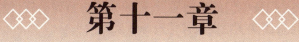

第十一章

养老服务资源管理

学习目标

知识目标

掌握养老服务资源、养老服务设施、设备与产品的基本概念,明确养老服务资源管理对养老服务的重要意义。

能力目标

能够结合老年人的特点,选择适合的养老服务设施、设备和产品,并提供详细管理方案。

素质目标

能够站在老年群体的角度来思考问题,做好养老服务资源管理,不断优化养老服务。

课程思政目标

认识到老年群体的特殊性,在养老服务资源管理中树立创新意识,改进养老服务体验。

学习要点

1. 养老服务资源的构成。

2. 常见的养老服务设施、设备和产品。

3. 养老服务设施、设备和产品管理的内容。

第一节　养老服务资源概述

一、养老服务资源的概念

养老服务资源广义上是指为满足老年人需求,为老年人提供养老服务所需的各类资源,包括人力资源、物资资源、财力资源等。本章聚焦于养老服务管理中"物"的因素,即养老服务中的物质资源。基于此,将养老服务资源界定为满足老年人养老服务需求,为老年人提供生活照料、医疗服务、护理康复、文化教育、精神慰藉等所需的物资资源。

养老服务资源不仅具有物质性,还兼具服务性和社会性。这种服务性和社会性主要体现在关注资源的配置和利用上,即如何有效满足老年人多样化需求,实现资源优化配置和社会效益最大化。养老服务资源的管理目标应确保资源合理分配和有效利用。养老服务资源应满足老年人的需求并提高他们的生活质量,需要采取一系列措施,包括评估资源需求、制定资源分配计划、监督资源使用情况及评估资源效果。

二、养老服务资源分类与构成

(一) 养老服务资源的分类

养老服务资源可以根据不同的标准进行分类。根据服务内容的不同,可以将养老服务资源分为生活照料类、医疗护理类、文化教育类、精神慰藉类等。根据服务提供者的不同,又可以将养老服务资源分为公共资源、准公共资源和私人资源。

(二) 养老服务资源的构成

在构成上,养老服务资源主要包括养老服务设施、养老服务设备和养老服务产品三大部分。具体来说主要包括各类养老机构、社区服务中心、老年公寓等为老年人提供生活和活动场所的设施、设备和产品。此外,随着社会的发展和人口老龄化的加剧,养老服务资源的构成也在不断发生变化。例如,随着家庭结构的变化和老年人独立生活能力的下降,家庭养老的需求逐渐增加,使得家庭硬件资源成为养老服务资源的重要组成部分。因为机构养老对设施、设备、产品的要求较高,配置较为完善,同时为了表述方便,本章以机构为例讲述养老服务资源。

三、养老服务资源配置与管理

(一) 养老服务资源的配置

在人口老龄化的背景下,养老服务资源紧张的问题日益凸显,合理配置和管理养老服务资源成为当务之急。在养老服务资源的配置方面,应注重政府和社会资源的有效融合。

1. 加大政府投入,提高养老服务资源的供给能力 政府应增加对养老服务的财政补贴,配置相关资源,提高养老服务机构的服务质量,以满足老年人的基本需求。

2. 有效引导社会资本进入养老服务领域 应鼓励社会力量兴办养老服务机构,增加养老服务机构的数量,推动养老服务市场的开放和竞争。

3. 注重资源均衡配置 应推动养老服务资源的均衡配置,加强城乡之间、区域之间的协调发展,确保老年人能够享受到公平、优质的养老服务资源。

(二) 养老服务资源的管理

1. 加强政府监管 政府在养老服务资源的管理中扮演着重要角色。首先,政府应该制定相关政策和法规,确保养老服务资源的公平分配和有效利用。其次,政府应加强对养老服务机构的监管,确保其提供资源的安全性,保护老年人的权益。

2. 注重资源整合 将各类养老服务资源进行全面整合,实现资源的优化配置和共享,提高资源利用效率。通过引入市场竞争机制促进养老服务资源的优化配置。通过市场竞争,养老服务机构可以提供更加优质、个性化的服务,提高老年人的满意度,同时还可以促使养老服务机构提高效率,降低成本,为老年人提供更加优质的服务。

3. 建立信息化管理系统 建立信息化管理系统是养老服务资源管理的必要手段。通过信息化管理系统,实现对养老服务资源的实时监控和数据分析,为决策者提供准确的信息支持,提升养老服务资源管理水平。

不断健全养老服务体系守护"夕阳红"

未至隆冬，西藏自治区那曲市聂荣县，这座海拔4 700多米的藏北小城，最低气温已达零下22摄氏度，而在聂荣县特殊困难人员集中供养服务中心，耄耋之年的楚吉老人靠坐在阳光房的沙发上，惬意地享受着正午的暖阳。在那曲市还有很多像楚吉一样的特困老年人，受益于西藏自治区推行的集中供养服务政策，他们的生活得到了更舒适的保障。近年来，西藏为持续巩固政府兜底养老服务工作，投资建设80家特殊困难人员集中供养服务中心。随着城乡一体的"居家社区机构相协调、医养康养相结合"的养老服务体系不断健全，在西藏，越来越多的老年人实现老有所养，拥抱幸福"夕阳红"生活。

养老服务资源是提高养老服务水平的重要保障，我国政府高度重视困难地区和困难群体的养老服务资源配置。通过政府投资为困难群体提高养老服务资源配置水平，提升困难群体的养老幸福感，做到了老年幸福生活一个都不能少。

第二节　养老服务设施

一、养老服务设施内涵

(一)养老服务设施概念

设施主要是指为满足某种需要或进行某项工作而成立的机构、组织、建筑、系统等。养老服务设施是指专为老年人提供饮食起居、清洁卫生、生活护理、健康管理和文体娱乐活动等综合性服务的机构、组织、建筑和系统，包括养老院、敬老院、老年公寓、护理院、老年社会福利院、老年人服务中心、养老社区等。

(二)养老服务设施特点

1. 服务内容的特殊性　养老服务与其他服务相比有较大的特殊性，养老服务设施既要满足老年人的衣食住行等基本生活照料需求，又要满足老年人的医疗保健、疾病预防、护理与康复及精神文化、心理与社会等需求，甚至要满足老年人走完人生的临终服务。

2. 资源的多样性　养老服务设施是养老服务资源的重要组成部分，根据服务对象的不同，养老服务设施可分为居家社区养老服务设施、机构养老服务设施和家庭养老服务设施等。

3. 服务的专业性和个性化　养老服务设施在设计上注重老年人的生活习惯和身体条件，在服务上注重专业性和个性化，通常会配备医疗室或与附近医疗机构建立合作关系，以确保老年人得到及时、专业的医疗服务。此外，针对老年人的不同需求，设施还会提供个性化的服务，如营养餐饮、康复训练、心理咨询等。

4. 运营上注重可持续性和社会责任　为了确保养老服务设施的长期运营，设施管理方通常会寻求多元化的收入来源，如租金收入、服务收费等。此外，设施还会用于社会公益活动，如志愿者服务、社区共建等，以提升机构的社会形象和影响力。

二、养老服务设施类型

(一)国外养老服务设施类型

1. 美国 美国根据养老机构的功能将其分为三类:一是技术护理照顾型养老机构,收养需要 24 小时全天提供技术护理的老年人;二是中级护理照顾型养老机构,收养没有严重疾病且需要 24 小时监护护理,但不需要技术护理的老年人;三是一般照顾型养老机构,主要收养需要提供膳食和个人帮助但不需要 24 小时护理的老年人。

2. 日本 日本的养老院根据服务的内容分为养老护理福利机构、护理保健机构、医疗护理机构。养老护理福利机构主要为需要特殊照顾的老年人提供特殊服务,通常提供日常照料、肢体锻炼等服务,医疗护理的程度最轻。护理保健机构主要针对长期不能自理而需要护理的老年人,为其提供日常照顾、医疗管理服务,必要时提供治疗照顾。医疗护理机构为老年人提供康复管理、护理照顾、个人看护及其他医疗照顾。

3. 瑞典 瑞典是北欧福利型模式的创始者。按照瑞典《社会福利法》的规定,市级地方政府须根据老年人的特殊需要兴建老年福利机构。各地在建设老年福利机构时都必须遵循政策所强调的"尽可能让老年人独立生活在自己的寓所"的原则,竭力做到使福利机构中的老年人像生活在自己的家里一样。瑞典的老年福利机构主要分为四种类型。一是入户服务公寓,入住老年人居住单元房,由市政府社会工作部门根据他们的需要提供各项入户服务。二是老年公寓,主要用于收住生活不能完全自理,并需要经常照料的老年人,工作人员将提供 24 小时的生活照料服务,定时提供膳食。三是疗养院,配备训练有素的护士专门照护患阿尔茨海默病、晚期重症及需要经常医疗护理的老年人。四是类家庭,主要收住存在认知障碍的老年人,一个类家庭通常入住 6 个老年人,各自有独立的房间,有专业工作人员和他们生活在一起,并提供 24 小时服务。

4. 加拿大 加拿大有关老年人经济保障、住房保障、医疗保障、环境保障的政府职责十分明确。老年人的住房有普通的老年公寓,有成年人生活社区、终身租赁屋、退休屋;对于低收入老年人,有可负担住房、租金补助房、联营房、扶助房等。加拿大的养老机构主要有三种类型。一是老年公寓,主要为能够自理的老年人提供住房。加拿大老年人在达到退休年龄且符合一定条件后即可申请入住老年公寓。老年公寓为老年人提供专业化、标准化的全方位服务。二是老年生活辅助机构,居住在老年生活辅助机构的老年人不需要专业性强的护理,所以老年生活辅助机构主要侧重于日常生活看护服务,也被称为老年日间照料中心。老年日间照料中心主要为高龄、体弱、有慢性病的老年人服务,提供日间护理、助餐、康复训练等服务,服务对象明确是高龄和自理能力较差的老年人。老年日间照料中心有的与社区活动中心结合在一起,有的与老年护理院结合在一起。三是老年护理康复院(分为介助型和特护型),老年护理康复院主要为高龄、失能、失智的老年人提供长期照护服务、康复服务和临终关怀服务。

(二)国内养老服务设施类型

1. 香港养老服务设施类型 香港特别行政区的养老机构从服务内容来看有四种类型:一是长者宿舍,面向有自理能力的老年人,提供 24 小时志愿服务。二是安老院,面向有自理能力或轻度失能的老年人,提供住宿、饮食及有限度的起居照料服务。三是护理安老院,面向身体残疾、健康欠佳、认知能力欠佳的中度受损且无法自我照顾的老年群体。四是护养院,面向身体残疾、健康欠佳、认知能力欠佳的重度受损不能自理者,提供起居照料、膳食、定期基本医疗、护理等服务。香港社会福利署自 2003 年起就停止接受入住长者宿舍及安老院的申请,这两类养老机构逐渐向长期护理服务转型。按经营目的划分,一是非营利性机构,根据是否受到政府资助又分为政府资助养老机构和自负盈亏养老机构;二是私营机构,目前私营养老机构已经成为香港养老机构的主体,尤其是在长者宿舍、安老院、护理安老院的供给中占主体地位。

2. 内地养老服务设施类型　内地养老机构,除了卫生主管部门主管的老年护理医院与民政部门主管的老年公寓在收住的老年人需要照料的程度上有明显差别外,一般的福利院、敬老院均未进行功能定位,这些机构收住的老年人涵盖从基本生活能够自理到长期卧床不起的,再到需要临终关怀的老年人,是一种混合型管理模式,这些机构提供的服务也是多元化的,既包括生活照料,也包括医疗护理、康复训练、文化娱乐、临终关怀等。目前内地大部分养老机构在功能定位和服务对象上存在交叉现象,难以清楚地按照老年公寓、护理院或者康复机构、临终关怀机构进行分类,多数养老机构采取在机构内部分类的方法,将收住老年人按照需要照料的不同程度进行分类。

按照产权和运营模式,养老机构可分为公办公营、公办民营、民办公助、民办民营四类。公办是指政府投资建设,且拥有产权;民办是指利用非政府资金投资建设,且拥有产权;公营是指事业单位性质,或由隶属于政府的组织运营管理;民营是指非事业单位性质,由市场主体、社会主体运营管理;公助是指由公共财政资金或福利公益金给予养老机构一定的建设补助、运营补贴等。

三、养老服务设施管理

(一)养老服务设施管理概述

养老服务设施管理不仅是对建筑和空间的管理,更是一种系统的方法,涵盖了对空间、资产、设施和人员管理的全过程。其中,空间的合理规划与利用是设施管理的核心。通过合理的空间布局,可以提高工作效率,减少不必要的资源浪费,并为养老服务设施创造更大的价值。

1. 设施建设要有前瞻性　为了实现高效的空间利用,机构需要具备前瞻性的眼光。在建设或改造之初,就需要根据设施未来的发展需求进行规划。这包括对空间的布局、功能的设定、设备的配备等进行全面而细致的考虑。这样,不仅可以避免未来因需求变化而带来的改造难题,还能节省大量资金。

2. 强调对资产的有效管理　养老服务设施的资产不仅包括各种设备和工具,还包括信息和技术。通过对这些资产进行全面的管理,可以最大化地发挥其价值,提高运营效率。例如,通过建立完善的设施维护体系,可以确保设施的稳定运行,减少因设施故障带来的损失。

3. 人员行为的规范性　设施管理还涉及对人员的管理。这不仅包括对养老机构员工日常工作行为的规范和管理,还包括对员工的工作环境和生活环境的关注。一个舒适、健康的工作环境,可以提升员工的工作满意度和幸福感,从而增强企业的凝聚力。

4. 注重社会责任感　设施管理还需要关注养老机构的社会责任和环保责任。在节能减排、绿色发展成为全球共识的今天,养老机构不仅需要有清晰的环保责任认识,还要通过合理的设施管理,有效地降低能源消耗和碳排放,为社会做出积极贡献。

总的来说,养老服务设施管理涉及机构的各个方面,不仅要全面理解和实施设施管理,还需要有前瞻性的战略眼光和坚定的执行力,只有这样才能真正实现高效的空间和资产利用。

(二)养老服务设施规划布局

1. 养老服务设施的规划布局应充分考虑老年人的实际需求　老年人的生活需求包括居住、医疗、休闲、娱乐等方面,因此在规划布局养老服务设施时,应将各类设施进行合理配置,以满足老年人的多样化需求。例如,在养老社区内设置医疗机构、康复中心、护理中心等,以便老年人能够就近接受医疗服务。此外,还应考虑老年人的心理需求,为其提供社交、心理咨询等服务,以促进其身心健康。

2. 养老服务设施的规划布局应注重可持续发展　随着城市化进程的加速,土地资源日益紧张,因此在规划布局养老服务设施时,应充分考虑土地资源的合理利用,避免浪费。同时,应注重环境保护,确保养老服务设施的建设不会对周边环境造成不良影响。此外,还应积极采用新能源、新材料等环保技术,推动养老服务设施的绿色发展。

3. 政府应加强对养老服务设施规划布局的管理　政府应制定相关政策法规,明确养老服务设施的规划布局标准和管理规定,确保其建设质量和运营规范。同时,应加强对养老服务设施的监督检查,确保其服务质量和使用安全。此外,政府还应加大对养老服务设施的投入力度,鼓励社会资本参与养老服务设施的建设和运营,推动养老服务行业的健康发展。

(三) 养老服务设施设计

在设计养老服务设施时,应考虑老年人的需求和特点,注重无障碍设计、环保节能等方面的因素。同时,为了满足不同老年人的需求,应设计多样化的养老服务设施,包括全托型养老院、日间照料中心、家庭护理中心等。此外,还需要根据不同地区的经济发展水平和老年人口比例,合理设计养老服务设施的规模。

1. 适应性　养老服务设施的设计应适应老年人的生理和心理需求。例如,设施的布局应便于老年人行走和活动,室内光线应充足,色彩应柔和舒适。

2. 安全性　设施的安全性是至关重要的。老年人通常更容易发生意外,因此设施的设计应尽可能减少潜在的安全隐患。例如,地面应防滑,家具应稳固,紧急出口应明显易用。

3. 舒适性　设施的舒适性对于提高老年人的生活质量至关重要。设施的布局应便于老年人生活和交流,室内应保持适宜的温度和湿度,空气流通应良好。

4. 便利性　设施的设计应考虑老年人的便利性。例如,公共区域应设置足够的扶手和座椅,以便老年人行走和休息;设施内应提供方便的储物空间和悬挂物品的地方;设施的门应易于开关,以方便老年人进出。

5. 可访问性　可访问性是指设施应方便所有人使用,包括身体有障碍的老年人。设施的设计应考虑无障碍通道和电梯,以方便老年人到达各个楼层;公共区域应设有足够的空间,以便轮椅等辅助设备的使用;卫生间应配备坐便器、洗手台等必要的设施,以方便老年人的日常生活。

6. 社区性　养老服务设施的设计应注重社区性的营造。设施内应设置公共活动区域,以便老年人进行交流和活动;设施外应设有绿化带、花园等户外活动区域,以便老年人进行户外活动和休闲;设施内还应提供各种娱乐设施和文化活动,以满足老年人的多元化需求。

7. 个性化　每个老年人的需求都是不同的。因此,养老服务设施的设计应根据老年人的不同需求进行个性化配置。例如,一些老年人可能需要更多的隐私和安静,设施的设计应考虑这些需求;一些老年人可能更喜欢社交和交流,设施的设计应提供足够的社交空间;一些老年人可能更注重文化活动和娱乐设施,设施的设计应提供相应的设备和活动。

养老服务设施的设计应充分考虑老年人的需求和偏好,以提供高质量、人性化的服务。同时,这些设施的建设和管理也应遵循相关的法律法规和标准,以确保老年人的权益得到保障。

(四) 养老服务设施运营维护

1. 应具备专业化的团队　团队应具备医疗、护理、康复、心理咨询等多方面的专业知识,能够为老年人提供全方位的服务。同时,团队成员还应接受运营管理培训,掌握设施维护、财务管理、服务质量控制等方面的技能。

2. 服务品质是养老服务设施的核心竞争力 设施管理应关注老年人的需求,定期收集和分析反馈,针对性地改进服务。通过持续的质量控制和流程优化,确保设施服务品质的持续提升。此外,引入第三方评估机构,定期对设施进行评估,也是提升服务品质的有效手段。

3. 稳定的资金支持 除了收取合理的服务费用外,还应积极拓展资金来源,如政府补贴、慈善捐赠等。同时,良好的财务管理和投资策略也是保障资金充足的重要手段。在确保资金安全的前提下,可以适度进行合理的投资,以增加收益。通过以上获取的资金,应科学地用于设施运营维护。

4. 注重风险管理 养老服务设施运营面临着多种风险,如人员流动、疾病暴发、意外事故等。因此,建立健全风险管理体系至关重要。这包括风险识别、评估、控制和应对措施的制定与实施。此外,定期对设施进行安全检查,提升员工的安全意识,也是降低风险的有效途径。

5. 借助信息化和智能化手段提升养老服务设施的运营效率 通过建立信息化管理系统,实现服务流程的电子化、远程监控和管理。此外,利用智能设施为老年人提供个性化服务,如智能灯光系统、智能温控系统等,有助于提升老年人的生活品质。

6. 积极寻求合作 通过与其他组织、机构的合作,共享资源、降低成本。例如,与医疗机构建立合作关系,为老年人提供便捷的医疗服务;与社区组织合作,共同开展文化娱乐活动,丰富老年人的生活;与高等院校和研究机构合作,引入先进的理念和技术,提升设施的运营管理水平。

(五) 养老服务设施改造

1. 以老年人为本 充分考虑老年人的需求和习惯,确保改造后的设施能够满足他们的日常生活和精神文化需求。

2. 功能完善 设施改造后应具备完善的居住、医疗、康复、娱乐等功能,为老年人提供全方位的服务。

3. 绿色环保 注重节能减排,采用环保材料和绿色设计,为老年人创造一个健康、舒适的生活环境。

4. 智能化 引入智能化管理系统,提高服务效率和质量,为老年人提供更加便捷的生活体验。

第三节 养老服务设备

一、养老服务设备内涵

(一) 养老服务设备概念

设备通常是指为了完成特定任务而设计、制造和配置的工具、机器、装置等物质器具的总称。养老服务设备是指为老年人提供居住、生活、康复、娱乐等服务的设备。这些设备的设计、选择和使用都应该考虑到老年人的特殊需求和身体状况,以提供更好的养老服务。

(二) 养老服务设备功能

1. 环境安全保护功能 通过使用适老辅助设备,可以最大限度保证老年人日常生活的安全性,减少意外事故的发生。

2. 照护能力补偿功能　照护人员可以通过适老辅助设备,实现失能老年人的安全转移,辅助完成老年人洗浴、如厕等日常生活照料,减轻照护强度,提高工作效率。

3. 提高生活自理能力功能　老年人由于生理功能的退行性改变,会出现各种不同的功能障碍。通过辅助设备补偿或代偿老年人的功能障碍,可提高老年人生活自理能力,维护老年人尊严。

二、养老服务设备类型

养老服务设备包括医疗设备、康复设备、娱乐设备、生活辅助设备和智慧养老设备等。每种设备都有其特定的用途和优势,以满足老年人的不同需求。医疗设备是为老年人提供医疗服务的重要设备,包括护理床、心电图仪、血压计、血糖仪等。康复设备是为老年人提供康复训练的设备,如助行器、轮椅、康复器材等。娱乐设备是为老年人提供娱乐活动的设备,如电视、音响、游戏机等。生活辅助设备是为老年人提供日常生活帮助的设备,如扶手椅、步行器等。智慧养老设备是指利用物联网、大数据、云计算等先进技术,为老年人提供智能化、便捷化的养老服务,如智能安防、智能手环、智能马桶等。

1. 老年护理床　老年护理床是一种专门为老年人设计的床,其目的是提供更好的照护和舒适度。与普通床相比,老年护理床具有更多的功能和特点,包括升降、倾斜、床垫震动等,以帮助老年人进行身体活动和休息。此外,护理床还配有护栏、扶手等安全设施,以防止老年人跌落或受伤。老年护理床的主要特点:①可调节高度,老年护理床通常可以调节高度,以便老年人上下床,同时也可以根据老年人的需求和身体状况进行调整。②可移动,老年护理床通常安装轮子,可以让老年人更容易地更换房间或进行日常活动。③附加功能,如背部按摩、腿部抬高、电子监测等,可以进一步提高老年人的舒适度和生活质量。

2. 老年康复辅助器具　老年康复辅助器具是指能够帮助功能障碍老年人代偿功能、改善状况,并可发挥老年人潜在功能、辅助独立的器具,是康复辅助器具的组成部分。老年康复辅助器具主要起辅助老年人环境安全、减轻护理强度、提高护理效率、维护老年人尊严、提高独立生活能力的作用,在辅助老年人减缓衰老,提高独立生活能力过程中发挥着关键性作用。老年康复辅助器具的种类很多,按其适用对象的功能障碍差别可分为肢体功能障碍老年康复辅助器具、听力功能障碍老年康复辅助器具、言语功能障碍老年康复辅助器具、视力功能障碍老年康复辅助器具、精神功能障碍老年康复辅助器具、智力功能障碍老年康复辅助器具等。按其功能、用途可分为移动助行类老年康复辅助器具、生活辅助类老年康复辅助器具、休闲娱乐类老年康复辅助器具等。

3. 益智游戏机　专门为老年人设计的益智游戏机,可以锻炼他们的思维能力,延缓脑部衰老。与其他类型的游戏机相比,它最大的特点在于,其游戏内容主要是以锻炼思维能力、延缓脑部衰老为主。通过一系列精心设计的益智游戏,老年人可以在轻松愉快的氛围中锻炼自己的思维能力,提高大脑的灵活性和记忆力。

4. 助行器　助行器是帮助老年人行走的辅助器具。它具有多种类型,包括轮式助行器、四轮助行器、折叠式助行器等,以满足不同老年人的需求。助行器可以帮助老年人更自由地行走,增强他们的自主性和自信心。在使用老年助行器时,应根据老年人的身体状况、行动能力及实际需求,选择合适的助行器。例如,对于行动不便的老年人,可以选择带扶手的轮式助行器或框式助行器;对于需要长时间行走的老年人,可以选择稳定性较好的轮式助行器。

5. 智慧养老设备　智慧养老设备是指利用信息技术等现代科学技术(如互联网、物联网、移动计算等),围绕老年人的生活起居、安全保障、医疗卫生、保健康复、娱乐休闲、学习分享等诸方面提升老年人生活质量的设备。智慧养老设备可提高养老服务和养老服务管理水平,对涉老信息自动监测、预警及主动处置,实现这些技术与老年人的友好、自主式、个性化智能交互。智慧养老设备包括用于健康管理的可穿戴设备、便携式健康检测设备、自助式健康检测设备、养老监测设备及家庭服务机器人等。

三、养老服务设备管理

(一) 养老服务设备管理概述

养老服务设备管理是指对养老服务机构所拥有的各类设备进行规划、购置、安装、调试、使用、维护、改造、报废等全过程的管理。其目标是确保设备的正常运行,提高设备的效率和使用寿命,从而保障机构的正常经营。

1. 建立科学、完善的设备管理制度　科学完善的制度是提高设备管理水平的必要条件,可以有效地提高设备的可靠性、降低维修成本、减少设备故障的发生,从而保障机构的正常工作开展。在制定设备管理制度时,需要遵循以下几个原则:一是要根据企业的实际情况制定适合企业自身的设备管理制度;二是要明确设备的操作规程和维护保养要求,确保设备的正常运行和延长设备的使用寿命;三是要明确设备的维修流程和维修标准,确保设备的维修质量;四是要建立设备的档案管理,对设备的使用、维修、保养等记录进行整理归档,方便对设备的运行状况进行跟踪和评估。

2. 设备的购置与验收　在购置设备时,机构应根据自身的需求和经济效益分析,需要充分考虑设备的性能、可靠性、兼容性及与现有设备的匹配程度,选择性价比最优的设备。在采购环节,应选择有信誉的供应商,确保设备的质量和交货期。安装和调试环节则需要专业人员进行,并进行严格的验收,以确保设备的正常运行,以及设备的性能和质量满足要求。

3. 设备的使用与保养　操作人员应经过专业培训,熟悉设备的操作规程,避免误操作。同时,应定期对设备进行保养,如清洁、润滑、检查等,以保持设备的良好状态。

4. 设备的维修与改造　当设备出现故障时,应及时进行维修。同时,为了满足生产的需求或提高设备的效率,机构可能需要对设备进行技术改造。这需要设备管理人员与技术人员密切配合,制定出合理的改造方案。

5. 设备的报废与处置　当设备达到使用寿命或因其他原因无法继续使用时,应按规定进行报废处理。在此过程中,机构应遵循环境保护和资源循环利用的原则,对废旧设备进行妥善处置。

(二) 养老服务设备的选择要求

1. 安全性　安全性是选择养老服务设备时最重要的因素。老年人身体脆弱,容易受伤,因此设备必须具备高度的稳定性和可靠性,确保老年人在使用过程中不会发生意外。例如,在选择养老床时,要确保床体结实,边角圆润,防止老年人磕碰受伤。此外,设备应易于清洁和维护,减少老年人使用过程中的困难。

2. 舒适性　舒适性是养老服务设备选择的一个重要因素。设备应符合人体工程学原理,减轻老年人的身体负担,提高老年人的生活质量。例如,在选择养老椅时,要确保椅背、坐垫等符合老年人的身体曲线,使他们能够舒适地坐、躺。此外,设备的材质应透气性好、柔软舒适,能为老年人提供良好的触感体验。

3. 智能化　随着科技的进步,智能化养老服务设备逐渐成为市场主流。这类设备具备自动监测、报警、遥控等功能,可为老年人提供更加便捷、高效的服务。例如,智能护理床能自动调整角度,方便老年人起躺;智能健康监测仪能实时监测老年人的血压、心率等生理参数,一旦出现异常情况能立即报警。选择智能化设备时,要关注其功能是否实用、操作是否简单易懂。

4. 多样性　不同的老年人有不同的需求,因此养老服务设备应具备多样性特点。应根据老年人的实际需求设计不同型号、规格的设备,以满足不同层次的需求。例如,在选择康复设备时,应根据老年人的具体情况选择合适的器械,如健身车等有氧运动器械,或平衡板、步行器等平衡训练器械。

5. 经济性　经济性是养老服务设备选择的一个关键因素。在选择设备时,养老服务机构应根据自己的经济实力和实际需求进行权衡,选择性价比高的产品。

(三) 养老服务设备管理原则

为了满足日益增长的市场需求和提高养老服务质量,必须建立科学、合理的养老服务设备管理原则和方法。

1. 遵循以人为本的原则　关注老年人的需求和体验,确保设备的舒适性和安全性。

2. 注重维护与保养　应注重设备的维护和保养,确保设备的正常运行和使用寿命。此外,还应加强设备的信息化管理,提高管理效率和服务水平。

3. 分类管理原则　针对不同类型、不同用途的设备,应采取不同的管理方法和措施,确保设备的有效利用和管理。

第四节　养老服务产品

一、养老服务产品内涵

产品是指能够提供给市场,被人们使用和消费,并能满足人们某种需求的任何东西,包括有形的物品、无形的服务、组织、观念或它们的组合。养老服务产品是指在养老服务中,由老年人使用的具体物件。

为了有效地管理养老服务产品,需要了解每种产品的特点和目标,制定相应的管理计划和服务标准,监督产品的质量和效果,确保老年人的需求得到满足并提高他们的生活质量。同时,还需要关注产品的市场动态和发展趋势,不断优化和创新产品以满足老年人的需求。

二、养老服务产品管理

(一) 养老服务产品管理概述

养老服务产品管理是指对机构所使用的各种产品进行全面的管理,包括采购、验收、存储、发放、使用、回收和报废等环节。有效的产品管理可以提高服务质量,降低管理成本,保障老年人的安全。

1. 建立完善的制度和流程,确保各个环节的有序进行　首先,应制定详细的采购计划,确保采购的产品能够满足养老服务机构的需求,同时避免浪费和积压;其次,验收环节要严格把关,确保产品的质量和安全性。另外,在存储环节要注意保持环境的清洁和干燥,避免产品损坏和污染。

2. 采用科学的管理方法和技术手段,提高养老服务机构产品管理的效率和效果　采用信息化管理系统,可以实现产品的数字化管理,方便数据的统计和分析;引入智能仓储管理系统,可实现产品的自动化存储和发放,提高工作效率。同时,加强员工培训和教育,提高员工的意识和技能水平。

3. 注意关键因素和关键环节　建立完善的安全管理制度和操作规程,防止安全事故的发生;加强与供应商的沟通和合作,建立稳定的供应关系;加强内部监管和审计工作,确保管理制度的落实和执行;发现问题要及时整改,不断提高产品管理水平。

养老服务产品管理是养老机构管理工作的重要组成部分,需要从制度、流程、方法和技术等多个方面进行全面的考虑和实施。只有建立科学、规范、有效的产品管理体系,才能保障老年人的安全和健康,提高机构的综合效益和社会形象。

（二）养老服务产品的研发管理

1. 需求导向原则　研发养老服务产品首先要深入了解老年人的实际需求,包括生活照料、医疗护理、精神慰藉等方面。通过市场调研和用户访谈,了解老年人的生活习惯、健康状况和心理需求,从而开发出真正符合他们需要的产品。

2. 人性化设计原则　养老服务产品应注重人性化设计,方便使用,降低操作难度。考虑到老年人的视力、听力、肢体活动能力等身体功能下降的特点,产品的设计应尽可能适应老年人的生理和心理特点,提高产品的易用性和舒适性。

3. 科技创新原则　利用现代科技手段提升养老服务产品的技术含量,如智能家居、远程医疗、健康监测等。通过科技手段,实现对老年人生活照料、健康管理、安全保障等方面的全方位支持。

4. 多元化服务原则　针对不同年龄段、健康状况和生活环境的老年人,提供多元化的养老服务产品。从基础的生活照料到专业的医疗护理,从集体生活到个体独立,满足不同老年人的个性化需求。

5. 安全性原则　养老服务产品的安全性至关重要。应确保产品的使用过程对老年人的人身安全和财产安全不构成威胁。同时,提供完善的服务保障体系,确保老年人得到及时有效的服务支持。

6. 持续改进原则　养老服务产品的研发是一个持续改进的过程。应通过用户反馈和产品使用情况,不断优化产品的功能和服务,提高老年人的满意度。同时,关注行业动态和政策变化,及时调整产品策略,以适应市场和社会的需求。

7. 遵循法律法规原则　在研发养老服务产品过程中,要严格遵守相关法律法规和政策规定,确保产品合法合规。例如,遵守《中华人民共和国老年人权益保障法》《中华人民共和国反不正当竞争法》等相关法律法规的要求,保护老年人的合法权益,确保市场的公平竞争。

（三）养老服务产品的选择

1. 选择养老服务产品应考虑老年人的实际需求　不同的老年人有着不同的生活习惯、健康状况和兴趣爱好,因此养老服务产品的选择应该根据老年人的个体差异进行定制。

2. 选择养老服务产品应注重品质和信誉　在购买养老服务产品时,应选择有品牌、有口碑、有资质的机构或企业,避免选择无证经营、价格低廉但服务无保障的产品。

3. 选择养老服务产品应考虑经济因素　不同档次、不同类型的养老服务产品价格差异很大,在选择养老服务产品时,应结合经济实力进行评估,可以通过比较不同产品的性价比来选择最适合的产品。

4. 选择养老服务产品应注重灵活性和可调整性　随着年龄的增长和健康状况的变化,

笔记栏

老年人的需求也会随之改变。因此,在选择养老服务产品时,应注重产品的灵活性和可调整性,以便应对未来可能的变化。

5. 选择养老服务产品应关注可持续性和社会责任 可持续性意味着养老服务产品不仅要满足当前老年人的需求,还要考虑到未来老年人的需求及环境的保护。

(四) 养老服务产品的评价

1. 科学性原则 科学性原则是养老服务产品评价的首要原则。评价过程应遵循科学的方法和程序,以客观、准确的数据为基础,确保评价结果的客观性和公正性。同时,评价方法的选择也应根据具体的产品特点和服务对象进行科学的设计,以提高评价的针对性和有效性。

2. 实用性原则 实用性原则要求养老服务产品的评价应注重实际应用效果。评价过程中应充分考虑产品的实际使用场景和服务对象的实际需求,确保产品在实际使用中能够发挥其应有的作用。同时,评价结果应具有可操作性,能够为改进产品和服务提供具体的指导。

3. 全面性原则 养老服务产品的评价应综合考虑产品的各个方面,评价过程应涵盖产品的安全性、舒适性、便利性、可持续性等方面,确保对产品进行全面的评估。评价结果应能够反映产品的整体性能和优缺点,以便为使用者提供全面的参考信息。

4. 可持续性原则 可持续性原则要求对养老服务产品的评价应注重环境保护和资源利用的可持续性。评价过程应考虑产品的环保性能、资源消耗、可回收利用等因素,以促进养老服务行业的可持续发展。同时,评价结果应能够为提高产品的环保性能和资源利用效率提供有益的指导。

5. 人性化原则 人性化原则要求对养老服务产品的评价应关注服务对象的体验和感受。评价过程应充分考虑老年人的心理、生理和行为特点,以及他们的需求和期望。在评价过程中,要始终坚持"以老年人为中心"的理念,关注老年人的实际需求和感受,确保养老服务产品真正符合老年人的需求。

6. 标准化原则 标准化原则要求养老服务产品的评价应遵循统一的标准和规范。评价过程应遵循国家和行业的相关标准和规范,以确保评价的规范性和一致性。同时,评价指标和标准的制定也应遵循标准化原则,以确保评价结果的可靠性和可比性。通过标准化原则的实施,可以有效地提高养老服务产品的质量和评价水平,推动行业的健康发展。

(五) 养老服务产品管理措施

1. 制定详细的管理规定和操作流程 养老服务产品的管理应明确各项原则的具体要求和实施细则,为实际操作提供指导和依据。

2. 加强培训和教育 养老服务产品的管理应提高养老服务从业人员对管理原则的认识和理解,增强其执行力和责任感。

3. 建立监督和评估机制 应定期对产品的管理情况进行监督和评估,发现问题及时整改。

4. 加强沟通与协作 应加强与相关方(如政府部门、行业协会、用户等)的沟通与协作,共同推动养老服务产品的持续改进和发展。

5. 创新激励机制 鼓励和支持企业、研究机构等开展养老服务产品创新,为其提供必要的政策支持和资源保障。

6. 建立健全法律法规和行业标准体系 通过完善相关法律法规和行业标准,为养老服务产品的研发、选择、评价和管理提供有力保障。

知识链接

中共中央办公厅 国务院办公厅印发《关于推进基本养老服务体系建设的意见》——提高基本养老服务供给能力

设区的市级以上地方政府应当将养老服务设施(含光荣院)建设纳入相关规划,结合当地经济社会发展水平、老年人口状况和发展趋势、环境条件等因素,分级编制推动养老服务设施发展的整体方案,合理确定设施种类、数量、规模以及布局,形成结构科学、功能完备、布局合理的养老服务设施网络。各地新建城区、新建居住区要按标准和要求配套建设养老服务设施;老城区和已建成居住区要结合城镇老旧小区改造、居住区建设补短板行动等,通过补建等方式完善养老服务设施。政府投入资源或者出资建设的养老服务设施要优先用于基本养老服务。发挥公办养老机构提供基本养老服务的基础作用,研究制定推进公办养老机构高质量发展的政策措施。保障特困人员供养服务机构有效运转。到 2025 年确保每个县(市、区、旗)至少有 1 所以失能特困人员专业照护为主的县级特困人员供养服务机构。光荣院在保障好集中供养对象的前提下,可利用空余床位为其他无法定赡养人、扶养人或者法定赡养人、扶养人无赡养、扶养能力的老年优待抚恤对象提供优惠服务。鼓励支持党政机关和国有企事业单位所属培训疗养机构转型为普惠型养老服务设施。提升国有经济对养老服务体系的支持能力,强化国有经济在基本养老服务领域有效供给。

（李艳春）

复习思考题

1. 结合实际谈一谈养老服务资源在养老服务提供中的作用。
2. 如何保障养老服务设备使用的安全性?
3. 如何选择适当的养老服务产品?

ER-11-2

扫一扫
测一测

◆◆◆ 第十二章 ◆◆◆

养老服务质量与安全管理

📝 学习目标

知识目标

掌握养老服务标准化体系的建设要素、养老服务质量管理方法,了解养老服务标准化体系建设的内涵。

能力目标

了解我国养老服务标准化建设主要存在的问题,熟悉养老服务质量管理的基本方法与重点环节及养老服务常见安全问题。

素质目标

把握养老服务标准化体系建设的意义,体会养老服务质量管理的重要性,具备养老服务安全管理思维。

思政目标

树立标准意识,提高风险防范意识。

学习要点

1. 养老服务标准化体系的模型与框架构建要素。

2. 养老服务质量管理的原则与方法。

3. 养老服务安全管理原则与安全管理方法。

第一节 养老服务标准化体系建设

一、养老服务标准化体系建设内涵

标准化是维护服务对象权益、提升管理水平与服务质量的重要手段。建立科学合理的养老服务标准化体系,是推进养老服务标准化建设的基础工作。

(一)养老服务标准的内涵

养老服务标准是养老服务活动中的基准、协议、技术规范、规范性文件、法律法规等内容的集合。养老服务是政府和社会为公众提供的重要服务项目,关系到老年人的健康和生命财产安全,是特殊的社会福利服务产品。建立养老服务标准化体系是提高养老服务质量和服务管理水平的重要手段。

(二)养老服务标准化建设的意义

1. 标准化是实行养老服务科学管理的基础 科学技术的迅速发展驱使养老服务中的

劳动分工越来越细,技术要求越来越强。因此要求养老服务制定并严格执行各种标准,以使在技术和管理上保持高度的协调和统一。

2. 标准化是提高养老服务质量的保障　服务质量是养老服务的灵魂所在,服务质量特性用语言加以表述就形成了标准,标准就是衡量服务质量特性的主要依据,也是提高养老服务质量的保障。

3. 标准化是实现养老服务发展的前提　标准是各种先进经验的结晶,标准化是推广经验、技术、科研成果的桥梁。通过制定标准,有助于实现资源的可持续发展,使有限的养老服务资源得到充分利用。

(三)养老服务标准化体系的建设要素

养老服务标准化体系是通过对养老服务行业发展中相互关联、相互作用的标准化要素进行识别和搭建形成的有机整体,是标准级别、标准分布领域和标准类别相配套的协调统一体系。其建设要素主要包括以下几点。

1. 建设依据　养老服务标准化体系的构建依据以法律法规、政府规范性文件及相关规划及标准为主,具体如下。

(1)在法律法规方面,养老服务标准化体系建设依据主要包括《中华人民共和国标准化法》和《中华人民共和国老年人权益保障法》等。

(2)在政府规范性文件方面,养老服务标准化体系构建的主要依据包括《国务院关于加快发展养老服务业的若干意见》(国办发〔2013〕35号)和《国务院关于印发深化标准化工作改革方案的通知》(国发〔2015〕13号)等。

(3)在相关规划及标准方面,养老服务标准化构建的主要依据包括《中华人民共和国国民经济和社会发展第十四个五年规划和2035年远景目标纲要》《"十四五"国家老龄事业发展和养老服务体系规划》《"十四五"民政事业发展规划》《国民经济行业分类》《标准体系构建原则和要求》《居家养老上门服务基本规范》《养老机构康复服务规范》等。

2. 建设原则　建设养老服务标准化体系应遵循以下三大原则。一是全面、系统、协调。系统梳理养老服务各领域、各要素,构建结构完整、内容全面、层次清晰的标准体系。二是开放、兼容、完善。保持体系的开放性和可扩充性,根据养老服务的发展变化,适时调整优化。三是适切、超前。优先制定基础通用、行业急需和支撑保障类标准,标准体系建构和标准制定要结合行业发展需要适度超前,不断提高标准体系的引导性与适用性。

3. 建设方法　养老服务标准化体系的建设过程中,需根据行业发展现状、机构内部发展规划和标准化目标、自身服务功能定位、老年人需求等,建立以机构标准为主体的标准化体系。可将分类法和过程法相结合,通过对养老服务行业标准化对象进行分析研究,形成一系列养老服务行业标准体系开发方法,以此构建养老服务行业标准体系。

4. 建设因素　结合我国养老服务发展的实际情况,可从老年人能力状况、养老形式、养老服务、养老管理四个维度,确定养老服务标准体系,图12-1为养老服务标准化体系构成因素。第一个维度A为老年人能力程度。养老服务以需求为导向,不同自理程度的老年人需要不同的养老服务,老年人按照自理程度可分为自理老年人、部分自理老年人、完全不自理老年人三类。第二个维度B为养老形式。按照我国养老服务体系的构成,养老服务形式可分为家庭养老、机构养老和居家社区养老三类。第三个维度C为养老服务。包括养老服务中涉及的各类服务项目、领域、类型。第四个维度D为养老管理。包括养老服务中涉及的人员、场所、设施、安全等各类管理要素。

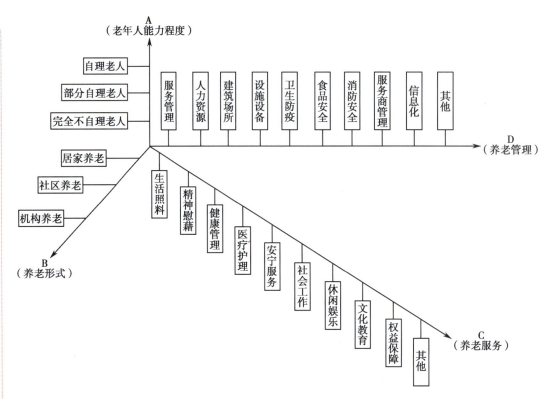

图 12-1　养老服务标准化体系构成因素

（四）养老服务标准化体系的模型构建

1. 分布领域　关于标准化体系总体结构的规定,按照立足我国实际、适当参考国际的原则,可将养老服务行业标准划分为"基础通用标准""服务管理标准"及"支撑保障标准"三大领域。①基础通用标准:指在养老服务领域被广泛使用,并具有一定指导意义的标准。②服务管理标准:指按照养老服务提供的地点及方式不同进行区分,主要包括家庭管理标准、机构管理标准和居家社区管理标准三类,用于规范政府和社会力量为老年人提供养老服务的标准。③支撑保障标准:指用于支撑养老服务行业开展各项业务活动的标准。

2. 标准类别　从标准类别角度来看,养老服务行业标准体系应包括四类标准。①服务标准:以服务对象为核心,制定针对服务对象、服务岗位、服务方式、服务内容的各项养老服务工作标准。②管理标准:针对养老服务行业中需要协调统一的管理事项制定的标准。③技术标准:针对养老服务行业标准化领域中需要协调统一的技术事项制定的标准。④产品标准:针对支撑养老服务行业发展的硬件产品制定的标准。

3. 标准级别　从标准级别角度来看,养老服务标准化体系由国家标准、行业标准、地方标准、企业标准四类标准组成。①国家标准:针对需在全国范围内统一的技术要求,应制定国家标准。②行业标准:对于没有国家标准而在养老服务行业中需要统一的技术要求,应制定行业标准。③地方标准:除国家标准与行业标准之外,可在充分考虑地方发展现状和地方养老产业链结构的基础之上,制定地方标准。④企业标准:养老机构可针对本单位的管理与服务需求,开展标准化建设工作,而制定企业标准。

4. 标准约束力　从标准约束力角度来看,养老服务标准化体系由强制性标准和推荐性标准两类组成。强制性标准要求所有相关方必须严格遵守,而推荐性标准则鼓励各相关方积极遵守。作为服务类标准体系,养老服务行业标准体系应以推荐性标准为主,其中关于保障老年人身体健康、财产安全的内容则应制定强制性标准。

基于上述四个维度,可以搭建出如图 12-2 所示的养老服务标准化体系模型。该模型明确了建立养老服务标准化体系时应考虑的因素及其内在结构,是养老服务行业标准体系框架构建的基础。

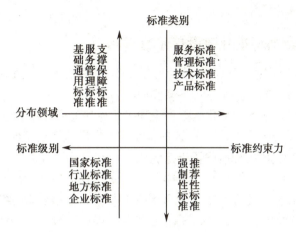

图 12-2　养老服务标准化体系模型

(五) 养老服务标准化体系的框架构建

　　按照《服务业组织标准化工作指南》中关于标准体系总体结构的规定,养老服务标准化体系包括通用基础、服务提供、支撑保障三个子体系。结合养老服务标准化体系的构建因素,可以搭建出如图 12-3 所示的养老服务标准化体系框架。

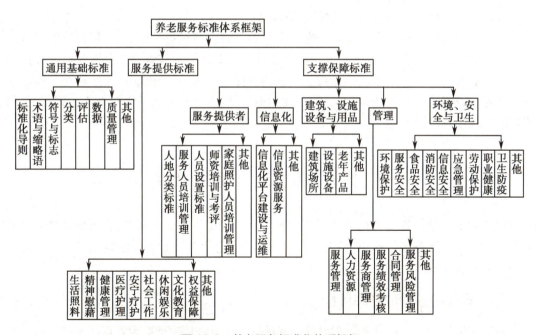

图 12-3　养老服务标准化体系框架

　　1. 通用基础标准　通用基础标准是指在养老服务范围内被其他标准普遍使用、具有广泛指导意义的标准,包括标准化导则、术语与缩略语、符号与标志、分类、评估、数据、质量管理等。

　　2. 服务提供标准　服务提供标准是指涉及养老服务的具体内容及事项。根据老年人的不同服务需求,服务提供标准包括生活照料服务标准、精神慰藉服务标准、健康管理服务标准、医疗护理服务标准、安宁疗护标准、社会工作服务标准、休闲娱乐服务标准、文化教育服务标准、权益保障服务标准等。

3. 支撑保障标准　支撑保障标准是指养老服务行业组织为支撑养老服务有效提供而制定的规范性文件,包括服务提供者标准,管理标准,信息化标准,建筑、设施设备与用品标准,环境、安全与卫生标准等。

二、我国养老服务标准化建设存在的不足

近年来,我国正在加快养老服务标准化建设工作,但仍有不少困难和问题。

(一) 理论研究相对滞后,顶层设计不够突出

目前,我国对于养老服务标准化基础理论和工作方法的研究还不够深入,缺乏对重要领域国际标准的持续跟踪,缺乏顶层设计,这些都制约了标准化建设工作的开展。

(二) 标准体系尚未确立,标准质量仍待优化

我国养老服务标准存在布局不均、结构不明、质量不高的情况,主要体现在:从分布领域来看,现有的养老服务行业标准主要侧重于机构养老服务;就标准类型而言,现有的标准主要侧重于管理和技术方面,国家层面的养老服务标准相对较少;在标准层次方面,国家标准大多还在研发中,现有养老服务行业标准布局不够均衡、结构不够科学。

(三) 技术组织人才匮乏,专项资金无法支撑

养老服务行业标准化建设具有专业涵盖面广、业务类型复杂、工作零碎烦琐等特点,而且专业化队伍不够稳定,人员流失较大,现有的标准化技术组织和人才队伍难以有效支撑养老服务行业标准化建设工作,亟须进一步壮大我国养老服务行业标准化技术组织,培养一批既懂专业又懂标准化的复合型人才。

(四) 贯标措施难以到位,执行过程缺乏监督

标准的执行情况是决定标准是否有生命力的关键。贯标更重于制标,但现有的标准缺乏科学性和可操作性,实施难度较大。由于在具体的养老服务和管理方面都是以推荐性标准为主,强制性国标较少,因此标准在执行过程中弹性过大、无法落实的现象普遍存在。这不利于监督养老服务标准的执行,导致多数标准形同虚设,养老服务无法真正做到规范,养老服务质量难以得到提高。

第二节　养老服务质量管理

科学先进的质量管理方法和技术及服务质量的管理是提供高水平、高质量养老服务的保障。结合养老服务工作的内容和性质,本节围绕养老服务质量管理的目标、原则、方法及其相关因素展开阐述。

一、养老服务质量管理目标

养老服务质量管理的目的是实现服务质量目标。质量目标是质量管理体系评价的主要依据,也是质量管理体系的重要组成部分。质量目标应是可检查、可量化与可实现的,而不能流于形式。对此,养老服务应制定与社会经济发展水平相适应、能满足老年人养老服务需求、能提升老年人生活质量的养老服务质量管理目标,养老服务质量管理目标的制定应围绕以下两点展开。

(一) 以服务需求为导向

针对不同老年人的养老服务需求,提出相应的服务质量目标。如为生活无法自理的高

龄、独居、失能等老年人提供家务劳动、家庭保健、送饭上门、无障碍改造、紧急呼叫和安全援助服务等，针对这些服务，结合实际情况提出服务质量目标。

（二）以老年人个体为导向

在详细了解老年人的需求及身体状况，特别是需求是否具有特殊性后，制定出具有针对性、可操作性的服务质量目标。同时，根据现有的服务模式对老年人及其家属的个别要求进行比对，当所能提供的服务无法满足老年人及其家属需求，或发现自身能力与服务需求之间存在差距时，应与老年人及其家属协商制定切实可行的质量目标。

二、养老服务质量管理原则

质量管理首先要明确质量管理原则。依据国际标准化组织制订的 ISO 9001 质量管理体系认证标准，养老服务质量管理原则具体可分为以下八项。

（一）顾客导向

老年人是养老服务行业最主要的顾客与服务对象，顾客的满意是养老服务质量管理的最终目的。老年人的要求是持续提高、不断变化的，相关机构组织应当充分理解老年人当前与未来的需求，不断改进，持续满足并提供超过老年人期望的服务质量，提高老年人的服务满意度。

（二）领导作用

在养老服务质量管理中，领导者的职责是建立组织质量方针和质量目标。通过确定实现质量方针和质量目标的措施及确定质量体系持续改进措施，确保整个组织关注老年人及其家属需求，确保能够有效地实施和维持养老服务质量管理体系，以及确保配置适宜和必要资源以便于更好地服务于老年人及其家属。

（三）全员参与

养老服务从业人员大多是社工与养老护理员，目前我国该群体的职业素质普遍不高、社会地位低、待遇差、工作时间长，从而导致群体流动性大，机构极易面临人员缺失的困境。在机构服务质量管理过程中，一定要重视人的作用，识别员工在获得承认、工作满意、能力及知识发展等方面的需求和期望，调动其积极性和参与性，引导该群体参与质量管理过程，从而使质量管理成为全员自觉自愿的行为。

（四）过程方法

养老服务的质量管理是通过对内部的各种过程进行管理来实现的。系统地识别和管理各种在组织内采用的过程，特别是过程之间的接口和相互作用，被称为"过程方法"。过程方法能够对每个过程都给予恰当的考虑和安排，有效降低成本、节省资金、缩短周期、防止失误，从而提高过程效率。因此，养老服务质量管理应坚持"过程管理"原则，对服务质量产生、形成和实现的各个环节都充分重视，防患于未然。管理的过程方法侧重于研究单个过程，即过程的输入活动、输出活动、所需资源，以及与相关过程的关系。管理的过程方法可视为管理的系统方法的基础。

（五）系统方法

过程是质量管理体系的构成要素，是指将养老服务质量管理内部相互关联的过程作为系统加以识别、理解和管理，有助于提高养老服务质量管理的有效性和效率。这是一种养老服务管理的系统方法，它不仅能够提高过程能力及服务质量，还能够为持续改进打好基础，最大限度地实现预期的结果。管理的系统方法侧重于研究若干个过程乃至过程网络组成的体系（系统），以及体系运作如何有效地实现质量目标。管理的系统方法是将相关若干个有效运作过程构筑成一个有效运行体系，从而高效地实现质量目标的方法。

(六) 持续改进

持续是指过程的改进是渐进的。改进应立足于改进服务质量、过程及质量体系的有效性和效率。持续改进旨在不断提高质量。只有持续改进,才能确保养老服务质量管理体系的动态发展,为老年人提供更高质量的服务,使老年人更加满意。持续改进也是养老服务质量管理的永恒目标。

知识链接

六西格玛(six sigma)是一种管理方法和质量改进体系,旨在减少组织过程中的变异性,目标是通过减少缺陷和错误,将过程的性能提高到接近完美的水平。六西格玛的主要方法论是 DMAIC(define、measure、analyze、improve、control)方法,适用于养老服务质量管理工作。

1. 定义(define)　辨认需改进的产品或过程,确定项目所需的资源。
2. 测量(measure)　定义缺陷以收集此产品或过程的表现作底线,建立改进目标。
3. 分析(nalyze)　分析在测量阶段所收集的数据,以确定一组按重要程度排列的影响质量的变量。
4. 改进(improve)　优化解决方案,确认该方案能够满足或超过项目质量改进目标。
5. 控制(control)　确保过程改进一旦完成能继续保持下去,而不会返回到先前的状态。

(七) 基于事实的决策方法

事实和数据是判断质量和认识质量形成规律的重要依据,对数据和信息的逻辑分析和直觉判断是有效决策的基础。科学的决策应建立在现实工作的数据采集和信息分析的基础上,集计算机技术、通信技术和管理科学于一体的养老服务信息化管理系统是基于事实决策的最好工具。养老服务管理者可以通过信息平台提供的数据分析,对服务工作中存在的问题进行及时分析、处理和改善,还可以借助该系统实时监控养老服务状况和老年人需求变化,进行重大问题或事件的决策。

(八) 与供方的互利关系

任何一个机构都有其供方或合作伙伴,而且机构与供方之间是相互依存、互利的关系。供方或合作伙伴提供了高质量的产品或服务,则机构为顾客提供高质量的产品或服务就有了保证;机构与供方的良好合作交流,不仅能优化成本和资源,还能迅速应对市场需求变化,最终增强双方创造价值的能力,同时获得效益。供方向养老服务机构提供的服务是机构服务提供过程的重要输入,养老服务需求的增多也带动了供方提供更多的服务,双方互利互惠。

三、养老服务质量管理方法

(一) 建立健全质量管理机构

质量管理机构担负有关质量管理职能的工作,负责该机构或组织服务质量方针、目标的设计和制定工作,建立健全质量管理制度、保障机制,提出相应的实施措施,具体承担养老服务质量的组织、实施、评估、监督和管理工作。

（二）完善质量管理制度

质量管理制度是质量管理的基础和保障。完善的质量管理制度应包括各项规章制度、各级人员岗位职责（表 12-1）、各种操作规程、各类工作质量标准和质量评价标准（表 12-2）等。只有在质量管理过程中遵循这些规定，才能使管理科学化和规范化。

表 12-1　养老服务人员（医务人员）岗位职责示例

岗位	岗位职责
医务人员	1. 全面负责老年人的医疗保健工作 2. 认真执行各项规章制度和技术操作常规 3. 对新入住老年人在 48 小时内进行体检，书写入院病历，并将检查出的情况、处理意见告知老年人及其家属 4. 对入住的每一位老年人建立健康档案 5. 定时巡视老年人，全面了解每位老年人的身体、精神状况。必要时通知家属，根据老年人的实际情况给予治疗，根据病情及时进行会诊、转院。老年人外出就诊时帮助联系相关医院，并和护理员陪同老年人去医院，负责介绍病情。对不积极转医院治疗的老年人，及时与家属交流并做好书面记录 6. 对有安全隐患的老年人，及时与家属沟通并做好记录，指导护理人员做好安全防范工作 7. 积极参与伙食管理，指导制定营养菜谱和各种疾病保健食谱 8. 组织老年人每年进行一次体检 9. 指导、督促护理员做好卧床老年人的皮肤护理工作，预防压疮的发生 10. 做好药品的保管和管理工作，做到送药到手，对思维不清的老年人应督促其将药服下后再离开 11. 随时了解老年人的生活、思维状况，宣教保健知识，进行心理交流 12. 组织老年人开展各项保健、娱乐活动，进行康复训练 13. 了解老年人和家属对工作的意见、建议，协助上级做好管理工作

表 12-2　养老服务（助急）标准示例

服务内容	服务要求
助急	1. 危及老年人生命的紧急救助服务，必须立即转介至市公共救助服务热线（110、120、119等），转介服务者应全程与救助中心和受助对象保持实时联系，为救助中心提供相关信息 2. 呼叫器、求助门铃、远红外感应器等安全防护器材应符合国家规定，不仅要质量好，其功能也要符合老年人的特点和需求 3. 其他不含涉及老年人生命的日常生活中的救急服务，由养老服务机构直接提供或转介服务，按老年人要求排忧解难

（三）推行服务质量目标管理

目标管理是以目标为导向，以人为中心，以成果为标准，使组织和个人取得最佳业绩的现代管理方法。

1. 目标管理的主要特点　目标管理强调根据既定的目标进行管理，养老机构自上而下地确定工作目标，个体职工则要积极参与，并在工作中实行"自我控制"、保证目标的实现。其主要包括以下几个特点。

（1）重视目的：强调活动的目的性，重视未来发展研究和目标体系的设置。

（2）强调整体和统一：强调用目标来统一和指导全体员工的思想和行动，以保证组织的整体性和行动的一致性。

（3）系统管理：强调根据目标使管理过程、员工、方法和工作安排都围绕目标运行。

（4）重视员工的参与：强调发挥人的积极性、主动性和创造性，按照目标要求实行自主管理和自我控制，以提高员工适应环境变化的能力。

（5）重视成果：强调根据目标进行绩效考核，以保证管理活动获得满意效果。

2. 目标管理的具体步骤

（1）建立目标体系：实行目标管理，首先要建立一套完整的目标体系，这是目标管理最重要的阶段。目标的设置总是从组织的最高主管部门开始，自上而下逐级确定。

（2）明确责任：目标体系应与组织结构相吻合，从而使每个部门都有明确的目标，每个目标都有明确的负责人。机构领导根据下达的目标责任分解到各部门或各科室，由领导者与部门或科室负责人签订目标责任书，责任书内容包括年度（或季度、月度）经济责任指标、床位利用率、服务质量、老年人的满意度、差错与事故控制、能耗与物资消耗等指标。各科室负责人还可以把科室目标进一步分解到住区或班组，形成层层工作有目标责任、层层抓目标落实的局面。各级领导考核下属部门的目标完成情况，以此决定各部门的工作业绩及工作分配、奖金发放和年度评优奖励。

（3）组织实施：目标管理重视结果，领导在目标实施过程中的管理是不可缺少的。主要表现：进行定期检查，利用双方经常接触的机会和信息反馈渠道自然地进行；向下级通报进度，便于互相协调；帮助下级解决工作中出现的困难和问题，当出现意外或不可预测事件且严重影响组织目标实现时，可以通过一定的手续，修改原定的目标。

四、养老服务质量管理重点环节

（一）评估评审环节

评估与评审环节主要包括合同评审、健康评估、供方评估和管理评审四个环节，每个环节都有其评估与评审重点，应当主要关注以下几个方面。

1. 合同评审　正式决定为老年人提供服务后，应当签订协议，详尽规定双方的权利义务；应当对合同履行情况定期进行评审，确保合同的有效性。

2. 健康评估　对接受服务老年人的健康评估一般以一年为一个周期（也可根据实际情况进行调整），通过健康评估，甄别老年人健康状况，确定照护等级并确定是否需要调整服务或护理方式。同时，对不同时期老年人的健康需求做出新的判定。

3. 供方评估　采购养老服务各种产品时，对采购产品的生产厂家、产品质量、价格、供货时间等进行市场调查和比对，评定出合格供方，建立并保存合格供方的质量记录。

4. 管理评审　由管理者代表定期组织管理层对质量管理体系的持续符合性、充分性和有效性进行评审，并对养老服务持续改进、预防纠正措施的落实情况展开复核。

（二）与服务对象沟通环节

以多种方式和途径与老年人及其家属保持充分的沟通，沟通的形式可以根据老年人自身情况进行多样化选择，包括针对性恳谈、召集座谈会及进行满意度测评等。沟通的作用在于了解老年人的需求情况，同时也加强与老年人的情感联系，增强老年人的被尊重感，从而建立老年人对养老服务提供方的信心。

（三）人力资源与基础设施环节

在养老服务的人力资源配置上，应充分考虑岗位设置的科学性与人员配置的合理性。管理层应当重视下属员工是否能够满足服务所需。不断加大对基础设施的投入，改善养老服务的硬件条件，也是提高服务质量的重要举措。

（四）质量改进环节

质量改进环节主要包括遵守标准、持续改进、对重复出现的不合格或不达标问题予以改进、纠正措施及预防措施四个环节。每个环节都有其相应要求，应当关注以下几个方面。

1. 遵守标准　以国家方针、政策为标准，在养老服务实施过程中，一旦出现不合格现象或不符合标准要求的问题,必须立即予以改进,同时要分析原因、采取措施,防止该类问题再次发生。

2. 持续改进　持续改进不仅是养老服务质量管理原则之一,也是养老服务质量管理流程的质量改进环节应当重点关注的问题。质量的核心是满足需要,任何机构不可能也做不到完全反映并满足需要。问题是始终存在的,质量改进也就永无止境,应按照"策划—实施—检查—改进"管理模式周而复始地运作。

3. 对重复出现的不合格或不达标问题予以改进　应采取以下步骤予以改进:①找出不合格或不达标的原因;②针对分析得出的相关原因,提出改进意见或建议;③组织改进活动并验证改进效果;④改进效果显著则巩固,不显著则应重复以上三个步骤,直到获取可观的改进效果。

4. 纠正措施及预防措施　纠正措施是指为了消除现存问题所采取的措施,养老机构应采取措施,消除不合格服务产生的原因,防止不合格服务的重复出现。预防措施是指为了消除潜在隐患所采取的措施,养老机构应确定并记录预防措施的结果,并评价其有效性,保证各项措施切实起到预防不合格服务产生的作用。

第三节　养老服务安全管理

安全管理是养老服务管理的一个重要组成部分,它是以保护老年人安全为目的,履行有关安全管理工作的方针、决策、计划、组织、指挥、协调、控制等职能,合理有效地使用人力、财力、物力、时间和信息,为达到预定的安全防范目的而进行的各种活动的总和。

一、老年人常见安全问题与影响因素

安全,就是指平安、无危险、不受威胁、不出事故。养老服务的安全贯穿于养老服务活动的各个环节,包括饮食安全、住宿安全、交通安全、医疗安全、娱乐安全等。养老服务的对象是老年人,他们是疾病的高发人群,自理能力差,反应速度慢。所以,在养老服务过程中,存在安全问题多、管理难度大等问题。

(一) 老年人常见安全问题

1. 跌倒或坠床　老年人最为常见的意外安全伤害事件是跌倒后骨折。据统计,跌倒后骨折占养老机构常见意外伤害事件的 70%~80%。在养老院中,老年人的意外伤害与环境设施关系密切,34% 发生在上下床过程中,20% 发生在浴室,7% 发生在坐下起立过程中;有80% 以上的跌倒发生在夜间。除此之外,老年人会因平衡感觉的减退、纠正失衡自控力减弱、环境的改变等因素发生坠床,坠床也易造成老年人发生骨折。

2. 呛噎、误吸或误服　老年人会厌反射功能降低,咽缩肌活动减弱,容易产生吞咽困难、进食饮水呛咳;老年人视力、智力也出现不同程度的减退,常造成呛噎、误食误吸的发生;脑卒中后遗症老年人,因为疾病影响吞咽功能而易发生噎食。老年人短程记忆力欠佳,易误吸、误服各种药物。如用药剂量不正确、服用不明的院外私带药物,特别是服用抗高血压药物、降血糖药或注射胰岛素、服用镇静安眠药的老年人,误服药物和药物不良反应致害的风险性更大。

3. 皮肤损伤　常见于由于疾病的原因长期卧床的老年人,他们自主活动能力差,极容易引发压疮,其主要发生部位为尾骶部、足跟、臀部、肘部、耳郭等。老年人感觉迟钝,反应能力下降,在使用频谱照射仪、热水袋、电热毯等时容易发生烫伤;患有移动障碍的老年人在泡脚时,如果热水温度过高,也容易造成皮肤损伤。

4. 自杀或猝死　引发个体消极情绪的负性生活事件是导致老年抑郁症、自杀发生的重要危险因素。常见于有长期慢性疾病致身体疼痛,或受家庭矛盾影响,或带有厌世情绪等心理社会问题的老年人。除此之外,猝死常由老年人夜间突发心脏疾病引发,如患有冠心病、高血压、心律失常等疾病的老年人,往往因疾病发作突然,抢救无效而死亡。

5. 社会安全或医疗事故　主要包括火灾、触电、传染病、老年人外出交通意外等,工作人员欺负、虐待、谩骂老年人等侵犯老年人权益的行为也可能导致事故,且较容易引发矛盾和纠纷。老年人年老体虚,免疫能力较低,因个别工作人员工作上的不到位,有可能发生意外,如气管套管脱出、输液差错、错误用药、过量用药、误诊等医疗差错或医疗事故。

(二) 老年人安全影响因素

1. 老年人自身因素

(1)生理因素:老年人是发生意外伤害事件的高危人群。由于老年人生理性衰老,不可避免地存在着组织器官功能衰退,并且这种衰退还将随着年龄增长而更加明显,成为影响老年人晚年生活安全的最大因素。

(2)疾病因素:大多数老年人伴有各种类型的急慢性疾病,如脑血管病及后遗症、高血压、肺部感染、心脏病、糖尿病等。疾病加速了生理性衰老,意外伤害事件发生的概率剧增,如直立性低血压发作后跌倒、偏瘫老年人长期卧床引起压疮等。

(3)药物因素:某些疾病需要使用药物治疗,如老年人在服用抗高血压药、降血糖药、血管扩张药、强心剂、抗心律失常药时可诱发直立性低血压而致跌倒,特别是使用中枢神经系统的药物,如镇静药、催眠药、抗精神病和麻醉镇痛药等,可显著削弱老年人的认知能力、平衡能力、反应速度等,增加了意外损伤发生的危险性。

(4)社会心理因素:老年人由于心理和生理的老化,其承受和缓冲精神创伤的能力有所下降,特别是居住在养老机构的老年人,随着年龄的增加,面临较多的负性生活事件,如丧偶、收入减少、远离子女、失去亲人及患躯体疾病等。这会使其产生孤独、抑郁情绪,甚至出现轻生念头。

2. 工作人员的不安全因素　目前,我国养老服务人员主要以护工和养老护理员为主,其中部分人员没有经过专业培训或培训不够,缺乏相关理论和技能的学习,对老年人生理特点的认识和病理情况的判断、处理经验不足,对老年人安全指导知识知晓率较低。此外,责任心和安全意识、专业技能、服务态度也是影响安全的因素。

3. 管理的不安全因素　管理上的漏洞主要表现在制度不健全、管理不到位、不能保障老年人的入住安全,如养老机构的消防设施出现故障,在发生火灾时,老年人因逃生困难,造成一定的人员伤亡与财产损失等。部分养老机构存在资金与人员投入不足,也是管理过程中的不安全因素。

4. 环境设施的不安全因素　近年来,新建老年公寓、福利院不断增加,居室环境基本能达到住房和城乡建设部发布的《老年人照料设施建筑设计规范》要求,但城乡敬老院、部分养老机构由于历史原因和建设资金等瓶颈问题,导致设施陈旧简陋、设备老化、环境改造不彻底。其中主要存在的问题是地面湿滑或不平,走廊无扶手,房间里无床边呼叫器,没有求助门铃或电话等求助设施,夜间无地灯,浴室内无防滑设施等。

二、养老机构安全管理原则与方法

(一) 安全管理原则

1. 养老服务与安全管理统一的原则　安全管理寓于养老服务之中,并对养老服务的实施发挥促进与保证作用。安全管理是养老服务的重要组成部分,两者存在着密切的联系,养老服务与安全管理的目标、目的,表现出高度的一致和完全的统一。各级人员应明确养老服务安全管理责任,建立和落实各级人员安全管理责任制度。

2. 坚持安全管理的目的性原则　没有明确目的的安全管理是一种盲目的行为。安全管理的目的是对养老服务中的人、物、环境因素状态的掌控和管理,有效地控制人的不安全行为和物的不安全状态,以及环境中的不安全因素,消除或避免安全事故,最终实现保护老年人的安全与健康。

3. 预防为主的原则　安全管理的方针是"安全第一、预防为主"。进行安全管理不是处理事故,而是在养老服务过程中,针对养老服务活动的特点采取管理措施,有效地控制不安全因素的发展与扩大,把可能发生的事故消灭在萌芽状态,以保证老年人的安全与健康。

4. "四全"动态管理的原则　安全管理不是少数人和安全管理部门的事,而是一切与养老服务有关的人共同的事。缺乏全员的参与,安全管理就达不到较好的管理效果。所以安全管理强调的是全员参与管理,养老机构的工作人员要树立机构的安全事关全体员工的理念。安全管理涉及养老服务的方方面面,养老服务中必须坚持全员、全过程、全方位、全天候的动态安全管理。

5. 在管理中发展和提高的原则　安全管理是在变化着的养老服务活动中的管理,是一种动态的管理。安全管理要适应不断变化的养老服务活动,消除新的危险因素。同时需要不断地发现养老服务安全管理规律,总结管理办法与经验,从而不断提高养老服务安全管理水平。

(二) 安全管理方法

1. OEC 管理　OEC,其中"O"代表 overall(全方位),"E"代表 everyone(每人)、everything(每件事)、everyday(每天),"C"代表 control(控制)、clear(清理)。OEC 管理法也可以表示为日事日毕,日清日高。也就是说,当天的工作要当天完成,天天清理并且天天都有所提高。OEC 管理模式的本质就是将核心目标量化到人,将每一个细小的目标责任落实到每一个员工身上。在安全管理方面,OEC 管理法发挥着积极作用,将目标与责任落实到人,可实现安全管理的有据可循。该管理模式由三个体系构成,即目标体系、日清体系、激励机制。其主导思想是首先确立目标,而日清是完成目标的基础工作,日清的结果必须与正负激励挂钩才有效。

2. 安全质量管理监控　安全质量管理监控注重评估和识别风险,寻求意外事件发生的根源,因而防护措施有针对性。管理层重视提高护理员安全意识和评估能力,加强护理员的配置及老年人管理,注重前馈控制,防患于未然,因而可以降低老年人意外事件的发生率。加强安全质量监控,能提高老年人对养老服务工作的满意度。加强安全质量监控后,不断规范养老服务人员行为和改进养老服务工作流程,为老年人营造了更安全、更符合需要的生活环境和养老氛围。注重环节质量监控,重视记录,还可以预防因养老服务不当而引发的纠纷。

3. 安全事件的非惩罚性自愿报告制度　建立不良事件内部上报系统,实施安全事件的非惩罚性自愿报告制度,是基于先进安全文化的养老服务安全管理模式。实践证明,服务差错和不良事件报告系统能促进养老质量和老年人的安全。鼓励自愿上报"不良事件",无惩罚、无责备;建立不良事件上报的激励机制,鼓励上报的积极性,根据上报数量,行政管理部门给予养老服务人员个人或相关管理部门相应的物质和精神奖励。管理者应着眼于系统分析,避免对当事人单纯批评处罚,倡导主动报告服务过失和缺陷,使之形成风气,营造安全文化氛围,促进安全管理系统的持续质量改进。

4. SHEL事故分析法 SHEL事故分析法是由日本的医疗事故调查委员会提出来的,从系统论的角度分析主要包括软件(software,S)、硬件(hardware,H)、环境(environment,E)和人件(liveware,L)四部分。意外事故是养老服务过程中的一种失控现象,是安全管理缺陷造成的,它与人员素质、技术和管理水平密切相关,且受诸多因素的影响。需要分析和探讨意外事故发生的原因,从而制定相应的防范措施,以减少意外事故的发生。只有认真研究、查找造成当事人失误的原因,发现问题,才能找到避免事故发生的对策,减少意外事件的发生,从而真正全面提高安全管理水平。

（马小琴）

扫一扫
测一测

复习思考题

1. 你认为养老服务质量管理的重点是什么?
2. 你认为当前居家社区养老模式中存在何种安全隐患?
3. 养老服务质量管理中目标管理有什么特点?
4. 你认为我国养老服务标准化建设过程中存在的主要问题有哪些?

第十三章

养老服务信息管理

学习目标

知识目标

掌握养老服务信息化、养老服务信息系统管理平台、养老大数据等的基本概念,了解养老服务信息系统的构建,以及大数据视角下养老服务信息化发展策略。

能力目标

了解养老服务信息化内涵,能够制定养老服务信息化的方案。

素质目标

深刻把握养老服务信息化发展历程,体会养老大数据对于养老服务的重要意义,加深对养老服务信息管理的理解。

课程思政目标

理解信息化对养老服务管理的重要意义,树立拥抱技术进步、改进养老服务的理念。

学习要点

1. 养老服务信息化的内涵。

2. 养老服务信息系统管理平台功能。

3. 养老大数据管理系统布局关键要素。

第一节　养老服务管理信息化概述

一、养老服务信息化内涵

近年来,国家大力推动养老服务供给侧结构性改革,以提高养老服务水平,实现养老服务全面发展。在养老服务领域,数字化转型也在逐渐推进。

(一)养老服务信息化概念

养老服务信息化指运用互联网、智能电话、物联网等先进科学技术手段,以养老信息化管理平台采集数据为基础,建立系统服务与互动平台,为广大老年人群体提供更为便捷、更为高效、更高质量的养老服务方案。养老服务信息化利用信息、智能化养老服务平台,能有效整合各类资源,建立和完善养老服务体系——一个真正意义上的"没有围墙的养老家园"。

我国从 20 世纪 90 年代开始探索养老服务信息化建设,在上海、北京等老龄化趋势较明显的城市,养老信息化产品及服务有比较好的探索。例如上海的"5A5S5V""智慧养老社区"建设,养老服务信息化充分利用物联网(the internet of things)技术手段,跳出传统思维,通过自动感应设备、信息网络、智能通信,全方位地实现将各种感应设备和计算系统对接,使子女可以远程监测老年人的日常生活情况。

知识链接

上海"智慧养老社区"建设

上海"智慧养老社区"实践是采用了有效的信息技术,组建成物联感知、网络联系、智能运作和数据处理的多元化智能体系,形成了家庭、社区、机构和养老一体化的养老服务方案。通过整合社会资源,进行合理分配,提升老年人在生活、健康、文化、精神等方面的质量,更好地享受全方位的养老服务。这种全新、智慧化的方案可归纳为"5A5S5V"养老方案。"5A"指任何人(anyone)在任何时候(anytime)、任何地点(anywhere)使用任何方式(anyway)获得任何服务(any service);"5S"指微笑(smile)、快速(speed)、恳切(sincerity)、灵巧(smart)和钻研(study);"5V"指民生价值(valuable)、多种(various)、满富活力(vital)、品质化(vogue)、普适易达(versatile),也就是让老年人全天候得到养老服务。

(二) 养老服务信息化历程

养老服务信息化是一个不断发展和演进的历程,它伴随着信息技术的进步和社会老龄化趋势而发展。这一历程大致可以分为以下几个阶段。

1. 初始阶段　在初始阶段,养老服务信息化主要集中在基本的电子化数据管理上。这一阶段的主要目的是将传统的手工记录和纸质档案管理转变为电子化管理,以提高数据处理的效率和准确性。通过使用计算机和简单的数据库管理系统,养老服务机构能够更加便捷地存储、检索和使用人员信息、服务记录等数据。这为服务提供者提供了更加及时和准确的信息,有助于提高服务质量。

2. 探索阶段　随着互联网技术的迅速发展,养老服务信息化进入探索阶段。这一时期出现了许多基于互联网的养老服务管理系统和平台。互联网的普及使得信息的传递更加迅速和便捷,老年人和服务提供者之间的沟通渠道也得到了扩展。老年人可以通过网络预约服务、查询服务信息、在线反馈问题等,享受更加便利的服务体验。同时,服务提供者可以通过网络平台整合服务资源、优化服务流程、提高服务质量。

3. 发展阶段　进入 21 世纪后,随着大数据、云计算、物联网等新一代信息技术的发展,养老服务信息化进入发展阶段。这一时期,智能化、个性化的养老服务系统逐渐普及。物联网技术使得老年人健康状况、生活需求等信息的实时监测和传递成为可能。通过部署各种传感器、监测设备等物联网设施,养老服务机构可以实时收集老年人的相关数据,并进行分析和评估,为老年人提供更加精准和个性化的服务。同时,大数据技术的应用为养老服务机构提供了更深入的数据洞察和预测能力。通过对大量数据的分析,养老机构可以了解老年人的需求和行为模式,预测未来的服务需求和市场趋势,从而制定更加科学和有效的服务策略。

4. 创新阶段　近年来,随着人工智能技术的突破,养老服务信息化进入创新阶段。人工智能技术为养老服务信息化带来了更多的可能性。智能语音助手、智能家居等技术为老年人提供了更加便捷、高效的服务体验。智能语音助手可以帮助老年人进行语音交流、信息查询、在线预约等服务,解决了老年人打字困难、操作不便等问题。智能家居系统可以根据老年人的生活习惯和需求进行智能调节和控制,如自动调节室内温度、湿度、照明等,提高老年人的生活舒适度。

同时,人工智能技术还可以帮助养老服务机构提升服务质量、优化服务流程、提高运营效率。通过机器学习和深度学习等技术,人工智能可以对大量数据进行处理和分析,提取有用的信息和洞察。这些信息和洞察可以帮助养老机构更好地了解老年人的需求和行为模式,优化服务内容和流程,提高服务的精准度和满意度。同时,人工智能还可以协助机构进行决策分析、风险预警等工作,提高机构的运营效率和管理水平。

总体而言,养老服务信息化是一个不断发展的过程,随着技术的进步和社会老龄化趋势而不断演进。未来,随着技术的不断创新和普及,养老服务信息化将继续向更高层次发展,为老年人提供更加智能化、便捷化的服务体验。同时,养老服务信息化的发展也将推动整个养老行业的变革和创新,促进其可持续发展。

二、养老服务信息化管理分类

随着互联网、移动通信等新兴技术的快速发展,养老模式面临优化创新的需求。现代科技与养老行业的融合成为必然趋势,我国正积极探索新兴技术在养老服务中的应用。人工智能作为 21 世纪的前沿技术之一,其强大的计算能力和大数据优势在近年来取得了突破,能够替代人类进行高强度、高精度的工作,为养老服务提供新的发展途径。

(一) 居家社区养老信息化管理

人工智能居家社区模式,是将人工智能技术运用到居家社区服务中,它是一种以具有良好的学习能力和分析决策能力的人工智能系统为模型的核心控制中心,以具有网络互联功能的物联网装置为系统执行终端,与外部的养老服务资源相连接,并通过 5G 技术的高速、低延迟,将核心控制中心与执行终端连接起来,为老年人提供全面、便捷、快捷、准确的养老服务。它与"智慧家庭养老"有异曲同工之妙,不同的是,它是以人工智能为"大脑",将智能提升到了一个新的高度。

人工智能系统为老年人提供的养老服务主要有三个方面:一是人工智能系统的核心终端能够利用大数据、人机交互能力,提供相关知识、问题建议、精神慰藉等;二是通过连接机器人等智慧居家社区设备,为老年人提供室内环境调整、起居照料等相关服务;三是人工智能系统利用外接网络,将所需的外部养老服务资源进行匹配,传输所需信息,从而提供饮食、陪护、旅游等养老服务。

(二) 机构养老信息化管理

在机构养老中,通过可穿戴的设备,如智能手表、手环、拐杖等,实现对老年人的定位及一键呼叫。通过这些智能设备与基站之间的通信再加上智能管理软件的统筹、记录和判断等,养老机构管理人员可快速看到老年人的行动轨迹、异常信号等,以便于对紧急情况快速做出反应。利用智能血压仪、智能血糖仪等健康监测设备对老年人进行检测,检测结果可以直接上传至养老机构信息系统的数据库中并形成老年人的健康管理档案,机构的医护人员可根据健康档案数据对老年人做一些有针对性的护理,不仅提高了效率,还提升了准确性。

第二节　养老服务信息系统

一、养老服务信息系统管理平台

(一) 养老服务信息系统管理平台概念

养老服务信息系统管理平台是将养老服务与计算机网络、通信技术紧密结合而建立的综合信息服务系统。养老服务信息系统通过信息化管理平台将老年人日常生活需求、社区服务、社会服务提供商及政府监督、管理紧密联系起来，利用便捷的语音专线，依靠丰富的、有质量保证的服务机构体系、紧急救援响应机制、数字信息管理系统等多种功能模块，实现了"数网合一"。

养老服务信息系统管理平台是有效实现客户、服务资源共享，提高服务效率，优化服务质量的有力工具。以居家社区养老服务系统为例，包括老年人管理模块、服务商管理模块、服务派工模块、结算统计模块、监督评估模块等多个功能模块，根据政府管理部门的需求，可设置政府管理部门、管理员、服务商等多个登录端口及功能模块的使用权限。登录者通过登录各自终端，管理、统计相关信息。

(二) 养老服务信息系统管理平台特征

1. 实时性　通过实时数据采集和传输，平台能够及时获取老年人的健康状况、服务需求等信息，并快速做出响应。这有助于确保养老服务的及时性和有效性，提高老年人的满意度。同时，实时监控和预警功能可以及时发现异常情况，确保老年人安全并提供及时救助。实时数据分析则可以帮助机构及时了解服务运营情况，及时调整服务策略，提高服务效率和质量。

2. 智能化　借助人工智能技术，平台能够对大量数据进行处理和分析，提取有用的信息和洞察。这有助于机构更好地了解老年人的需求和行为模式，优化服务内容和流程，提高服务的精准度和满意度。智能推荐系统可以根据老年人的需求和偏好，为其推荐合适的服务内容和活动。自动化工作流程和智能决策支持则可以提高工作效率和准确性，减轻人工负担。

3. 个性化　平台充分考虑老年人的个性化需求，提供定制化的服务和管理方案。通过智能化的分析和推荐，平台能够根据老年人的实际情况，提供更加精准和个性化的服务。这有助于满足老年人的生活需求和心理需求，提高其满意度和归属感。个性化界面和定制报告则可以提供更加贴心和便捷的用户体验。

4. 安全性　平台采用加密技术和安全传输协议，确保数据在传输和存储过程中的安全。严格的访问控制和权限管理可以防止未经授权的访问和数据泄露。同时，定期的数据备份和容灾恢复计划可以确保数据的可靠性和完整性。这些措施可以保护老年人的隐私和权益，同时确保服务机构运营的稳定性和持续性。

5. 可扩展性　随着技术的不断发展和市场的变化，养老服务机构需要一个具备良好扩展性的管理平台。平台采用模块化设计，可以根据机构的需求灵活添加或删除功能模块，实现功能的定制化和扩展性。同时，平台支持与其他系统的集成，可以实现数据的共享和整合，提高工作效率和信息的一致性。这有助于养老服务机构适应市场变化和技术发展，满足不断增长的业务需求。

(三) 养老服务信息系统管理平台功能

养老服务信息系统管理平台通过整合机构与社区的功能，实现服务的高效管理、老年人的健康管理、人员合理调度及基于数据分析的决策支持，共同为老年人提供更加全面、连续和优质的服务。以下是养老服务信息系统管理平台四大功能。

1. 服务管理　养老服务信息系统管理平台的服务管理功能不仅针对机构内的服务进行高效安排和监控,还与社区服务进行整合。通过该功能,机构能够与社区密切合作,共同提供连续性的养老服务。同时,服务管理功能还包括对服务质量的持续监控和评估,以确保服务水平的一致性和不断提升。

2. 健康管理　健康管理功能不仅局限于机构内部,而且与社区健康服务进行整合。通过与社区医疗机构合作,平台能够为老年人提供更为全面的健康管理和关怀服务。机构和社区共同监测老年人的健康状况,提供必要的医疗支持和健康指导。这有助于提高老年人的生活质量,减少医疗负担,保障老年人的健康。

3. 人员管理　人员管理功能不仅针对机构内的人员进行调度和分配,还涉及与社区的合作。机构可以与社区志愿者团队合作,共同为老年人提供服务。平台支持对志愿者进行培训、管理和调度,确保他们能够提供专业、贴心的服务。

4. 数据分析与决策支持　数据分析与决策支持功能不仅关注机构内部的数据,还整合了社区的数据进行分析。通过对机构和社区收集的大量数据进行综合处理和分析,平台能够为机构和社区共同提供有价值的洞察和预测。这些数据可以帮助双方了解服务运营情况、市场需求趋势等,共同制定更为合理、有效的服务策略。同时,平台还支持数据可视化、报表生成等功能,使数据分析更加直观和便捷。通过数据分析与决策支持功能的运用,机构和社区能够更好地把握市场动态和老年人需求,进一步优化服务内容和服务方式,提高整体运营效率和竞争力。

二、养老服务信息系统构建

构建一个成功的养老服务信息系统需要从多个方面进行综合考量,包括流程构建、功能构建和硬件构建。这三个方面相互关联,共同决定了平台系统的服务质量和用户体验。流程构建是系统运作的基础,它涉及服务的整体运作流程,需要制定标准化的服务流程和规范的操作标准。功能构建是系统的核心,直接关系到能否满足老年人的实际需求,需要深入了解老年人的需求和偏好,提供个性化的服务。硬件构建是系统的支撑,涉及系统的稳定性和可靠性,需要关注设备的兼容性、数据的安全存储和备份等硬件设施的稳定性。通过综合这三个方面的构建要素,可以打造一个全面、高效、可持续发展的养老服务信息系统,为老年人提供更好的养老服务体验和生活质量。

(一)流程构建

在构建养老服务信息系统过程中,流程构建是至关重要的环节。它涉及从系统规划、需求分析、设计到开发、测试、实施和维护等一系列步骤,以确保系统的顺利运行和持续改进。首先,明确系统目标是首要任务,需要与养老服务机构的需求和目标保持一致。这包括了解老年人的服务需求、业务流程及期望的系统功能。其次,进行详细的需求分析,收集和整理相关数据,了解现有业务流程中的问题和改进空间。这有助于为系统设计提供依据和指导。接下来,根据需求分析结果,进行系统的设计规划。这一阶段涉及系统架构的搭建、功能模块的划分、数据流程的设计及界面设计等。同时,还需考虑系统的可扩展性和可维护性,以满足未来业务发展和变化的需求。

在完成设计后,开发实施阶段开始进行。这一阶段涉及编程、数据库建立、系统集成等具体工作,旨在将设计转化为实际可用的系统。在开发过程中,不断进行测试评估是确保系统质量的关键。通过单元测试、集成测试和系统测试等不同层次的测试,及时发现和修复潜在的问题,确保系统稳定运行。当系统开发完成后,正式进入运行维护阶段。这一阶段包括系统的部署、培训、技术支持及持续优化改进等任务。通过定期的维护和更新,保证系统的正常运行和性能优化,以满足养老服务机构日益增长的需求。通过以上流程构建的严密执行,养老服务信息系统得以成功构建并发挥其应有的作用,提升养老服务的效率和质量,为老年人提供更加舒适、安全的生活环境。同时,这一过程也有助于养老服务机构实现数字化转型,提升竞争力,为行业的可持续发展作出贡献。

(二) 功能构建

功能构建是养老服务信息系统构建中的核心环节,它决定了系统能否满足实际业务需求和用户期望。在功能构建阶段,首先要明确系统的总体目标和功能定位,确保与养老服务机构的整体战略和发展方向相一致。其次,通过对业务需求进行深入分析,确定系统应具备的核心功能模块,如用户管理、服务管理、健康管理等。同时,要充分考虑系统的易用性和用户体验,确保系统能够被各类用户快速掌握并有效利用。再次,为满足养老服务机构对于数据整合、分析和决策支持的需求,系统应具备强大的数据管理功能,包括数据采集、存储、分析和共享等。通过建立数据仓库和数据分析模型,为机构提供有价值的洞察和预测,支持决策制定。最后,考虑到养老服务行业的特殊性和复杂性,系统应具备良好的扩展性和灵活性,以适应不断变化的市场需求和业务环境。通过模块化设计、插件机制等方式,使系统能够方便地进行功能扩展和定制化开发,满足养老服务机构个性化需求的快速响应。此外,系统的安全性也是不容忽视的重要方面。应采取有效的安全措施和技术手段,确保数据的保密性、完整性和可用性,并建立完善的权限管理和访问控制机制,防止未经授权的访问和数据泄露。

(三) 硬件构建

硬件构建是不可或缺的一部分,它为整个系统的稳定运行提供了坚实的基础。硬件构建主要涉及服务器的选择与配置、存储设备的部署、网络设备的搭建及终端设备的采购等。服务器是整个信息系统的核心部件,负责处理大量的数据和请求,选择性能稳定、扩展性强的服务器至关重要,这样才能确保系统的持续运行和数据处理的高效性。配置适当的存储设备也是必要的,用于存储系统数据、用户数据及其他相关资料。根据系统规模和数据增长速度,选择合适的存储解决方案,如 SAN、NAS 或云存储等,以满足数据安全性和可用性的要求。网络设备是连接各个硬件组件的桥梁,搭建稳定、高效的网络环境对于信息系统的正常运行至关重要。需要合理配置路由器、交换机等网络设备,确保数据传输的可靠性和网络访问的安全性。此外,终端设备是用户与信息系统直接交互的界面,其质量和适应性对用户体验产生直接影响。根据用户需求和系统功能,选择合适的终端设备,如计算机、平板电脑、智能终端等,并提供必要的配件,如打印机、摄像头等,以满足不同业务场景的需求。硬件构建过程中还需考虑冗余设计和容灾措施。通过部署备用设备和建立灾备中心,降低因硬件故障导致的数据丢失风险,保障信息系统的持续运行。

综上所述,从流程构建、功能构建和硬件构建三个方面构建养老服务信息系统,能够为老年人提供全面、个性化、智能化的养老服务。这三个方面共同组成了系统的基石,在数据登记和监控、业务接收和调配、远程提醒和控制、安全警报和处理等方面发挥着重要作用。这三步齐头并进,让老年人在家中也能享受到优质的养老服务。

第三节　养老大数据管理

一、养老大数据内涵

(一) 养老大数据基本概念

大数据也称海量数据和巨量数据,是指数据量规模巨大到无法利用传统数据技术进行处理。养老大数据是养老领域的海量数据,其涵盖范围广泛,至少包括三大来源。一是养老业务基础数据,包括各年龄段老年人数、困难老年人数、独居老年人数等老年人基础数据,以及养老服务从业人员数、机构设施数、服务组织备案数等养老服务供给能力数据。二是实时监控数据,包括身份管理、时间地点、光照温度、空气质量等外在信息和心跳、血压、体温、呼吸频率等内在生理健康数据。三是与养老相关的支撑数据,包括政策法规、民众评价、专家建议、市场行情等人文方面的信息。

大数据的有效集聚是共享的前提。近年来,由民政部建设的国家养老服务信息系统共采集、更新 15 000 余家养老机构的信息,其中开展备案登记的有 7 000 余家。与此同时,该系统目前已收录近 200 万入住养老机构老年人的基本信息,一些地方民政部门创建的居家社区养老信息系统上也已录入高达上千万的老年人群体数据。数据的有效集聚并不仅仅是将数据进行简单的堆积,它包括数据的自动化提取、结构化解析与提纯、数据的质量评估与安全维护、数据的再挖掘等一系列活动的集合,它是一切智慧健康养老过程的前提。从数据资源来看,目前数据量十分可观,但其中也存在着一些问题,如数据收集没有统一的标准,有可能导致数据信息的不规范和缺失,信息资源互不联通,已登记在册的老年人户籍、养老服务、医疗情况等信息无法在各个养老信息平台之间共享和传递,这将会造成信息采集工作量加大、办事效率低下的后果。因此,建成互联互通、资源共享、标准统一的养老大数据资源库,进而统一提供治理分析、安全开放等全链条数据服务,强化数据要素赋能作用成为迫切要求。

(二) 养老大数据特征

1. 数据规模庞大　养老大数据的规模远超过一般的数据库。它不仅包含了动辄数百万老年人的基本信息,如年龄、性别等,还深入到他们的健康状况、医疗记录、社交关系、生活轨迹等方方面面。这些数据需要庞大的存储空间和强大的计算能力来处理和分析。为了有效地管理和利用这些数据,需要建立高效的数据存储和计算系统。

2. 数据维度多样化　除了结构化数据,养老大数据还包括大量的非结构化数据,如语音、视频、图片等。这些非结构化数据提供了更为丰富的信息,如老年人的生活习惯、身体状况和情感状态等。但是,这些非结构化数据的处理和分析需要更为复杂的技术和方法。因此,需要进行数据清洗、格式转换和数据整合等工作,以提取有价值的信息,并转化为结构化数据进行分析和使用。

3. 数据更新速度快　老年人的生活和健康状况是不断变化的,因此养老大数据的更新速度很快。为了及时了解老年人的状况,需要建立实时的数据监测和处理系统。这种系统需要具备强大的数据处理和分析能力,以便及时发现异常情况并采取相应的措施。例如,如果某个老年人的健康数据出现异常,系统需要及时发出警报,以便相关人员及时采取行动。

4. 数据安全性要求高　养老大数据涉及老年人的隐私和信息安全,因此数据安全性要求非常高。为了确保数据的安全性,需要采取一系列的安全措施,如数据加密、访问控制和数据备份等。此外,还需要建立完善的数据管理制度,规定数据的采集、存储、使用和共享等方面的要求,以确保数据的合法性和安全性。

5. 数据分析和挖掘需求迫切　养老大数据中蕴含着大量的信息和知识,需要进行深入的数据分析和挖掘,以发现其中的规律和趋势。通过数据分析和挖掘,可以更好地了解老年人的需求和偏好,为养老服务和管理的决策提供科学依据。例如,通过对养老大数据的分析,可以发现老年人的健康状况与饮食习惯之间的关系,从而为老年人提供更加个性化的饮食建议。此外,还可以通过数据分析和挖掘来预测老年人的服务需求,提前采取相应的措施来提高养老服务的质量和效率。

二、养老大数据管理系统布局

(一) 大数据汇集

目前的养老服务信息系统不能完好地收集信息和数据并进行正确的分析,没有体现出养老服务信息平台的"智能化",但随着大数据分析技术的出现和应用,能在一定程度上改变这样的局面。大数据分析技术能够及时收集相关信息并进行分析,合理地配置现有的养老服务资源,优化养老服务管理模式,从而提高养老服务资源利用率和养老平台的服务质量。

1. 数据获取　由于爬取老年人个人数据时需要进行遍历采集并自动迭代下载信息,需要提前设置页面统一资源定位器(uniform resource locator,URL)的格式,以便爬虫自动遍历地址并进行下载。获取老年人个人数据后,需要拼接老年人的数据页,通过个人独有的身份标识号(identity document,ID)拼接完成所有老年人数据 JavaScript 对象简谱地址。在采集的时候按照拼接规律进行迭代可以不间断地采集用户信息。

2. 数据传输　构建大数据平台集群 Hadoop,将爬取到的用户数据集和需求数据集对应的逗号分隔值文件上传到 HDFS 存储。

3. Hive 数据仓库构建　通过社区老年人用户的数据和需求数据创建数据外部表,主要步骤如下。首先通过社区老年人用户数据构建外部表 elder_data,其次通过社区老年人用户需求构建 Hive 表 demand_data,再次利用 Hive 仓库中的数据分析社区老年人需求,构建 Hive 内部表,最后设计 MySQL 表脚本和 Hive 内部表脚本,使用 Sqoop 将其中 Hive 内部表的数据输入 MySQL。

4. 数据展现　根据用户需求的分析结果,为用户提供可视化展现。基于 Ajax 技术利用 MySQL 数据得到的分析结果将数据加载到 Web 端进行展示。数据可视化端使用 Spring Boot 框架来搭建。前端异步请求数据采用 Ajax 技术,后台服务器查询到使用者所需要的各种数据后将会以 JSON 形式返回,通过数据可视化库 ECharts 在显示页面展现返回的数据。

(二) 关键要素

大数据管理系统在布局时需要重点关注数据整合与存储、数据处理与分析及数据安全与隐私保护这三个关键方面。通过合理规划和管理这些方面,养老机构能够有效地管理和利用大数据,为业务发展提供有力支持。

1. 数据整合与存储　大数管理系统的核心在于有效整合和存储大量的数据。为了确保数据的完整性和安全性,系统需要采用分布式的存储架构,如 Hadoop,以支持数据的快速增长和处理。此外,数据整合技术也至关重要,它能够帮助将不同来源的数据整合到一个统一的数据仓库中,便于分析和利用。

2. 数据处理与分析　大数据的价值在于其深度分析和洞察。大数据管理系统需要具备高效的数据处理能力,包括数据清洗、转换和加载等过程,以确保数据的准确性和可用性。同时,利用数据分析工具和算法,系统能够提取有价值的信息,为决策提供支持。

3. 数据安全与隐私保护　随着大数据的广泛应用,数据安全和隐私保护成为重要的问题。大数据管理系统需要具备强大的安全机制,包括数据加密、访问控制和审计等,以保护数据不被非法获取和使用。同时,系统应遵循相关的隐私法规和政策,确保个人数据的合法性和安全性。

三、大数据视角下养老服务信息化发展策略

相对于将传统的养老机构进行升级而打造出来的智慧养老机构,未来养老服务信息

化发展重点应该是将大数据技术、人工智能技术与家庭普遍接受的居家社区养老模式相结合,建立以"互联网+"概念为依托,足不出户就能实现全方位专业化服务的养老服务信息平台。

(一) 构建养老服务信息平台

1. 建立老年人信息数据库　专业的平台人员上门为老年人配备所需的各项智能设备并提供使用教学服务,老年人在佩戴和使用设备后,被检测到的一切信息(包括老年人的个人基本信息、老年人的健康状况信息、老年人显性和隐性的服务需求信息等)会被传输回以老年人信息为中心的基础数据库。平台的数据库精准对接老年人子女、老年人所在社区、商业化养老机构、附近的平台服务人员或志愿者服务人员。智能设备在自动检测到老年人有服务需求的时候,平台会自动将信息传达给应该接收到的人,及时告知老年人所需的服务类型、时间、需求偏好等,让服务人员为老年人提供上门服务。

2. 建立机构信息数据库　收集已有的社会资源信息,将所有能够为老年群体提供服务的社会机构信息整合到机构信息数据库中,借助平台提高资源配置效率。智能系统根据设备检测得到的老年人信息制定个性化服务安排,机构在提供服务时更加具有针对性。其次,机构与平台使用者之间能够实现更加精准快速的对接。任何机构、组织、企业都可以通过线上平台寻找有需要的客户,客户也可以在平台上了解到各种各样的服务信息,主客体之间的交流直接便捷,减少了中间环节。

(二) 加强专业人员队伍建设

加强大数据管理专业人员队伍的建设,是推动养老大数据应用和发展的重要保障。这不仅需要培养具备专业技能和知识的人才,还需要打造一支具备团队协作精神、创新意识和责任感的专业团队。首先,招聘和选拔具备大数据相关专业背景和技能的人才是重要的途径。在招聘过程中,可以通过设置相关岗位和要求,吸引具备大数据分析、数据挖掘等领域的人才加入团队。其次,加强与其他部门的合作和交流也是非常必要的。与其他部门建立良好的合作关系,共同推动养老大数据的应用和发展。通过跨部门合作、共同开展项目等方式,实现资源共享和优势互补,提升整个组织的大数据应用水平。最后,组织定期的内部培训和外部培训课程,邀请行业专家和学者授课,帮助团队成员不断更新知识和技能。同时,鼓励团队成员参加推广会、研讨会等活动,与同行交流心得和经验,提升个人的专业素养。

(三) 降低养老服务信息成本

老年人的消费力主要来自退休后的养老金。在智慧养老发展过程中,政府应该起到主导作用,积极出台相应的补贴政策扶持老年人在智慧养老上的消费,培育企业在设备研发上的能力,同时加快推进智慧养老基础设施的建设。养老企业自身要不断寻求突破,在与政策实施融合的过程中取得技术层面的进步,降低服务成本,并把节省的成本红利惠及最终的消费端。消费人群方面,努力推动越来越多的老年人加入使用平台,当使用人群持续增长并达到一定的数量,平均使用成本也会随之减少,通过规模效应实现成本降低。

(四) 加快推进养老设备升级

完善的服务体系需要成熟的智能设备来实现。老年人不仅需要佩戴式的智能设备,也需要固定式的家装设备,包括监护手表、急救按钮、定位信标、健康信息检测器等装置。

1. 推动设备智能化程度升级　智能设备制造企业要加大技术研发投入,不断突破技术壁垒,持续提升设备的智能化程度,重点考虑老年人在操作时是否便捷。若使用过程过于烦琐复杂,会不利于老年人的良好体验,造成老年人的不适,甚至使老年人觉得智能设备会扰乱本来的生活习惯,从而抵触智能设备。

2. 推动设备使用安全程度升级　电子设备需要逐步提高产品使用的安全标准,目前

"用于老年人生活辅助的智能家电系统架构模型""用于老年人生活辅助的智能家电系统通用安全要求"这两项国家标准计划正在进行审批。生产智能设备的企业要有标准化意识，不断提高产品的安全标准。

案例分析

　　案例:"养老服务时间互助平台"的概念最早源于虹储居民区。早在 25 年前,该小区就成立了"养老服务时间互助平台",志愿者把服务时间"存"入"平台",一旦志愿者本人或家庭需要帮助,就从"平台"中取出"被别人服务"的时间;差不多同期,虹口区晋阳居委也开始推行"养老服务时间互助平台"养老模式,由低龄老年人为高龄老年人提供照护,并将时间"储蓄"起来,到年迈时享受同等时间的照护服务。这种模式在上海其他小区也有出现,但因缺乏制度设计、技术更新和人员变动而搁浅。

　　2019 年,上海在全市层面正式推行"养老服务时间互助平台",通过统一平台"沪助养老时光汇"进行注册和认证。目前,该项目获得认可和积极参与,老年人开始用存储的时间兑换所需服务。透过参与者的故事,我们看到人与人之间的真情、付出与接受的柔软及面对人生的信心和勇气。这就是养老服务时间互助平台的意义。

　　分析:老有所为是低龄老年人的内在需求,而老有所养则是高龄老年人的殷切期待,如果能够将这两者很好地结合起来,不但可以让低龄老年人在退休后仍然可以实现自身的价值,还能让高龄老年人的晚年生活变得更加有依靠和保障。养老服务时间互助平台是实现这种双赢的可行方式,信息化平台则为"养老服务时间互助平台"的推广提供了技术可行性。

(罗 娟)

ER-13-2

扫一扫
测一测

复习思考题

1. 什么是养老信息化?
2. 养老服务信息系统管理平台四大功能是什么?
3. 如何构建养老服务信息系统?
4. 养老大数据的内在要素是什么?
5. 如何进行大数据管理系统布局?

ER-14-1

PPT 课件

第十四章

养老服务伦理

📝 学习目标

知识目标

掌握养老服务伦理的基本概念,明确养老服务管理中的伦理关系,掌握养老服务职业道德的内容。

能力目标

具备把养老服务伦理的道德准则、道德情操和道德品质贯彻到养老服务和养老服务管理中的能力,具备遵循养老服务伦理基本原则处理养老服务伦理问题的能力。

素质目标

具备建构养老服务管理学的伦理思维,为将来所从事的养老服务职业做好道德素质方面的准备。

课程思政目标

培养养老服务职业道德素养并把其应用于养老服务行业的发展,提升职业道德素养。

学习要点

1. 养老服务伦理的概念。

2. 养老服务职业道德的特征和具体内容。

第一节 养老服务伦理的概念

作为一种职业道德观念,养老服务伦理本质上是养老服务从业人员价值观的另一种表现形式。具体地讲,养老服务伦理是养老服务从业人员在实践中需要遵守的道德准则、必须具有的道德情操和道德品质。只有对养老服务伦理的概念有了深刻的认知和理解,才能更加热爱养老服务工作,才会尽心竭力做好养老服务工作。

一、伦理

在古汉语中,"伦理"原本是两个词。东汉文字学家许慎在《说文解字》中将这两个词解释为"伦,从人,辈也,明道也""理,从玉,治玉也"。也就是说,"伦"是指人际关系之间代代相传的规则、准则。孟子称"人伦"为"父子有亲,君臣有义,夫妇有别,长幼有序,朋友有信",意思是君臣、父子、夫妇、长幼、朋友等人与人之间的关系,要符合一定的道德原则和规范。"理"的原意是指依照玉本身的纹路来雕琢玉器,使得玉器成型有用,后来引申为经

过治理、协调,使得社会生活和人际关系变得有条理、有秩序。后来"伦理"一词逐渐用来专指人类社会生活关系中应该遵循的道理和规则,或人类社会的秩序、规则及合理正当的行为。总之,在我国文字中,"伦理"是指通过整顿治理,使社会生活和人际关系符合一定的次序和规则。

在西方,"伦理"一词源于古希腊文 ethos。这个词最初含义是"惯常的住所、共同居住地"。后来经过不断的发展,演变为指社会风尚和人们的活动方式,但还不具有现代的"伦理"一词的意思。古希腊著名哲学家亚里士多德首先把这个词的意义加以扩大和改造,使名词 ethos 成为一个形容词 ethikos,意思为"伦理的""德行的",由此逐渐演变为调节社会生活和人际关系的准则和规范,构建了一个以人类道德现象为研究对象的科学,即伦理学(道德哲学)。

由此可见,不论是在我国还是西方,"伦理"一词均具有处理好人际关系、调节社会生活的作用和意义。伦理意味着一种特殊的社会关系,这是在家庭、社会、国家生活中通过道德规范调节的社会关系,是一种合理的、正当的人际关系秩序。由伦理的含义可知,伦理其实是在人与人之间的交往、互动关系的基础之上产生的,并且是以调节人与人之间的关系为目的的。从这一意义上说,伦理始终与社会生活的方方面面紧密相连,是人们处理社会关系的道德依据和行为准则。

二、养老服务伦理

养老服务伦理是老龄化社会的需要,是养老服务作为一种职业、行业、产业的必然产物。当前,我国已逐步建立以老年人多元化养老需求为切入点,以居家社区机构相协调、医养康养相结合的养老服务体系。养老服务伦理将在养老服务体系中发挥越来越重要的作用,以促进我国养老服务行业的健康、可持续发展。那么什么是养老服务伦理呢?顾名思义,养老服务伦理就是养老服务从业人员在养老服务实践中所必须遵循的道德规范和行为准则。具体地说,所谓养老服务伦理,是指养老服务从业人员在履行工作岗位职责的过程中,必须遵守的、正确处理个人与他人、个人与集体、个人与社会之间关系的行为准则和规范的总和。它以善恶为评价标准,所调整的社会关系主要是养老服务从业人员与其服务的老年人之间、养老服务从业人员之间、养老服务从业人员与养老服务机构之间及养老服务从业人员与社会之间的相互关系。

养老服务伦理随着养老服务行业的发展而出现,是养老服务从业人员在开展养老服务工作过程中须遵守的道德依据和行为准则,它约束、调节着养老服务从业人员的行为。养老服务从业人员践行养老服务伦理,有利于提升其能力和素质、强化其承担社会责任的意识,促进养老服务行业的健康、可持续发展,进而使老年人能享受到更全面、周到、安全、贴心的高品质服务。

第二节　养老服务伦理要素与特征

一、养老服务伦理要素

从养老服务职业岗位职责的要求来看,养老服务伦理主要包括责任、良心、公正、荣誉等基本要素,这些要素反映了养老服务职业伦理的主要内容,体现了养老服务伦理的根本要求。

案例分析

案例：张奶奶，78岁。入住某养老院期间，因其性格较好，与身边老年人、养老院工作人员相处融洽。小王是养老机构的从业人员，因其与张奶奶女儿的年龄相仿，张奶奶常会分享给小王一些生活上的经验，小王在服务老年人时也会特别关照张奶奶。张奶奶有时会给小王一些自己做的小物件，小王婉言拒绝的话，张奶奶就会很不高兴，并说："怎么这么不给我面子，看不上我的东西吗？"张奶奶的这种说法使得小王无法拒绝，长此以往两人之间的关系比一般的服务关系亲密得多。张奶奶对待小王更像是对待女儿。小王虽然知道这种关系不应该存在，但又不知道应该如何解决。

分析：在这个案例中，小王与服务对象建立了双重甚至多重服务关系，超出了服务与被服务的专业关系，可能会对服务对象造成利用或潜在的伤害。在养老服务管理过程中，要完善双重关系的监督机制，有效控制双重关系的出现，在双重关系出现时及时转介或终止。

（一）责任

责任是一个广泛的概念，指个体分内应做的事，来自对他人的承诺，职业要求、道德规范和法律法规等，它反映了个人对社会、个人对他人应承担的一定任务，与义务、职责、使命具有同等的意义。养老服务从业人员的责任，是指每一个养老服务从业人员对其职业所应当承担的职责，它是构成养老服务管理的基础，是以法律、行政规章制度及养老服务职业道德规范要求等形式来规定的。从事养老服务的从业人员能否履行自己的职责，承担其岗位责任是衡量其是否称职、是否具有养老服务职业道德感的标准。每一个从事养老服务的从业人员，如果不愿履行养老服务职责，不承担相应责任，就是失职，就要受到道德的谴责，性质严重的还要追究行政甚至法律责任。

责任是养老服务伦理的基本要素之一。它是养老服务从业人员基于一定的伦理认识，在内心信念和伦理责任感的推动下，自觉履行对老年人、他人和社会应尽的职责、使命和义务，也是社会、他人和老年人对养老服务从业人员的伦理要求。因此，责任有两个方面的基本要求，一是个体应该遵守养老服务伦理的基本要求，履行养老服务管理工作职责。二是养老服务从业人员需在养老服务管理工作实践中保持责任的内心需要和高度的自觉性，只有勤勤恳恳地担负起自己的职业岗位责任，才能得到社会的认可和赞扬。

（二）良心

良心自古以来都是伦理学的重要范畴。《孟子·告子上》说："虽存乎人者，岂无仁义之心哉？其所以放其良心者，亦犹斧斤之于木也。"马克思说过："良心是由人的知识和全部生活方式来决定的。"我们一般认为，所谓良心就是人们对他人和社会履行义务的道德责任感和自我评价能力，是个人意识中各种道德心理因素的有机结合。养老服务从业人员的良心，是养老服务从业人员职业伦理觉悟的综合表现，是一个养老服务从业人员的道德灵魂。作为一名养老服务从业人员，只有具有了良心，才能自觉履行养老服务从业人员职业岗位伦理要求，并激励自己认真负责，努力做好养老服务管理工作，提高养老服务管理水平。

良心是养老服务伦理的要素之一，是指养老服务从业人员在养老服务管理实践中，面对社会提出的一系列道德要求的自觉意识，是养老服务从业人员以高度负责的态度，对自身的养老服务职业行为进行道德控制和自我道德判断与评价。良心也是养老服务从业人员在履行义务中形成的一种内心信念,从养老服务从业人员的管理实践中表现出来。具体表现为养老服务从业人员对老年人、养老事业整体的一种高度自觉性及在从事养老服务管理过程中对自己的行为进行道德控制和道德评价。此外,养老服务良心也是一种理性的道德意识,对养老服务工作起着激励、反馈作用,当一个养老服务从业人员在深刻理解社会对养老服务职业道德原则、规范和要求合理性及必要性时,才能够按照职业道德要求,以高度负责的态度,去判断、选择和控制自己的行为,评价自己或他人的行为。当发现自己行为违背自己的"个人良心"时,就会促使自己改正和调整自己的行为。

(三) 公正

公正是一个复杂的概念,它既是法学概念,又是政治学概念,更是伦理学概念。在法学中,公正与法律有关,法官的使命就是以事实为依据,以法律为准绳,主持正义,为社会公正服务。在政治学中,公正是一个道德原则,要求公务人员不徇私情、公正无私。在伦理学中,无论是在西方还是在我国,都把公正作为重要的伦理范畴,把它与义务、责任、荣誉等联系在一起作为伦理范畴体系的重要组成部分。公正,在伦理学上与正义、公道同义,它作为人的品德,指为人处世没有私心,不违反公认的道德准则和公平合理的原则。

养老服务管理中的公正,即养老服务从业人员在养老服务管理过程中,公平合理地对待和照护每一位老年人。具体来讲,就是要求养老服务从业人员在对待和照护老年人的态度和行为上,应公正平等,正直无私,不偏袒、不偏心,对待不同家庭背景、家庭收入、不同民族、不同个性、不同亲疏的老年人,都应一视同仁,公平相待,满腔热情地去关心每一位老年人,根据每一位老年人的不同特点、需求出发,提供养老服务。公正是和尊重老年人、关心老年人、服务好老年人联系在一起的,不仅是一种重要的职业伦理要求,而且应是每个养老服务从业人员必备的个人道德品德素养。有了这种高尚的个人道德品质,养老服务从业人员就会在养老服务管理工作中自觉遵循养老服务伦理公正的道德准则,公平、平等地对待和评价每一位老年人,使每位老年人都得到最优的服务。

(四) 荣誉

所谓荣誉,是指人们履行了义务而得到社会的敬重、赞扬和褒奖,是社会对从业人员职业道德活动的价值做出的肯定评价,以及从业人员由此所产生的主观上的个人内心尊严感和欣慰感。当一个从业者职业行为的社会价值赢得社会认可时,就会产生荣誉感,反之就会产生耻辱感。

在养老服务管理领域,荣誉是指社会对养老服务从业人员职业行为的社会价值做出客观评价,并给予积极的、正向的肯定和认可,以及养老服务从业人员由此产生的个人主观自豪感。养老服务荣誉包含着互相联系的两个方面:一是客观方面,它是社会的客观评价,是养老服务从业人员通过自己的养老服务劳动履行了相应的义务,对社会做出一定的贡献后,得到社会舆论的承认、赞赏和褒奖,是社会用以评价养老服务义务及养老服务行为社会价值的尺度。二是主观方面,它是养老服务从业人员个人的道德自我意识,是对自己履行养老服务义务的行为所具有的社会价值而产生的一种内心体验,一种道德上的满足感。作为自我意识的荣誉与社会客观评价的荣誉是紧密相连的。养老服务荣誉是以赞扬和褒奖这一客观评价为基础的,养老服务从业人员内心的欣慰、尊严意向是社会评价的主观感受,是通过社会舆论把客观评价转化为主观意向的。因此,社会舆论对养老服务职业行为评价越高,说明养老服务从业人员荣誉越大,社会价值就越高,由此可以增强养老服务从业人员的自尊心和自爱心。

思政元素

岭南最美养老人——梁建英

梁建英是某市养老院护理部部长。任职以来,她认真做好接待家属咨询、老年人入住等工作,每一位入住的老年人都由其亲自接收。她每天到各个房间巡查,协助护理员开展工作,一视同仁地照顾每位老年人,听取他们的意见,帮助他们解决各类困难,院内老年人依赖她、信任她。梁建英注重团队的合作精神,要求护理部员工严格遵守院内规章制度,在岗位上勤勤恳恳,像对待父母一样关爱老年人。她带领全体护理人员提供亲情式养老服务,并获得了老年人和家属们的认可,先后获评"全国敬老爱老助老模范人物""广东省最美养老护理员"等称号。

养老服务从业人员肩负着"替天下子女养老"的责任,需要认识到自己工作的价值,应当秉持"老吾老以及人之老"的信念,用心用情做好养老服务工作,在日常工作中体会自己内心的荣誉感。

二、养老服务伦理主要特征

(一) 鲜明的服务性

服务老年人是养老服务伦理最鲜明的特征。养老服务伦理是与养老服务活动、职业和行业紧密联系在一起的,养老服务伦理的服务性特征主要体现在以下几个方面。

1. 尊重和关爱　养老服务从业人员应尊重老年人的人格尊严,关心他们的生活需求和心理感受,关注他们的身体健康和精神生活。在服务管理过程中,要充分体现人文关怀,让老年人充分感受到家庭般的温暖和关爱。

2. 安全和可靠　养老服务从业人员应严格遵守相关法律法规和服务规范,确保老年人的生命安全和财产安全。在服务管理过程中,要注重预防和控制各种风险,为老年人提供一个安全、可靠的养老服务环境。

3. 透明和公正　养老服务管理者应公开、透明地展示出养老服务的服务项目、收费标准等信息,接受社会监督。在服务过程中,要公平对待每一位老年人,不因年龄、性别、经济状况等因素而歧视或偏袒。

4. 合作与共建　养老服务是一个涉及政府、社会、家庭和个人的综合性问题,需要各方共同参与和努力。养老服务从业人员应积极与政府部门、非政府组织、家庭成员等建立良好的合作关系,共同推动养老事业的发展。

养老服务伦理的服务性特征要求养老服务从业人员以老年人为中心,关注他们的需求和感受,提供专业、高效、个性化、安全、透明的养老服务,让老年人安享晚年。

(二) 特殊的价值性

养老服务伦理具有特殊的价值性,主要体现在以下几个方面。

1. 促进社会和谐　养老服务伦理关注老年人的权益保障,消除各种歧视和偏见,确保所有老年人都能享受到公平、优质的养老服务。这有助于促进社会公平正义,增进不同年龄层之间的理解和尊重,维护社会和谐稳定。

2. 传承文化价值　养老服务伦理强调传承文化,弘扬孝道精神。在养老服务管理过程中,要关注老年人的文化需求,传承中华民族的优秀传统文化,弘扬孝道精神,让老年人在晚年生活中感受到社会的关爱。

3. 提升行业形象　养老服务伦理要求养老服务人员诚实守信,树立良好的行业形象。在养老服务管理过程中,要遵守法律法规和服务规范,弘扬养老服务伦理精神,真诚为老年人提供服务,赢得他们的信任和尊重。这有助于提升整个养老服务行业的形象和声誉。

4. 推动养老事业发展　养老服务伦理强调社会责任,推动养老事业的发展。养老服务从业人员要积极参与养老事业的建设,为提高养老服务管理质量和水平作出贡献,促进养老事业的可持续发展。

养老服务伦理具有特殊的价值性,体现在促进社会和谐、传承文化价值、提升行业形象和推动养老事业发展等方面。这些方面的价值性为养老服务管理提供了道德指导和价值支撑,有助于构建和谐、美好的养老环境。

(三) 相对的稳定性

养老服务伦理具有相对稳定性特征,主要体现在以下几个方面。

1. 社会共识　养老服务伦理是基于对老年人的尊重、关爱和权益保障的社会共识。这种共识在不同的历史时期、文化背景和社会制度下都具有一定的稳定性,为养老服务提供了道德基础和价值支撑。

2. 法律法规　养老服务伦理在很多国家和地区都有相应的法律法规作为依据,如我国的《中华人民共和国老年人权益保障法》《养老机构管理办法》,日本的《社会福祉法》及美国的《社会保障法案》等。这些法律法规在一定程度上保证了养老服务伦理的稳定性,提供了法律保障。

3. 传统文化　养老服务伦理与中华民族的优秀传统文化密切相关,如孝道、尊老爱幼等。这些传统文化在长期的历史发展过程中逐渐形成,具有较强的稳定性,为养老服务伦理提供了文化支撑。

4. 专业规范　养老服务行业在长期的实践中逐渐形成了一套专业的服务规范和标准,如养老护理员的职业素养、服务质量评价体系等。这些专业规范在一定程度上保证了养老服务伦理的稳定性,为养老服务提供了技术和管理支持。

养老服务伦理具有相对稳定性特征,体现在社会共识、法律法规、传统文化、国际共识和专业规范等方面。这些稳定性特征为养老服务提供了持久的道德指导和价值支撑,有助于养老事业和产业健康、和谐、稳定发展。

ER-14-2

拓展阅读:
智慧养老
伦理

第三节　养老服务职业道德

一、养老服务职业道德概念与特征

(一) 养老服务职业道德的概念

职业道德是整个社会道德体系的一个重要组成部分,来源于职业实践活动。职业实践活动作为人类借以实现"直接生活的生产和再生产"的一种普遍的基本形式,它同人类的其他活动一样,与道德问题紧密相连。由于从事某种特定职业的人们有着共同的劳动方式,经受共同的职业训练,往往具有共同的职业兴趣、爱好、习惯和心理传统,结成某些特殊关系,形成特殊的行为规范和道德要求。恩格斯指出:实际上,每个阶级,甚至每一个行业,都各有各的道德,即职业道德。概括地讲,所谓职业道德,就是指人们在从事某种正当的社会职业过程中,思想和行为应当遵循的道德规范和准则。它是一定社会或阶级对于从事一种社会职业的人们的一种特殊道德要求,是社会道德在职业活动中的具体体现。

基于以上分析,养老服务职业道德是职业道德的一种,是在养老服务职业实践活动中形成、发展的。相应地,养老服务职业道德的概念有广义和狭义之分。广义层面上的养老服务职业道德是指养老服务从业人员在从事具体养老服务职业活动中应该遵循的行为准则,包括养老服务从业人员与服务对象、养老服务职业与养老服务职工、养老服务职业与养老服务职业之间的关系,是养老服务从业人员在特定的工作和劳动中依靠社会舆论和内心信念来维持的、以善恶进行评价的心理意识、行为原则和行为规范的总和。狭义层面上的养老服务职业道德是指在一定养老服务职业活动中应遵循并能体现一定养老服务职业特征,进而调整一定养老服务职业关系的养老服务职业行为准则和规范。不同的养老服务职业岗位都有其特定的社会性质、职责与地位,有其独特职业岗位的活动内容、条件和实践特征。

(二) 养老服务职业道德的特征

养老服务职业道德是指养老服务从业人员在从事养老服务工作中应该遵循的行为规范和道德准则。它是一种职业操守和社会责任,旨在规范养老服务从业人员的行为,提高服务质量,维护社会稳定和行业形象。养老服务职业道德应体现和遵守社会主义职业道德,是社会主义职业道德基本原则和要求在养老服务职业领域中的具体反映。

具体而言,养老服务职业道德体现出以下几个方面的特征。

1. 鲜明的行业性　养老服务职业道德是一种职业规范,反映着养老服务行业人员自觉遵循的道德要求与行为准则,在养老行业范围内发挥作用,受社会普遍的认可。

2. 相对的稳定性与连续性　养老服务职业道德是养老服务从业人员在职业实践过程中,依靠社会文化、内心信念和传统习惯,通过养老服务行业人员的自律行为,将职业核心内容作为传统和经验传承下来的具体规范,在内容上具有连续性和相对稳定性。

3. 一定的强制性　养老服务职业道德的主要内容是对养老服务行业人员的职业要求,是介于法律和道德之间的一种特殊的规范,既要求养老服务行业人员能自觉遵守,又带有一定的强制性。

4. 表现形式的多样性　养老服务职业道德标准多元化,代表了养老服务行业所具有的职业价值观,体现了养老服务行业特点,承载着养老服务行业的文化和凝聚力,影响深远。

二、养老服务职业道德基本内容

养老服务职业道德的基本内容是养老服务从业人员应遵循的职业行为基本准则,其基本内容包括:尊老敬老,以人为本;孝老爱亲,弘扬美德;遵章守法,自律奉献;服务第一,爱岗敬业;诚实守信,勤勉尽责;保护隐私,尊重人格;团结协作,互帮互助;持续学习,提高素质。

(一) 尊老敬老,以人为本

养老服务职业道德的核心是尊重和关爱老年人,尊重老年人是养老服务职业道德的基本原则。"老吾老以及人之老;幼吾幼以及人之幼",尊老爱幼是中华民族的传统美德。养老服务从业人员应始终坚守尊重与关爱的理念,将老年人的需求和利益放在首位,细致入微地观察关注老年人的身体状况、情绪变化、生活需求等方面,积极与老年人沟通交流,了解老年人的想法和需求,以更好地为老年人提供服务和照护。同时,养老服务人员应该尊重老年人的权利和尊严,禁止任何形式的歧视、侮辱、虐待和暴力行为。

(二) 孝老爱亲,弘扬美德

孝老是中华民族的传统美德,也是养老服务职业道德的重要内容之一。养老服务从业人员更是肩负传承与弘扬此美德之重任,应始终具备孝顺、关爱和尊重老年人的品质,以自己的行动和言行来弘扬这一美德。在养老服务管理过程中,以真诚之心去照护和关爱老年

人,积极帮助老年人解决生活中的困扰与困难,以实际行动诠释孝老的精神,使老年人感受到关爱和温暖。

(三)遵章守法,自律奉献

养老服务从业人员必须严格遵守国家和地方的法律法规,以及养老服务行业的规章制度和操作规范。这是保证服务质量和老年人安全的基本要求。同时,养老服务人员要保持高度的自律奉献精神,自觉遵守职业道德规范,不谋取私利,不收受贿赂,不利用职权为个人谋取利益。只有通过遵守规章制度和操作规范,才能提供专业、安全、可靠的服务,保证服务的质量和老年人的安全。

(四)服务第一,爱岗敬业

养老服务从业人员承载着为老年人提供优质服务的责任,需要把服务放在首位,以服务老年人为宗旨,全心全意为老年人提供优质的服务。在工作中,需要认真负责、勤奋努力、尽职尽责,不断提高自己的业务水平和综合素质。同时,养老服务从业人员也需要具备爱岗敬业的精神,积极投入到养老事业中,用心为老年人的幸福生活贡献自己的力量。

(五)诚实守信,勤勉尽责

在工作中,诚实守信、勤勉尽责是养老服务从业人员必不可少的品质。养老服务从业人员在与老年人及其家人沟通时,应该坦诚、真实地传达信息,不欺骗、不隐瞒,赢得他们的信任。同时,不推卸责任,勇于承担自己的职责和义务,始终保持高度的责任心和敬业精神。勤勉尽责是提高工作效率和服务质量的关键。养老服务从业人员需用心关注老年人的需求和感受,及时解决他们在生活和健康方面遇到的问题。

(六)保护隐私,尊重人格

养老服务从业人员在管理过程中应充分尊重老年人的隐私权和人格尊严,严格遵守保密规定和职业道德规范,始终保持对老年人个人信息的敏感性和谨慎态度,避免泄露或滥用老年人的个人信息。在处理老年人的医疗、财务或其他敏感信息时,应该采取适当的保密措施,确保信息的安全性。同时,要尊重老年人的权利和尊严,以尊重、关爱、平等的心态对待老年人,禁止对老年人进行歧视、侮辱、虐待、谩骂或打骂等不良行为,营造一个尊重和关爱的服务环境。

(七)团结协作,互帮互助

养老服务从业人员在工作中应注重团结协作、互帮互助。在工作中,要与同事、上级、下属等各方面进行有效的沟通和协作,通过及时、有效的沟通,提高工作效率和质量,共同营造一个和谐的工作氛围。

(八)持续学习,提高素质

随着社会的发展和人口老龄化的加剧,养老服务需求不断变化,新的服务理念和技术手段也不断涌现。为了更好地满足老年人的需求,养老服务从业人员在工作中要始终保持学习的态度,不断学习和掌握新的知识和技能,提升自身的专业素质,提高服务质量和效率。同时,通过学习职业道德规范和法律法规等知识,提高自身的职业素养和法律意识,更好地为老年人提供合法、合规的优质服务。

三、养老服务职业道德意义

同其他行业的职业道德一样,养老服务职业道德也是通过人们的信念、习惯和社会舆论而起作用的,是在养老服务行业内判断是非、辨别好坏的标准和尺度,构成社会道德体系的重要组成部分。养老服务从业人员恪守养老服务职业道德,对养老服务行业的发展具有重要的意义。

（一）养老服务职业道德关系到养老服务从业人员的职业素养

养老服务职业道德是养老服务从业人员在养老服务实践活动中形成的行为规则,需要养老服务从业人员内化于心,外化于行,展示养老服务从业人员良好的职业素养和职业水平。养老服务职业道德还强调养老服务从业人员的自我管理和自我约束,时刻提醒自己在养老服务过程中要遵守职业规范和要求。这促使养老服务从业人员要在日常的养老服务工作过程中保持高度的责任感和敬业精神,在严格遵守职业道德规范的基础上,不断提高自身的职业素养。

（二）养老服务职业道德关系到养老服务质量

养老服务工作完成的优劣体现在养老服务质量上,而养老服务质量的高低取决于养老服务从业人员的服务技术水平和职业道德水平。如果养老服务从业人员能在工作中遵守职业道德规范,关注老年人的需求和权益,不歧视、不侮辱、不虐待、不谩骂、不打骂老年人,用心去照护和关爱老年人,积极帮助老年人解决生活中的问题和困难,使老年人享受到舒心、优质的服务,能有效维护养老服务行业的形象与声誉,促进养老服务行业的健康发展。

（三）养老服务职业道德关系到社会主义核心价值观的建设

养老服务职业道德是社会主义职业道德的重要组成部分,养老服务职业道德所提倡的爱岗敬业、诚信友善、尊老敬老、孝老爱亲等是中华民族的传统美德,也是社会主义核心价值观在养老服务行业中的重要体现。养老服务从业人员在养老服务中实施与践行养老服务职业道德,有助于传承和弘扬这些美德,同时也在服务中传递友善、和谐等社会主义核心价值观。

（四）养老服务职业道德关系到各方利益关系,维护社会稳定和发展

养老服务涉及众多利益相关者,包括政府、企业、非政府组织、家庭等。在这些利益相关者之间,不可避免地会出现利益冲突和矛盾。而养老服务职业道德的规范和约束可以协调各方利益关系,化解矛盾,维护社会稳定和发展。

（五）养老服务职业道德关系到养老服务管理的水平和效率

具备高尚养老服务职业道德的从业人员更注重团队合作和沟通,更关注老年人的需求和权益,更注重服务质量和效率的提升。他们能够以更高的工作标准和更严谨的态度对待自己的工作,从而提高养老服务管理的水平和效率。

四、养老服务职业道德修养的培养

（一）养老服务职业道德修养的概念

修养是指人们为了在理论、知识、艺术、思想、道德品质等方面达到一定的水平,所进行的自我教育、自我改善、自我提高的过程。

养老服务职业道德修养是指从事养老服务职业活动的人员,按照职业道德基本原则和规范,在养老服务职业活动中所进行的自我教育、自我锻炼、自我改造和自我完善,使自己形成良好的职业道德品质和达到一定的职业道德境界。

（二）养老服务职业道德修养培养的途径

1. 树立正确的人生观是培养养老服务从业人员职业道德修养的前提 养老服务从业人员首先要树立正确的人生观,这有助于正确价值观和道德观念的形成和建立。在此基础上,养老服务从业人员诚信敬业精神、敬老崇孝观念及爱心耐心的培养才有保证。诚信敬业是养老服务职业道德建设的重点,养老服务从业人员要树立诚信服务的观念,做到言行一致,不欺骗、不隐瞒、不推卸责任。在工作中,要尽职尽责,不断提升服务质量和效率,同时,也要加强社会监督,建立投诉处理机制,及时处理老年人的投诉和反馈。

笔记栏

2. 职业素养是培养养老服务从业人员职业道德修养的重要内容　职业素养包括专业知识和技能、沟通能力、团队协作能力等方面。提升职业素养是提高养老服务职业道德水平的基础。养老服务从业人员要不断学习和提升自己的专业知识(包括医学、护理、心理学、社会工作等方面的知识)和技能,同时提高自己的沟通能力、团队协作能力和解决问题的能力。此外,养老服务从业人员职业素养的培养能显著增强其职业认同感和归属感,促使其认识到自己的职业价值和使命,树立正确的择业观,克服职业偏见,明确自己的职业定位和责任,以更好地为老年人提供服务。

3. 培训和教育是培养养老服务从业人员职业道德修养的重要方法　养老服务机构应该加强对养老服务从业人员的培训和教育,包括职业道德方面的培训和教育。通过不断学习和实践,提高养老服务从业人员的职业道德水平,提升养老服务质量。同时,也可以组织职业道德竞赛,通过榜样作用激励养老服务从业人员积极提升自己的职业道德水平。

4. 建立奖惩机制是培养养老服务从业人员职业道德修养的重要保障　养老服务机构应该建立奖惩机制,对具备高尚职业道德的养老服务从业人员给予表彰和奖励,对违反职业道德的养老服务从业人员进行批评教育和处罚。这样可以激励从业人员积极提升自己的职业道德水平,也可以规范行业秩序,推动行业健康发展。

养老服务职业道德修养的培养是一个持续不断、循序渐进的实践过程。提高养老服务职业道德水平需从多个方面入手,需要养老服务从业人员在实践中不断反思、总结经验,不断完善自己的职业道德修养。同时,政府及养老服务机构也要加强对养老服务从业人员的培训和教育,通过制定职业道德规范、建立奖惩制度等措施,激励养老服务从业人员自觉遵守职业道德规范。

知识链接

中国社会福利与养老服务协会 养老服务行业职业道德准则

为规范养老服务行业行为,加强行业自律、维护行业机构的权利和合法权益,提高行业从业人员的职业道德素养,提高行业服务竞争力,结合本行业实际情况,特制订本准则。

第一章　养老服务管理人员职业道德

第一条　忠诚感恩。忠诚于机构和事业,维护机构的利益、维护机构的荣誉、保守机构的秘密,不营私舞弊。

第二条　诚实守信。人无信不立,组织无信则亡。诚实守信是现代经理人应遵守的黄金法则。

第三条　敬业。勤勉尽职,忠于职守。

第四条　仁德为本,义利并举。要有先义后利,见利思义的思维,这是对职业经理人职业道德和个人品格的要求,也是一种职业品格。

第五条　顾全大局,在个人利益与团队利益发生冲突时,个人利益要服从团队利益;当局部利益与整体利益发生冲突时,局部利益要服从整体利益。

第六条　遵纪守法,公平竞争。不搞内幕交易,不行贿赂之举,不谋不当利益。

第七条　处事公正。规则立信,不搞帮派,不另立山头,不搞远近亲疏。

第八条　合作与共赢。不做损人利己、损公肥私之事。

第二章　养老服务人员职业道德

第一条　热爱养老服务工作、忠于职守、履行岗位职责。

第二条 尊老敬老,以人为本,根据老年人生理、心理、社会等方面需求的特点,在尊重老年人的前提下,为老年人提供全方位的养老服务。

第三条 尊重老年人的权利,平等待人,注意保护老年人的隐私,做老年人利益的忠实维护者。

第四条 认真学习专业技术,在工作中精益求精,不断提高专业服务能力。

第五条 对同事以诚相待,互敬互让,助人为乐,通力合作。

第六条 举止端庄,文明礼貌,遵章守纪。

第七条 廉洁奉公,不接受老年人及其家属馈赠,不言过其实,不弄虚作假。

第八条 以奉献为本,自尊自爱,自信自强,自觉奉献养老服务事业。

(张文杰 王文军)

复习思考题

1. 养老服务伦理的概念是什么?
2. 养老服务伦理的主要特征有哪些?
3. 养老服务职业道德的意义是什么?
4. 如何培养和提高养老服务从业人员的职业道德修养?

ER-14-3

扫一扫
测一测

ER-15-1

PPT 课件

第十五章

银发经济与养老市场

学习目标

知识目标

掌握养老事业、养老产业、银发经济、养老市场的基本概念,比较养老事业与养老产业的特征,建构统筹养老事业和养老产业协同发展的政策思维和评价思维。

能力目标

了解银发经济特点和养老市场的要素,能够回应积极老龄化发展路径中所涉及的高质量发展和良性治理问题。

素质目标

深刻把握银发经济与养老市场的现实情境,拓展在智能时代开展养老服务管理的能力素养。

课程思政目标

体会我国银发经济和养老市场的巨大潜力,进而激发"大有可为"的专业认同和职业选择,为养老事业与养老产业贡献青春和才智。

学习要点

1. 养老事业和养老产业的基本内涵。
2. 银发经济发展面临的挑战和高质量发展路径。
3. 养老市场的发展现状及其良性治理。

第一节 养老事业与养老产业

一、养老事业

(一) 养老事业的概念

事业通常是为了推动社会进步、提高人民生活水平所进行的一项具有特定目标、规模和系统化的活动体系。聚焦到养老领域,养老事业概念具有广义和狭义之分,广义的养老事业泛指由政府、市场、社会等所提供的面向老年人的养老服务及其活动体系;狭义的养老事业则是指为了满足老年人基本养老需求,促进社会和谐稳定,由政府所提供的基本养老服务体系。在本章中,我们所定义的养老事业是狭义的养老事业。

理解养老事业的基本内涵,首先要明确养老服务的供给主体是政府,其次厘清养老服务的需求是基础性养老需求,最后理解养老服务会受到文化传统和基本国情的影响。

（二）养老事业的特征

1. 公益性　养老事业是由政府主导的公共服务,旨在满足老年人的基本养老需求,同时为特殊困难的老年群体提供必要的兜底性保障服务,具有鲜明的公益性质。

2. 政策性　养老事业涵盖老年人的生活照料、精神慰藉、医疗保健等服务内容,涉及老年人身体、心理和社会等不同层面的需求,需要政府制定政策与法规,推动并约束养老事业发展。

3. 长期性　作为一项长期性的公共服务,养老事业的服务核心是围绕老年人的基本需求,在政府主导下,对涉及养老服务的人才、资本、资源进行持续且有效地配置。

（三）养老事业的服务内容

养老事业作为政府主导的养老服务体系,在不同的历史时期,特别是新中国成立以来,因制度设计、经济发展水平及服务对象的差异,服务内容有不同的表现形式。

1. 敬老院养老　从 1956 年实施农业合作社开始,合作社就对鳏、寡、孤、独者,以及劳动能力缺失人群实施"五保"（保吃、保穿、保烧、保教、保葬）制度,除了保教针对的是儿童和少年,其余四项均是对老年人衣食、燃料、丧葬提供制度保障。到了 1958 年,实施人民公社化,各级政府、生产大队开办敬老院、光荣院,为五保、孤寡对象及军属、烈属等优抚对象解决吃喝、居住问题,开启了我国养老事业的第一阶段。

2. 福利院养老　20 世纪 80 年代末,随着改革开放的深入推进,人民生活水平逐步提高,老年人福利事业开始受到广泛关注。1996 年,第一部《中华人民共和国老年人权益保障法》制定;1999 年,民政部等部门分别发布制定了《社会福利机构管理暂行办法》《老年人建筑设计规范》;2001 年,民政部制定了《老年人社会福利机构基本规范》等。这些制度的设计和举措意味着,由政府来负责或牵头的养老服务具有社会福利性质,福利院养老是这一阶段养老事业的重心。

3. 多元化养老　1999 年,我国正式进入人口老龄化国家行列,养老成为整个社会的共同关注点。2000 年,《中共中央、国务院关于加强老龄工作的决定》发布,提出要"建立以家庭养老为基础、社区服务为依托、社会养老为补充的养老机制";2006 年,全国老龄工作会议提出建立"以居家养老为基础、社区服务为依托、机构养老为补充"的中国特色养老服务体系;2008 年全国民政工作会议强调"以居家为基础、社区为依托、机构为补充"。至此,多元化养老服务格局基本形成,养老事业进入了新阶段。

（四）养老事业的政策演进

1. 从"保重点人群"到"保基本服务"　2012 年党的十八大前,我国养老服务政策更强调兜底性,重点关注城市"三无"人员和农村"五保"群体。2019 年国家发展和改革委员会、民政部、国家卫生健康委员会等部门联合发布《城企联动普惠养老专项行动实施方案（试行）》,提出了普惠型养老,普惠型养老面向全部老年人群体,提供基础性养老服务,建构适宜的养老服务保障体系,凸显了养老事业的公益性特征。

2. 从"只论养老"到"兼顾医养康"　在过去,养老事业的发展主要由民政部门主导,但老年人的医疗服务供给则隶属卫健部门,这种管理上的条块分割使得医疗服务和养老服务分离,致使医养很难实现融合且取得突破性进展,论及养老只能是"就养老论养老"。2012 年后,国家通过顶层设计、简化审批等措施积极推动医养结合实践。2019 年党的十九届四中全会上"医养结合"更是被丰富为"医养康养相结合",兼顾医养康成为养老事业发展的重要取向。

3. 从"单一机构"到"主体协同"　在我国养老服务体系中,居家、社区和机构养老是三个重要的组成部分。党的十八大前,社会福利机构是养老事业的中坚力量,政策扶持与

笔记栏

制度设计也倾向于机构养老,对发展居家养老、社区养老的认识并不充分,致使居家养老、社区养老的发展相对滞后。党的十八大后,特别是在供给侧结构性改革的背景下,社区养老服务得到重视,居家养老则因其文化传统也得到凸显。党的十九届四中、五中全会上,更明确了"居家、社区、机构相协调"的发展方向,形成了多元主体协同推进养老事业发展的新格局。

(五) 养老事业的发展目标

1. 养老事业在服务供给上覆盖城乡、惠及全民　加强顶层设计,不断完善养老服务的社会功能,充分配置好养老资源,优化不同层级养老服务,构建覆盖城乡、惠及全民的养老服务供给体系。

2. 养老事业在医养康融合上更加便捷可及　充分盘活各种卫生健康服务资源,特别是要推动医学院校培养医养康综合性专业服务人才,依托老年人长期护理保险等国家制度安排,实施积极老龄化发展策略。

3. 养老事业在享老乐老上实现多业态创新融合　提供丰富多彩的教育培训活动,支持活力自理老年人旅居养老,发挥老年人余热开展社区志愿服务活动、参与老年友好型社区建设,提供个人退休金和资产的保值增值服务等。

二、养老产业

(一) 养老产业的概念

在经济学中,产业是指由利益相互联系的、具有不同分工的、由各个相关行业所组成的业态总称。在我国,养老产业以保障和改善老年人生活、健康、安全及参与社会发展,实现老有所养、老有所医、老有所为、老有所学、老有所乐等为目的,为社会公众提供各种养老及相关产品(货物和服务)的生产活动集合。

养老产业的理解可以从如下维度展开。从范围看,养老产业涉及生产、交换、分配、消费等各个市场环节;从需求看,养老产业是为了满足老年人生活、安全、健康、参与社会等个人需求;从供给看,养老产业所提供的是满足市场需求的养老服务和产品。

(二) 养老产业的特征

1. 规模性　规模性是产业的重要标志之一,养老产业的规模性指的是养老服务在内容、主体、网络及其产业链上的结果呈现,本质上是养老企业、养老产品、养老服务在市场份额中所占据的数量,直接反映了养老产业的发展水平、生产效率和市场竞争力。

2. 竞争性　养老产业的竞争性是指在养老市场份额、人才资金、产品技术、品牌形象等方面的争夺。产业竞争性有助于提高产品质量、降低成本、提升服务效能,为老年群体带来更好的服务体验。

3. 创新性　创新是产业发展的驱动力,产业的创新性表现为技术创新、管理创新、模式创新等。对养老产业来说,可以在智能照护、医养康融合、复合型人才培养、多元金融助力等方面创新,以满足老年人的多元化需求,推动养老产业的可持续发展。

(三) 养老产业的服务内容

养老产业的服务范围广泛,门类众多,根据国家统计局《养老产业统计分类(2020)》,本章将养老产业概括整理为三大服务类别。

1. 养老用品及产品类　养老用品及产品是养老产业发展的基础,其类别包括老年食品、日用品及辅助产品、健身产品、休闲娱乐产品、保健用品、药品;医疗器械和康复辅具、智能与可穿戴装备、代步车等制造、销售、租赁;养老设施建设、改造及装修维修,住宅、公共设施适老化及无障碍改造等。

2. 养老服务及管理类　养老服务及管理是养老产业发展的保障,其类别包括居家、社区、机构养老照护服务;老年预防保健和健康管理、疾病诊疗服务、康复护理服务、安宁疗护服务及其他未列明医疗卫生服务;老年体育健身服务、文化娱乐活动、旅游服务、健康养生服务、志愿服务;养老科技服务、智慧养老服务;养老传媒服务、老年法律服务和法律援助、养老相关展览服务、老年婚姻服务、养老代理服务及其他未列明的养老服务;养老教育和技能培训、人力资源服务、老年教育;政府养老管理服务、养老非政府组织服务。

3. 养老金融类　养老金融支持是促进养老产业发展的重要手段,其类别包括商业养老保险、养老理财服务、养老金信托、养老债券及其他养老金融服务。

(四) 养老产业的发展历程

国外养老产业的发展深受工业化、城市化、老龄化影响,进入 21 世纪后,随着科技进步和社会观念的转变,智能化、个性化、社区化正在成为养老产业的发展趋势。就国内发展而言,大体经历了商业养老和智慧养老两个阶段。

1. 商业养老　国家对养老产业的重视程度不断提高,逐步将其纳入优先发展的战略地位。2011 年,《社会养老服务体系建设规划(2011—2015 年)》首次明确了社会养老服务体系的内涵和定位、指导思想和基本原则、目标和任务、保障措施等。2013 年,党的十八届三中全会提出"积极应对人口老龄化,加快建立社会养老服务体系和发展老年服务产业"。2017 年,民政部、国家工商行政管理总局发布了《养老机构服务质量基本规范》。2020 年,《〈养老机构等级划分与评定〉国家标准实施指南(试行)》发布,供地方开展养老机构等级评定工作时参考使用。这一时期,各种养老概念如医养结合、候鸟式养老、度假养老、温泉养老、休闲养老等不断涌现,而国外成熟的养老服务体系和模式也陆续进入我国,如持续照料(CCRC)等。

2. 智慧养老　2017 年,工业和信息化部、民政部、国家卫生和计划生育委员会联合发布的《智慧健康养老产业发展行动计划(2017—2020 年)》指出,到 2020 年,基本形成覆盖全生命周期的智慧健康养老产业体系,建立 100 个以上智慧健康养老应用示范基地,培育 100 家以上具有示范引领作用的行业领军企业,制定 50 项智慧健康养老产品和服务标准。2021 年,工业和信息化部、民政部、国家卫生健康委员会联合印发的《智慧健康养老产业发展行动计划(2021—2025 年)》指出,到 2025 年,在现有试点示范的基础上,面向不少于 10 个应用场景,再培育 100 个以上示范企业,50 个以上示范园区,150 个以上示范街道(乡镇)及 50 个以上示范基地,推动建设 5 个以上公共服务平台,研究制定 20 项以上行业急需标准。这些政策设计为智慧养老提供了行动指南,在智慧健康养老产业科技的支持下,养老产品及服务供给能力明显提升,产业生态不断优化,老年人在健康及养老方面的获得感、幸福感、安全感稳步提升。

(五) 养老产业的市场前景

1. 养老市场需求剧增　人口老龄化是推动养老产业发展的主要动力,老年人对生活照料等养老服务的基础需求不断增长,安全、社会参与的个性化需求也在增加,养老市场需求旺盛吸引了越来越多的投资者和企业进入养老市场。

2. 养老政策扶持空前　政策支持是保障养老产业发展的重要基础,近些年,随着我国老龄化社会的加剧,国家出台了相关养老产业发展政策,如在供应土地、建设资金、财政补贴、税收优惠等方面加大扶持力度,鼓励社会资本投入养老产业。

3. 养老科技赋能迭代　科技进步与创新为养老产业发展提供了更多的可能性。智能家居、远程医疗等技术的应用,不仅提高了养老服务的质量和效率,也为养老产业的发展带来了新的机遇。

三、统筹发展养老事业与养老产业

（一）统筹发展的政策依据

统筹发展养老事业和养老产业有长期的政策渊源。2012年,党的十八大明确提出"大力发展老龄服务事业和产业";2017年,《"十三五"国家老龄事业发展和养老体系建设规划》指出,明确老龄事业不能完全涵盖养老服务内容,在事业之外还有产业发展问题;2017年,党的十九大进一步强调"积极应对人口老龄化,构建养老、孝老、敬老政策体系和社会环境,推进医养结合,加快老龄事业和产业发展";2020年,党的十九届五中全会进一步强调"推动养老事业和养老产业协同发展";2022年,党的二十大报告指出"实施积极应对人口老龄化国家战略,发展养老事业和养老产业,优化孤寡老人服务,推动实现全体老年人享有基本养老服务。"

（二）统筹发展的原则

1. 相互依存的原则　养老事业和养老产业是相互依存的,不能将其割裂开来。养老事业是为了满足老年人的基本养老需求,促进社会和谐稳定,由政府所提供的基本养老服务。而养老产业是指为老年人提供市场化的养老服务和产品的各种产业集合。只有将两者有机结合起来,才能实现养老服务全面覆盖和老年人生活质量提高。

2. 多元协同的原则　养老事业与养老产业统筹发展需要政府、市场、社会的多元协同。政府通过对养老服务的投入,提高养老服务覆盖率和服务水平;市场通过创新服务模式,提供多样化养老服务和产品;社会则借助政策扶持、政府购买服务等方式,推动养老产业的发展。养老服务本来就涉及生活照料、医疗、文化、旅游等多个服务领域,只有合作和跨界才能互相融通。此外,养老产业的发展也离不开政策、科技、金融的扶持,尤其是个性化、智能化养老更需要跨界成长。

3. 公平持续的原则　养老事业与养老产业的统筹要考虑公平和可持续性。没有公平,养老事业的兜底性和公益性就无法凸显;没有可持续性,养老产业就不能实现养老资源的优化配置,甚至迭代升级。公平意味着在积极应对老龄化国家战略背景下,养老事业和养老产业的制度设计要更能体现社会主义制度的优越性。持续意味着中国特色养老服务体系的建构,将是一个不断完善的持续过程。

第二节　银 发 经 济

一、银发经济概念与特点

（一）银发经济的概念

在传统的政治经济学著作中,经济是指社会生产关系的总和,包括物质资料的直接生产过程及由它决定的交换、分配和消费过程。银发经济是向老年人提供产品或服务,以及为老龄阶段做准备等一系列经济活动的总和,涉及面广、产业链长、业态多元、潜力巨大,包含"老年阶段的老龄经济"和"未老阶段的备老经济"。

理解银发经济要注意三个维度:从统计意义上讲,银发经济是为社会公众提供各种养老及相关产品(货物和服务)的生产活动集合;从产业链讲,银发经济包括了以照护服务、产业用品、设施建设为中心的产业链上下游关系和生态圈;从政策体系讲,银发经济的发展需要政府出台政策措施以提供良好的营商环境。

（二）银发经济的特点

1. 社交化　银发经济社交化特征是指老年人在社交方面的需求逐渐增加,通过社交软件保持和家人、朋友的联系。因此,针对老年人的社交软件、社交平台等服务已经成为养老产业的新商机。

2. 年轻化　银发经济年轻化特征是指老年人追求更时尚的生活方式;注重身心健康和生活体验;积极地参与到数字化生活中;出现在交互式、智能化的交流、学习、娱乐等消费场景中;贴近年轻人的生活方式,年轻化的服务内容和模式,成为银发人群的选择。

3. 智能化　银发经济的智能化特征是指老年人的消费内容、体验、营销都随着智能时代而发生改变。购物中使用微信、支付宝等移动支付工具;家居产品更愿意选择智能化的音箱、电视、手环、血压计等,希望售后服务是智能化的。这也激发了商家通过智能手段精准推送个性化的商品和服务。

二、银发经济服务业态与发展动力

（一）银发经济的服务业态

1. 基础型养老服务　包括养老机构服务、家庭护理服务及适老化改造服务等。对于需要长期照护的老年人,提供专业的日常生活照料、康复护理、医疗保健等全面的照护服务。开展家庭保洁、饮食照料、代购代办等服务,以减轻老年人及其家属的生活压力,享受到更加便捷的生活。为老年人设计并改造居住设施,如无障碍设计、紧急呼叫系统等。

2. 融合型养老服务　推进医疗保健、专业照护及康复融合,核心是能够根据老年人的健康状况和需求,提供个性化的医疗保健方案,管理和维护身体健康,及时发现并预防潜在的健康问题。

3. 智能型养老服务　利用互联网、物联网、大数据等信息技术手段为老年人提供智能家居、远程医疗、安全监控等全方位的照护。

4. 金融型养老服务　与养老金和长期护理保险有关。随着寿命的延长,老年人需要更好地规划和管理自己的退休金和储蓄,势必需要专业的投资建议和理财规划,以实现财富的增值和保值,确保生活质量。

5. 文娱型养老服务　关注老年人精神文化需求,主要针对老年人的闲暇时间、兴趣和爱好,为老年人提供旅游、娱乐或者学习新技能的机会,或者是定期组织活动,丰富老年人的生活,以促进他们的身心健康。

（二）银发经济的发展动力

1. 银发经济的基础动力是人口老龄化　随着人口结构的变化,老年人口比例逐渐增加,在产业经济中出现新的消费需求和消费模式,催生了银发经济新业态。

2. 银发经济的核心动力是供需动态平衡　随着技术进步和科技创新,众多智能化、适老化产品和服务被开发出来。与此同时,老年人消费观念和消费习惯也在发生变化,企业会根据市场需求调整产品和服务供给,供需动态平衡推动了银发经济的发展。

3. 银发经济的外在动力是刺激经济增长　随着老年人口的增加,经济增长和经济发展将受到影响。只有通过创新和改革,才能促进经济的可持续发展,找到新的经济增长点,促进经济发展的良性循环。

三、银发经济时代机会与主要挑战

（一）银发经济发展的时代机会

1. 老龄化人口红利的释放　随着人口老龄化进程的加速,银发经济领域迎来了前所未

笔记栏

有的发展机遇。老年人口数量庞大为银发经济提供了广阔的市场和丰富的资源,预示着银发领域巨大的增长潜力。

2. 消费升级趋势的驱动　随着生活品质的提升,老年人群体的消费观念与需求持续进阶。老年人对医疗保健、旅游、教育及娱乐等领域的消费需求不断增长,为银发经济领域的创新与发展提供了新的契机。

3. 技术创新的助力　近年来,人工智能、大数据、物联网等领域的飞速发展为银发经济提供了强大的推动力。这些先进技术能帮助企业更好地洞察老年人的需求,为老年人提供更个性化的产品和服务,从而满足市场的多元化需求。

4. 政策扶持的保障　政府通过财政补贴、税收优惠等方式对银发经济的发展给予了大力扶持,鼓励企业通过大数据、人工智能等方式助力银发产业的繁荣发展。

5. 健康观念的引领　现在的老年人与过去的老年人相比,在认知、行为上都有很大的变化,更看重身心健康和对精神生活的追求,在这种观念和行为方式的影响下,健康旅游、健身器材、心理咨询等产品和服务的需求会越来越巨大。

(二) 银发经济发展的主要挑战

1. 有效供需不足　银发产品和服务的供给与老年人的真实需求存在错位,供需不匹配,导致资源闲置或浪费;市场主体也缺乏科学周密的市场调研,缺少激活老年人消费潜能的有效手段,无法满足老年人群日益增长的需求。

2. 核心竞争力弱　银发经济需要的是创新和差异化,一些养老市场主体盲目跟风、轻率冒进,没有找准市场定位,对老年人的需求和喜好缺乏深入了解,缺乏创新能力和品牌影响力,核心产品和服务较弱,在市场竞争中处于弱势。

3. 市场监管滞后　养老产业政策操作性有待加强,多头管理会导致条块分割,政策之间的配套衔接不够,会制约银发经济对社会经济发展的贡献。加之一些不法商家利用信息不对称和老年人认知能力下降等特点进行欺诈行为,致使市场监管存在漏洞,老年人权益保障不够充分。

案例分析

案例:某企业成立于 2015 年,是一家互联网大健康企业,专注于为父母提供涵盖定制体检、健康管理、保险支付的"一站式"服务。作为银发经济中的"新势力",该企业用数字技术、创新模式重新定义银发健康行业,开创了以子女为服务支付方,父母为服务接受方的"代际转移支付模式"。该企业以健康数据驱动,打通预防、干预及支付等银发健康领域的核心环节,具有创新性和领先性,在体检端,该企业拥有强大的体检服务平台做支持;在保险端,该企业基于长期对银发人群健康数据的研究及领先的数字技术,自主研发了风控引擎,并开发了自动化智能核保系统。这些保险科技创新技术,能够大规模、高准确率、低成本地进行银发人群的保险风控,为银发专属保险产品的开发提供助力。

分析:该企业精准把握了银发人群对健康管理的需求,以及子女对父母健康的重视,将两者有效对接,实现了用户价值的最大化。该企业拥有强大的技术团队,自主研发先进的健康管理和保险科技系统,为其在银发经济市场中取得成功提供了技术支持。该企业与众多体检机构、保险公司等合作伙伴建立了良好的合作关系,共同打造了银发专属的健康管理和保险产品。

ER-15-2

拓展阅读:
2024 年
《国务院办公厅关于发展银发经济增进老年人福祉的意见》中有关"银发经济的高质量发展路径"的表述

笔记栏

第三节　养 老 市 场

一、养老市场概念、要素及类别

（一）养老市场的概念

养老市场是以老年人为服务对象的经济活动,涵盖老年人衣食住行、医疗保健、娱乐休闲、学习培训等多个领域。

（二）养老市场的要素

1. 资源供应　资源是养老市场的核心基石,决定着养老市场的发展水平和服务品质。养老市场的资源包括养老基础设施资源、专业养老人力资源及与养老相关的上下游资源。

2. 市场需求　需求是刺激养老市场的动力来源,老年人及其家人对养老服务的需求量、需求类型、支付能力都会影响养老市场的运作。

3. 政策法规　政策法规是影响养老市场的重要外部因素,政府的监管、优惠政策及相关法律法规都会对养老市场的运营模式、服务质量及竞争状况产生深远影响。

4. 经济环境　经济环境是影响养老市场的另一个重要因素,经济状况、人们的生活水平及消费者的购买能力都会直接影响到养老市场的需求和供给。

5. 文化因素　人们对养老的认识和态度、对老年人的尊重和关爱程度及社会对养老服务的认可度都会对养老市场产生深远影响。

6. 科技进步　技术创新为养老市场带来新的商业模式、服务模式,特别是在大数据、人工智能背景下,科技创新能力已成为提升养老服务品质和效能的重要保障。

（三）养老市场的类别

1. 养老服务市场　养老服务市场是一个基础性市场。为了提升老年人的生活质量,过上幸福、健康、有尊严的晚年生活,市场服务主体针对不同处境和需求的老年人群体,提供日常生活照料、医疗护理、精神慰藉、文化教育等服务,聚焦服务质量、价格、品牌等优势以获取市场机会。

2. 养老产品市场　养老产品市场是一个综合性的市场,涵盖了健康保健品、医疗器械、助行器具、老年电器、老年家居用品等多个类型。随着科技进步和老年人需求的变化,健康管理、健康监测、养老监护、家庭服务机器人等新型智能终端产品,也深得老年人喜爱。

3. 养老地产市场　养老地产市场的兴起得益于人口老龄化的推动,加之政府出台了土地供应、融资支持、税费优惠等支持政策,在全国各地出现了康养小镇、养老度假村、银龄产业园等新兴地产市场。但由于养老地产市场的特殊性,需要投入大量资金进行建设和运营,其盈利模式相对复杂且回报周期较长,使得一些企业仍面临盈利困难的问题。

4. 养老金融市场　养老金融市场是指与养老金、养老产业等相关的金融服务,包括养老金管理、养老保险、养老基金等业务。政府应该出台相关政策法规保障老年人的合法权益,鼓励金融机构和企业参与养老金融市场,加强监管以确保养老市场的稳健和可持续发展。

二、养老市场现状、问题及治理

（一）养老市场基本现状

1. 养老服务需求　目前,我国老年人的养老服务需求主要集中在生活照料、医疗护理、精神慰藉等方面。其中,生活照料需求最为普遍。与此同时,随着社会的进步,文化教育、休闲旅游、临终关怀等服务需求也在不断增加。

2. 养老服务供给　根据民政部数据,截至 2023 年 3 季度,全国各类养老机构和设施达 40 万个、床位 820.6 万张。目前,我国养老服务供给主要依靠政府、企业和非政府组织等不同主体。其中,政府主导的养老服务机构主要包括公办养老院和福利院等。同时,社会资本(包括民营养老院、社区养老服务中心等)也积极参与养老服务市场。此外,还有一些非政府组织也提供养老服务。

3. 养老市场发展趋势　随着老年人口数量不断增加,养老服务需求将持续增长,政府将加大对养老服务市场的投入和支持力度并规范养老服务市场的运行发展。机构养老、居家社区养老多种模式并存以满足不同老年人群体的需求。智能化和信息化成为养老服务的重要发展趋势,养老服务的效率和质量更高。

(二) 养老市场存在的问题

1. 服务供给相对不足　尽管老年人口数量不断增加,但养老服务供给总量不足,供给结构也不够合理,具体表现为养老机构数量有限、服务覆盖面窄、项目单一等。目前,在养老市场结构中,居家社区养老服务所占据市场份额较大,机构养老所占据的份额相对比较小,不能有效满足老年人的多样化需求。

2. 服务质量需要进一步提高　因医护人员的短缺、部分服务人员专业素质不高及养老设施不足,导致养老机构服务质量较低,职业能力提升乏力,无法满足老年人的市场性需求。此外,一些养老机构还存在卫生条件差、安全隐患大等问题。

3. 金融支持不够完善　目前,我国老年人养老金主要依赖于基本养老保险。由于第二、三支柱发展相对滞后,养老金储备、投资渠道等问题,养老金的充足性和保值增值有待增强。

4. 体制性和观念性障碍　体制性障碍表现为竞争行业与非竞争行业的区分不明确,民营机构无论是土地使用、财政支持,还是在医保定点方面都存在先天不足,很难与公办机构在同一水平线上竞争。观念性障碍则表现为人们对市场养老认识不足,限制了养老服务的社会化和产业化进程。

(三) 养老市场的治理路径

1. 政策扶持　政府政策扶持包括税收优惠、财政补贴、土地供应等。政府应加强对养老市场的政策引导,制定完善的养老政策,以确保市场秩序和公平竞争,为养老服务体系建设提供保障和支持。同时,应鼓励民间社会力量参与养老事业,推动养老服务的多元化和产业化发展;加强对养老机构的规范化建设与管理,提高服务质量,确保老年人的权益。

2. 模式创新　推出智能家居、健康监测等科技创新产品,为老年人提供更加个性化、智能化、精细化的服务。针对不同老年人的需求,创新养老服务模式。例如,可以推广"医养康结合"的养老模式,将医疗、养生资源与养老服务相结合,以满足老年人医疗、养老、享老的三重需求。

3. 人才保障　应加强养老服务人才的培养和引进,以提高服务人员的专业素质和服务能力,充分调动医护人员、心理咨询师、社会工作者等专业团队,为老年人提供全方位的服务,为养老市场的良性治理提供人才保障。

4. 多元协同　在宜居、完善、良性的社区中享有便捷的生活服务,让老年人得到关爱和陪伴,参与社区发展,共享社区繁荣。增进照护、旅游、房地产、科技等产业的协同合作,为养老市场发展提供了强大的合力,形成了多元化的服务供给格局,使得养老服务更加全面、多样化。

5. 国际合作　通过与国外领先企业和非政府组织合作,借鉴先进的养老服务理念、技术、模式,提高我国的养老市场发展水平。同时,拓展国际市场空间和机会,实现互利共赢。

●（何肇红　苏　红）

笔记栏

复习思考题

1. 养老事业与养老产业有什么联系与区别?
2. 如何激发我国银发经济的内生动力以实现高质量发展?
3. 我国养老市场还在存在哪些发展障碍?
4. 我国养老市场如何良性治理?

ER-15-3

扫一扫
测一测

第十六章

养老服务展望

知识目标

了解我国养老服务所面临的基本形势,熟悉发达国家养老服务的做法,明晰我国养老服务的主要发展趋势。

能力目标

在了解我国养老服务面临形势的基础上,借鉴国外发达国家养老服务的经验,提高解决我国老龄化逐步加深过程中所遇到困难的能力。

素质目标

能够把握养老服务的发展规律,培养创新养老服务的思维方式,做一个专业养老服务工作者。

课程思政目标

洞察养老服务的广阔前景,坚定信心,从而进一步巩固专业思想,立志在开创养老服务新局面中实现个人价值与社会价值的统一。

学习要点

1. 国外养老服务的经验。

2. 我国养老服务的发展趋势。

第一节　养老服务面临的形势

一、养老服务的机遇

(一) 养老服务需求持续增长

人口老龄化是我国今后很长一段时期的基本国情,随着人口老龄化程度不断加深,养老服务中的日常照料、长期照护、医疗康复等刚性消费需求将会持续增长。当前及今后 5~10 年,全国第一代独生子女父母将进入老年,我国会逐渐迎来养老照护需求的浪潮。除此之外,由于老年人经济基础、消费观念、文化背景等因素的差异,养老需求呈现多元化、差异化、个性化的趋势。老年人对养老服务类型和品质也提出更多更高的要求,甚至消费模式也在悄然改变,线上线下相结合的消费模式越来越明显。世界上最大规模的老年人口、农村养老服务短板需要补齐、多层次养老服务需求等多种因素叠加,导致我国的养老服务需求持续增长。

（二）老年人消费能力不断提升

自改革开放以来,我国经济持续发展为老龄工作和养老服务奠定了一定的物质基础。国家不断完善多层次养老保障体系,鼓励发展商业保险,提升了老年人群的支付能力。通过强调子女赡养义务和家庭的养老责任,试点长期护理保险制度,又提高了老年人在照护方面的支付能力。在经济更加发展、人民生活更加殷实的背景下,部分老年人的需求已经从兜底线、保基本的生活必需型向享受型、发展型、参与型转变。当前,老年人口结构正在发生变化,新近步入老年时代"60后"的养老观念、消费意愿不同于前几代老年人,"60后"既有对生活品质的追求又有消费实力,还有互联网消费能力,这些特质都为我国的养老服务行业,特别是康养产业的发展带来巨大潜力。随着改革开放后就业的一代人进入老年阶段,"年轻老年人"的经济基础和消费能力会有较大提升。

（三）老年人力资源成为新红利

养老服务要以促进老年人全面发展为根本目标,老年人不只是被动接受服务的客体,也是主动提供服务的主体。第七次全国人口普查结果显示,60岁及以上人口中,高中及以上文化程度的人口比重为13.90%,比十年前提高了4.98%。当前我国老年人口迅速增多的同时,低龄老年人占比逐渐增加。60~69岁的低龄老年人口约为1.48亿,占老年人口总数的55.83%。这些低龄老年人大多身体健康,具有知识、经验和技能的优势。积极开发低龄老年人力资源,既可以弥补人口老龄化导致的人口红利下降,又可以鼓励老年人继续发挥潜能,积极参与社会经济建设,成为社会发展新红利。老年人再就业一方面可以减轻家庭赡养的压力,另一方面可以保持健康的心态和进取精神。老年人是社会财富不是社会包袱,把老有所为同老有所养结合起来,从机制体制上调动老年人的积极性、主动性,充分发挥低龄老年人在就业、社区治理等方面的作用,将会带来养老服务的新局面。

（四）科技进步赋能养老服务

随着物联网、人脸识别、人工智能、语音AI等现代科技的快速发展,日用辅助用品、健康监测产品、养老监护装置、家庭服务机器人等适老化产品的智能水平、实用性和安全性逐步提高。这些适老化产品在家庭、社区、机构等多场景将被广泛使用,不但缓解了服务人手不足的困难,减轻照护劳动强度,而且提高了养老服务的效率和质量,还给老年人带来了智能化的养老服务体验,提升了老年人的生活品质和水平。随着科技的进步,养老服务领域将会出现更多的创新技术和科技产品,不断提升老年产品科技化程度,帮助养老服务实现智能化。工业和信息化部、民政部、国家卫生健康委员会积极推进智慧健康养老产业发展行动,释放"科技＋养老"效应。智慧养老相关行业标准的出台,也将进一步规范智慧养老标准化体系建设,更好地满足老年人长期照护服务的智能化、个性化、多元化需求。

（五）银发经济成为发展新动能

随着老年人收入水平稳步增长、消费能力不断提升,养老服务需求不断增加,原本事业属性的养老服务逐渐彰显出产业属性。养老产业被公认为服务夕阳的朝阳产业,国家层面已经释放出一系列促进银发经济发展的政策红利,为养老产业的发展带来了机遇。大力开发满足老年人衣、食、住、行等需求的老年生活用品,重点开发适老化家电、家具、洗浴装置、坐便器、厨房用品等日用产品及智能轮椅、生物力学拐杖等辅助产品,发展老年益智类玩具、乐器等休闲陪护产品。把服务亿万老年人的"夕阳红"事业打造成蓬勃发展的朝阳产业,发挥养老服务保障民生、促进就业、拉动内需、激发新消费的广泛作用,不仅可以积极应对老龄化社会的新需求,还可以为开启内循环赋能,形成服务新发展格局,成为推动我国经济持续发展的强大新动能。

（六）中医药助力医养康养相结合

随着老年人口数量的不断上升,养老服务中的医疗需求成为必须面对的重大问题。在

数千年的中华文明史上,形成了中医"治未病"理念和诸多延年益寿的养生方法,加上中医药在慢性病管理、疾病治疗和康复中具有独特作用,中医药的作用又被重新认识。伴随着年龄增长,人体的功能逐渐下降,老年人群普遍身体虚弱,老年病、常见病、慢性病多发共生,为老年人提供保养身心、预防疾病、改善体质、增进健康的产品,也正是中医药的优势所在。在当前老龄化社会背景下,中医药在医养康养结合方面更具潜力。2022 年,国家卫生健康委员会印发《医养结合示范项目工作方案》中指出,"增强社区中医药医养结合服务能力,充分发挥中医药在健康养老中的优势和作用"。由此可见,中医药将在构建医养康养相结合的养老服务体系和老年健康支撑体系中发挥重要作用。

案例分析

　　案例:2023 年 10 月 30 日,广东省中医院、广州市越秀区民政局、越秀区卫健局三方共同签订"广东省中医院——越秀区医养联合体"合作框架协议。广东省中医院联合广州银幸颐园养护院、祺美颐养中心、广州优必选、越秀区综合养老服务中心及人民街和光塔社区卫生服务中心、颐康中心等 8 家优质养老服务机构和基层医疗机构,实现家庭养老床位、家庭病床、养老机构床位、医疗机构床位"四床"联动及中医康养服务融合、智慧健康养老服务融合六个方面进行医养结合和中医康养方面的深度合作。医养联合体围绕"四联动、两融合"的目标,在慢病管理服务、双向转诊、就诊绿色通道、医养结合人才培养等方面建立合作机制。医养联合体项目依托中医康养片区规划,推动形成大德路周边片区加快形成"居家 - 社区 - 养老机构 - 医院"的医养融合全链条服务,助力构建具有区域特色的居家社区机构相协调、医养康养相结合的养老服务体系。

　　问题:广东省中医院——越秀区医养联合体有什么优势?

　　分析:发挥中医药在养生保健、慢性病防治等方面的优势,是优化老年健康和养老服务供给的重要举措。广东省中医院——越秀区医养联合体将有益于中医康养技术成果走进社区、机构和家庭。不但提高养老服务参与主体的多元化发展、助力养老服务质量的不断提升,而且推动中医药文化创造性转化、中医药文化不断融入群众生活。

二、养老服务的挑战

(一)老龄化导致社会负担加重

　　我国人口老龄化形势严峻,呈现老年人口数量多、老龄化速度快、区域差异大等特征。由于人口老龄化加剧,老年抚养比将快速攀升,全社会会用于供养老年人的养老金、医疗费、照护服务费用和相关福利设施等方面的支出将大幅增加。基本的养老服务需求短时间内快速增长,未备先老导致供给相对不足,与日益繁重的应对人口老龄化任务相比,我国当前应对人口老龄化的基础设施和人才储备都较为匮乏。我国基层老龄工作机构还存在人手不足的问题,基层老年人组织建设仍较薄弱,老龄人口需要的社会支持系统仍需进一步完善,都将会导致一定时期内我国经济社会发展面临较大负担。

(二)养老筹资体系尚不完善

　　发达国家一般是在 GDP 达到人均 5 000~10 000 美元时进入老龄化,而我国进入老龄化社会时人均 GDP 仅 873 美元。随着老龄化速度的加快,作为养老金筹集来源的劳动力规模持续缩减,而需要支取养老金的老年人口规模迅速扩大,可能会导致养老金的缺口和不可持续的财政支出,作为第一支柱的养老金将面临越来越大的压力。在我国,由企业年金和职业年金组成第二支柱覆盖率低,第三支柱建设处于起步阶段,仅在36个先行城市(地区)实施个人养老金制度。我国金融机构缺少符合老年人特点的支付、储蓄、理财、信托、保险、公募基金等养老金融产品,居民个人储蓄向养老产品的转化效率较低,商业保险机构开发商业养老保险和适合老年人的健康保险有限。

(三)养老服务行业人力资源短缺

我国的养老服务行业一直面临着人力资源短缺的困扰。一方面是社会劳动力人口下降,另一方面是对从事养老服务缺乏足够的社会认知和接受度,造成吸引和培养养老服务相关专业人才成为一个难题。随着人口老龄化的加剧,养老服务的发展前景非常广阔,提供优质的养老服务需要更多的专业人才,包括医生、护士、护工和养老服务管理等专业人才,特别是护理人员供不应求,将会导致养老服务的供需不平衡。提高社会对养老服务的认知和接受度,加强职业培训和人才储备,提高他们的专业水平和服务素质,提供高质量养老服务,才能满足老年人多样化和个性化的需求。

(四)发展不均衡问题将会更加突出

养老服务发展不均衡的矛盾仍然比较突出。中心城区养老床位一床难求与远郊地区床位空置现象并存;农村人口老龄化程度较高,农村社会事业和基础设施建设相对滞后,农村居民的养老、医疗保障制度尚不健全,农村留守老年人的生活照料、健康管理、精神慰藉等方面存在的问题不容忽视。我国各省份老龄化进程差异巨大,最早进入人口老龄化的上海和最迟进入人口老龄化的西藏之间相差40余年。随着中西部青壮年劳动力向东部流动,区域常住人口老龄化呈现出东部有所减缓而中西部不断加快的态势,这种差距还将进一步加大,老龄化的区域不均衡发展进一步增加了应对的难度。

(五)老年友好社会尚处于起步阶段

从全国来看,城乡老年宜居环境基础薄弱,适老化设施短缺,建设规划标准有所滞后,与老龄化程度持续加剧不相适应。普遍缺乏针对老年人的交通设施及道路规划设计和改造,适老型智能交通体系还有很大差距,距离老年人便捷舒适的出行环境要求还有差距。老年人群中还普遍存在以家庭参与为主,社会参与度不足,自我效能感和获得感较低等问题,老年人精神文化生活需要进一步丰富。

(六)老年人权益保障任重道远

我国的老年人权益保障制度和机制尚不健全,老年人的权益受损事件屡有发生,需要围绕老年人的家庭赡养、社会保障、养老服务、社会优待、参与社会发展等多个具体领域加强立法工作。还要落实法律援助,加大老年人法律援助工作力度。更要不断完善老年人监护制度,倡导律师事务所、公证机构、基层法律服务机构为老年人减免法律服务费用,为行动不便的老年人提供上门服务。另外,加强老年人权益保障普法宣传,提高老年人运用法律手段保护权益意识,提升老年人识骗防骗能力,依法严厉打击电信网络诈骗等违法犯罪行为也显得更加迫切。

第二节　国外养老服务借鉴

一、法国的养老服务

(一)法国养老服务的保障体系

1.法国的社会保险制度　包括普遍类、农业类、非领薪者类和特殊类四类,共有近40

种社会保险。可以说,除极少数人外,每一个法国人,从出生到死亡,都可享受某种基本社会救助,这也是"从摇篮到坟墓"社会保障思想的制度体现。

2. 法国的养老保险　社会保障制度覆盖的保险项目主要包括四部分,即养老、医疗、家庭和失业。养老保险、医疗保障和家庭津贴是法国社会保障的三大支柱。法国的养老保险从一开始就采用职业养老金的方式,即养老金基本都与职业相联系,养老金的获得与缴纳保险费的年限相挂钩。

3. 法国的医疗保险　主要包括两部分,即基本医疗保险和补充医疗保险,其中基本医疗保险是全民必须加入的保险,补充保险主要是指互助保险公司或互济会提供的保险,人们可以选择性加入。法国的医疗保险具有覆盖面高、给付水平高、提供相对均等的医疗保障服务三大特点。

4. 法国老年人照顾福利制度　高龄者的所得政策,是以领取其他相关社会给付仍不能达到最低生活水平的所有 65 岁以上的老年人为对象,保障高龄者的生活水准。高龄者的所得主要用于生活环境的改善,实施住宅津贴、住宅改善服务、电话与紧急通报系统设置、老年人休闲活动、家事援助与介护、护理服务等措施。改良收容机构,在老年人之家增加具有医疗照护功能的老年人照顾单位。

(二) 法国养老服务的主要模式

1. 居家养老服务　1865 年法国 65 岁及以上老年人口比例超过了 7%,成为世界上第一个进入老龄化的国家。法国有超过 90% 的老年人选择居家养老,居家养老服务包括在宅协助服务、送餐服务、紧急通报服务、住宅改善服务、休闲服务、照顾与护理服务等常规服务,逐步增加了社区健康网络、社会福利与医护机构共同提供的服务。居家养老服务中有些项目是由中央规划且提供部分财源补助的义务服务,如住宅改善服务。还有些项目是由地方或其他社会福利相关团体提供的志愿服务,如咨询与预防服务、休闲活动服务、生活援助服务、保健服务及餐饮服务等。

2. 机构养老服务　法国老年人多喜欢住在自宅中,对机构照护接受度不高,只有近 6% 的老年人入住机构。法国的养老机构主要分为两大类:一是老年人之家,为入住老年人提供长期照护服务,但不提供医疗服务,老年人之家有公立和私立之分。二是高龄者住宅,主要为自主性高的老年人提供服务,包括自行生活自理活动、餐饮供应、长期照护服务、部分医疗服务及休闲娱乐等服务。法国的机构服务需由老年人自己付费,入住费用不足部分由社会救济费用支付。政府对在公立机构和非营利性机构养老的老年人承担约 90% 的费用,对在营利性机构养老的老年人根据评估给予相应补贴。

3. 养老服务的产业化

(1) 政府推动养老服务的产业化:法国采取一系列措施推动养老产业发展,从而进一步提高养老服务质量。从成立全国家庭服务署到面向老年人的两项全国养老规划,对养老产业的发展起到了关键性作用;还组建法国"银发经济"协会,并积极推销相关产品和服务,鼓励支持相关行业发展。法国政府还建立了养老服务券制度,养老服务券通常由经过全国家庭服务署认证的实力较强的公司发行,个人或企业作为一种福利的形式购买养老服务券后,消费者凭券使用服务,最终由养老服务券发行机构与养老服务提供商进行结算。在这一制度设计和运行过程中,基本实现了政府、企业、老年人等多方共赢,收获了良好的经济社会效益。

(2) 法国的养老产业:基于法国的福利制度和健全的养老服务社会保障体系,法国老年人具备一定的养老服务消费条件。在此基础上,法国的养老产业从聚焦慢性病治疗、家庭和社区养老、医疗跨界合作等领域开始,逐渐实现行业细分。随着老龄化进程加快,家庭自动化商品、个性化服务、自主技术实现强劲发展。互联网＋养老这一新型养老模式也在探索过程中创造更多经济价值及工作岗位，伴随数字化和智能化发展浪潮，生命体征监控、老年公寓监控等功能的创新产品受到行业关注。综上，法国养老产业发展受到政府推动和政策指引，社会资本参与程度日益提高，产业融合趋势加强，这些举措的红利正逐步显现，也为其他老龄化国家提供了经验借鉴。

二、英国的养老服务

（一）英国养老服务的保障体系

1. 英国的养老金制度　英国的基本养老保障是由基础养老金、企业年金计划和个人养老金计划等多种形式的养老金制度构成。英国政府还通过了"国家保险法"，把养老保险制度扩大到了全民范畴，要求所有就业人群都必须参加国家养老保险计划，旨在提高个人养老保障水平。国家基础养老保险制度可分为国家基本养老金计划、国家补充养老金计划、新国家养老金三部分。企业年金计划是英国养老保障体系中最重要的组成部分，具体分为职业养老金计划和私人养老金计划两部分，由企业和员工共同缴纳，是雇主为员工提供的一种退休福利。个人养老金计划是个人独自的补充性缴费、个人储蓄养老金及补充性商业养老保险，由个人自愿参加的养老保障措施，政府为参与者提供了税收优待政策支持。

2. 英国的医疗保障　英国在 1948 年通过了《国民医疗服务法案》，政府承诺"将提供所有医疗、牙科和护理服务。任何人，无论贫富都能使用"。英国全民医疗服务制度包括两个层级的医疗体系，第一层是以社区为主的医疗网络，主要是由社区的一般家庭医师及护士提供医疗保健，第二层是医院提供诊疗服务，由各科的专科医师负责并接手由家庭医生所转诊的患者，或处理一些重大的意外事故及急诊者。英国全民医疗制度的经费主要来源于国家税收，承担个人的家庭医师诊疗费、住院医疗费（但部分住院费用与项目需自费）、产前检查与生产医护等费用。由于英国实行医药分业，除了 16 岁以下儿童、19 岁以下全日制学生、老年人、残障人士或孕（产）妇已获医药免费证明外，个人在就诊后可持医师所开处方至药店买药，须自行负担药价。老年人是该法案的主要受益者。

除了全民医疗服务外，越来越多的英国人通过支付更高的费用，在政府系统之外享受私人医生、私立医院和诊所、疗养院等其他更高质量的医疗服务。

3. 英国老年人其他照顾福利　英国有些社区为老年人专门设置的"老年人医院"，是社区老人医疗服务的一个重要部分，并且用"轮换住院"制以解决人多床少的矛盾。老年人医院对长期患者提供 6 周住院治疗期，6 周后回家住家庭病床，需要继续入院治疗者在相隔一段时间后再次入院。为了解决患者与家属的临时困难，有些社区还为老年人设有"周日医院"和"日诊医院"。周日医院形式是患病老年人星期一入院，星期五出院，周末在家由子女护理。日诊医院形式是医院每天清晨用救护车把患病老年人接到医院接受治疗，晚上送回家，可以按照患者的实际需要每天去医院就诊，也可以隔日或定期前往。医疗机构与社区结合，配备老年健康访问员，在医师指导下，为老年人特别是独居、残疾或出院不久的患病老年人，提供定期到家中探视，治疗、康复、营养等方面的咨询服务。还有的社区为老年人提供家庭服务员、饮食、俱乐部等服务。

（二）英国养老服务的主要模式

1. 社区养老服务　英国在 1929 年 65 岁及以上老年人口的比例超过 7%，进入了老龄化社会。最初是老年人入住专门的机构，接受政府提供的一揽子公共福利支持。随着老年人的个性化需求越来越高，英国兴起"去机构化"运动，逐渐发展出"社区照顾居家养老"模式，成为英国养老服务体系的核心。社区照顾居家养老服务主要有"社区内的照顾"和"由社区来照顾"两种模式。社区内的照顾,是老年人在社区里接受外来的专业人士提供的专业照顾;由社区来照顾,居家老年人接受家人、朋友、邻居及社区志愿者提供的非专业照顾。无论哪种模式都是面向社区内因各种原因居家的老年人,提供生活照料、物质支持、心理支持、整体关怀等居家养老服务,形成了多主体、多层次、可以满足老年人不同需求的养老服务体系。

2. 机构养老服务 英国机构养老主要是养老院模式,有寄宿养老院和护理养老院两种。寄宿养老院主要是为老年人提供助餐、助浴、助行、助厕等服务,要求入住的老年人基本上能够自由活动。护理型养老院不仅提供基本的生活照护服务,还有专业的医疗、康复和护理服务,是为因身体健康有相关需求的老年人或身体残疾人士提供持续照顾。除了上述常见的两种养老院模式外,英国还有为特殊需求的老年人提供服务的机构,如临终关怀机构、专门看护认知障碍老年人的养老院等。随着养老市场多样化发展,英国也出现了"退休社区""退休村""老年公寓"。无论是政府投资建设的养老院,还是民营的养老院,都要根据市场规律来运作,政府的各种补贴也是直接支付给老年人。

三、美国的养老服务

(一)美国养老服务的保障体系

1. 美国的养老金制度 美国的养老金制度主要包括社会安全退休福利、公司退休账户、个人退休账户三部分。社会安全退休福利是美国最基本的养老保险制度,由政府每月给退休老年人发放养老金,用于满足基本住所、食物和衣服的需求。公司退休账户,又称401K退休计划,是一种由雇员和雇主共同缴费建立起来的完全基金式养老保险制度,已成为美国许多雇主首选的企业补充养老保障制度。个人退休账户,是由个人主动开设账户并储蓄的一种养老保险制度。

2. 美国老年人的家庭资产 家庭资产是美国老年人养老的另一保障。美国人习惯于独立生活,不依靠子女,所以在工作的时候还会参加养老金计划、储蓄存钱、参与投资,为退休以后养老做准备。大部分美国人虽然在银行存钱不多,但在股票市场、养老基金等方面的投资却相当大,为自己的老年生活打下了比较稳固的经济基础。

3. 美国的医疗保险 美国的医疗保险制度主要分为公共医疗保险和私人医疗保险两大类型,公共医疗保险包括老年和残障健康保险、医疗补助、儿童健康保险项目。老年和残障健康保险是美国最早的一项医疗保险制度,也就是通常意义上的"医疗保险",包括住院保险、补充性医疗保险、医保优势计划、处方药计划四部分。医疗补助是针对低收入群体的医疗健康保障项目,服务对象是低收入的父母、老年人、儿童及残障人士。美国的私人医疗保险制度相当发达,医疗保险公司可以提供类型多样、种类繁多的私人健康保险产品。

(二)美国养老服务的主要模式

1. 居家养老服务 美国的居家养老,是由地方政府、社区非营利组织和专业供应商共同提供居家养老服务,已经探索出了多元的居家养老模式。①会员制模式,居家老年人每年缴纳一定的会员费,可以享受一些专业机构提供的家庭保健护理、医疗服务和房屋维修、花园维护、日常家政、交通出行等一系列基本服务,能够满足日常养老需求。②合作居住模式,老年人居住在私人住宅,可以共享公共厨房、餐饮区、休息区、洗衣房、图书馆、工艺坊、健身房、花园等生活设施。③综合性老年人健康护理计划,为55岁以上失能半失能、行动不便的老年人提供所必需的医疗护理救助和日常照护的服务模式。

2. 社区养老服务 美国的社区养老是指老年人入住专门养老社区的一种养老方式,这与多数国家的社区养老内涵有所不同。养老社区一般分为活跃及独立生活社区、协助生活社区、特殊护理社区及持续护理社区。①活跃及独立生活社区主要的对象是低龄、健康老年人,社区内设有老年人文娱、体育、综合活动等配套设施,为老年人提供餐饮、文娱活动、定期体检等基本服务。②协助生活社区需要州政府的许可执照才能运营,主要是为无重大疾病但有日常生活照料需求的老年人提供住所,社区可以为老年人提供洗澡、穿衣、进食等简单的生活照料,以及服药和护理等照护服务。③特殊护理社区主要为有慢性疾病、处于术后恢复期或失能失智老年人提供专业的医疗护理服务。④持续护理社区,一般分生活自理单元、生活协助单元和特殊护理单元,根据老年人不同年龄、不同健康状态的需求提供不同的服务,涵盖了老年人从生活全自理到需要生活协助再到需要特殊护理的晚年全阶段。

3. 机构养老服务　美国的养老机构主要包括老年公寓、养老院、护理院等类型。老年公寓以公租、廉租为主,大多分布在大城市人口密集区,主要面向低收入老年群体,可提供日常餐饮、图书阅览等各项文娱活动服务及场所。护理院和专业的养老院主要是面向日常生活不能自理或者需要24小时护理的老年人,还有认知障碍,患有长期或慢性病要治疗和恢复的老年人。一般为老年人提供生活照顾、医疗诊治、康复治疗和健康管理等服务,主要是面向重大手术和失能失智等生活不能自理的老年人。

四、日本的养老服务

(一) 日本养老服务的保障体系

1. 日本的养老金制度　日本的养老金制度主要包括公共养老金制度、企业补充养老金制度以及个人储蓄养老金制度三部分。公共养老金制度是养老保障的基础,在日本是强制性全覆盖。企业补充养老金是企业从在职员工的工资中直接扣除,到员工退休时一次性退还给员工养老的补充保障。日本政府为鼓励公民储备更多的养老金,推出个人缴费确定型的养老金计划。

2. 日本的医疗保障制度　从20世纪70年代一度实施老年人免费医疗制度,到80年代改为年满40岁以上的国民都可免费享受疾病的预防诊断、检查等服务,70岁以上的老年人则可享受免费医疗,再到21纪初实行高龄老年人医疗制度,日本一直在根据国情不断完善老年医疗制度以解决老年人的医疗问题。日本还实施积极的医疗保障制度,推动从疾病治疗到主动预防,从偶尔住院到基本在家接受医疗服务的方向转型。日本政府通过鼓励医疗机构办理参与介护及养老院与周边医院合作的方式,以满足老年人的医疗需求。

3. 日本的介护保险制度　日本政府于2000年实施介护保险制度,是针对需要长期提供介护的人群提供的一项强制性义务保险,由国家、地方政府和个人按照一定比例缴纳,可为购买者提供康复训练、日常照护等医疗保健服务,以及生活照料等居家上门福利服务。由于介护保险制度的实施,日本的老年人、残疾人和患有疾病或受伤的人能够在家庭和社区环境中获得更好的生活质量。介护保险制度已经成为日本养老保障体系中不可或缺的另一支柱。

(二) 日本养老服务的主要模式

1. 居家养老服务　日本政府强调国民自立、重视家庭在养老中的作用,鼓励老年人和家人住在一起。从住宅设计入手,考虑到多代人共同居住需求,特别设计了适合于多代共居的大型居住单元;为了应对生活方式和生活规律上的差异,对厨、厕、门厅和居室分隔功能都做了相应处理,以方便子女和老年人共同居住。日本政府还大力发展老年公租房,征用地产企业建设的专供老年人使用的集合住宅,租给老年人居住并给予一定的房租补贴。

2. 社区养老服务　日本政府大力在社区建设小规模多功能养老服务站,可以提供日托中心、短期入住、居家介护支援、咨询中心等服务。老年人依然住在自己家,由服务站提供日常护理等各种上门服务。如果老年人生病或者想要参加社交活动,服务站会派车上门将老年人接到社区,参加各种活动或中午助餐,傍晚的时候再由工作人员送回家。

3. 机构养老服务　日本的养老机构分为公立、低费和完全自费三种,大多由政府出资建成,然后交给民间养老机构经营。老年人可根据自己各方面的条件和经济情况进行选择。养老机构除了日常照料外,一般只有长期护理、康复训练和简单急救等医疗服务,如果需要疾病治疗,需要与附近的医院合作。

课堂互动

讨论:国外的养老服务有哪些启示?

一个国家如何应对人口老龄化,选择适合本国国情的养老服务模式,要根据所在国家的历史文化、经济基础和社会习俗决定,不能脱离这些社会现实基础去谈养老模式的优劣。

你从法国、英国、美国、日本这些国家的养老服务中学到哪些经验,给我国的养老服务带来哪些启示?

第三节　养老服务的发展

一、养老服务发展的基础

(一) 养老服务社区化

居家社区养老将是我国老年人的主流养老方式,这是由中华民族的优良传统和我国基本国情决定的。将居家社区养老服务纳入城乡社区治理,推动专业的养老机构在社区建设日间照料中心,依托中心整合 15 分钟生活圈内与养老需求有关的各类社会资源形成紧密的养老服务联合体,从而提升养老服务供给能力,为老年人提供生活服务、日常照护、健康指导、社交支持、文化娱乐等服务。2023 年,北京市石景山区广宁街道养老服务联合体启动,联合 40 家养老服务主体,为老年人提供理发、修脚、中医理疗、法律咨询、义诊等公益便民服务,后续街道还将依托"区域养老服务联合体"平台,增加多元化的公益活动、嵌入式的养老服务。养老服务社区化,把养老服务资源汇聚到老年人周边、身边,不但让老年人在家门口就能够享受到高品质的养老服务,而且让老年人在熟悉的环境里,在亲情的陪伴下,实现"在地老化"和"原居安老",使得老年人的生活富有亲情、更有尊严。

(二) 养老资源共享化

蓬勃发展的共享经济为养老服务带来新的启示,"不求所有,但求所用"成为汇聚养老服务资源的另一条路径。激励物业企业、零售服务商等社会服务机构拓展为老年人服务的功能,推动各领域各行业主动适老化转型升级,通过提供养老服务拓展新的商机。例如,在老年人相对集中区域选择现有的餐饮企业,成为指定的助餐点,按照老年人的需要提供部分餐饮服务;引导物业提供居家适老化改造,与社区养老服务机构合作开展上门巡访等养老服务。上海市崇明区港西镇将闲置集体房屋资产改造为集中西医诊疗、日间照料、运动康复、文化娱乐、助餐助浴、便民服务等功能于一体的镇级综合为老服务中心。以"共享家"构建家门口"1+13+N"养老服务设施矩阵(1是镇级综合为老服务中心,13是13个村居级家门口养老服务站,N是镇村两级养老服务设施,包含睦邻点、老年活动室、助餐点、辅具租赁点等),用阵地共享的方式探索出农村养老服务新路径。

(三) 养老服务专业化

新时代共同富裕的目标要求老龄工作高质量发展,高质量的老龄工作首先是要能够提供高质量的养老服务,必须坚持专业理念、发展专业技能、创建专业化的发展模式。在专业理念上,要牢固树立以老年人为中心的服务理念,以尊重、包容、个性化的专业价值观,让每一位老年人都能从接受服务中感受到安心、舒心,增强获得感、幸福感。在专业队伍建设方面,要推动社会工作、医生、护士、养老护理员、康复师、膳食营养师等专业团队建设,打造全生命周期的服务模式。在专业技能方面,要引入专业管理人才,不断提高养老服务各类专业人员比例,形成专业服务的技术体系。当前,需要引导有条件的高校开设养老服务管理、健康服务与管理、老年医学与健康等相关专业,鼓励其他专业学生选修养老服务相关课程模块。大力发展养老服务相关的职业教育,开展养老服务、护理人员培训行动。通过完善养老机构等级评定、质量评价等政策,鼓励聘用取得职业技能等级证书的养老护理员,推动行业专业化发展;支持地方探索将行业紧缺、高技能的养老服务从业者纳入人才目录、市民待遇等政策范围加以优待,以加速培养适应新时代养老服务需要的社会服务、经营管理、科学研究等专业化人才。

(四) 养老服务数字化

数字时代的到来已经势不可挡,移动互联网、大数据、云计算等新一代信息技术不断成熟,智能技术和手段在健康管理、远程诊疗、居家照护等方面发挥了很大作用。随着养老服务规模的扩大,数字化管理将变得更加紧迫和重要;在提供养老服务时也需要关注数据的收集、分析和应用,推动数据要素有效供给,以更好地满足老年人的需求。数字化管理是未来养老服务发展的必然,推动养老数据综合开发利用,充分激发数据要素流动和价值潜能可以赋能养老服务工作,为不同年龄段、不同生活状态的老年人提供有温度、有触感的养老服务。当前,需要破解老年人面临的"数字鸿沟"问题,加强数字技能教育和培训,提升数字素养,使老年人也能乐享移动互联网、5G、人工智能、大数据等信息技术带来的红利,从而提高老年人的生活品质。

知识链接

上海探索"数字化养老"服务

上海杨浦区殷行街道现有老年人口6.72万,其中约95%是慢性病患者,许多老年人还与子女分开居住。对此,殷行街道创新推出"数字化养老"服务场景,基于物联网技术,利用数字化、智能化手段对老年人进行实时看护。通过环境监测、健康监测、紧急通信、异常报警等辅助功能,让老年人亲属、关系监护人及为老服务工作关爱员等,通过移动端APP就能掌握老年人的健康状况与居住环境情况,实现看护监测数据统一对接、实时同步、追溯查询,大幅度降低老年人的安全风险。

(五) 养老生活共同体

老年人退休后从单位人变成社会人,数以千万的老年人生活在各类社区里;网络时代,老年人通过社交媒体结成非正式的新社群、新部落等各种不同的"新社区"。这些群体成员从自发的、散在的相互支持,逐渐形成互助式的"养老群体",减少了对家庭、群体成员以外的依赖,在相互帮助中逐渐形成养老生活共同体。起源于20世纪六七十年代丹麦的"抱团

养老",可以视为养老生活共同体的雏形;近年来,国内也有三五个好友相约购买养老住房,将来结伴养老,实质上自发组建了老年人之间的养老生活共同体。老年人与年轻人也可以形成养老生活共同体,杭州滨江区自 2018 年以来,已经招募三批"多代同楼"志愿者,年轻人用志愿服务抵扣租金的方式入住养老机构,有的每月陪伴老年人不少于 10 小时就能免费入住公寓,形成"多代同楼"养老生活共同体。养老生活共同体在互助中解决成员面临的各种困难,不但独立和自主,而且具有情感优势,更能够满足老年人的心理需求,有效提高老年人的生活质量。

二、养老服务发展的趋势

(一) 从条块分割转向集中统一

人口老龄化的影响已经渗透到我国社会各个领域,做好新时代养老服务工作,必须坚持应对人口老龄化和促进经济社会发展相结合,坚持满足老年人需求和解决人口老龄化问题相结合。然而,当前我国的养老资源仍然呈碎片化分散在不同的部门,养老服务资源供给出现条块分割的局面。国家层面已经意识到养老服务资源分散化带来的弊端,在制定《中华人民共和国国民经济和社会发展第十四个五年规划和 2035 年远景目标纲要》等文件中,把积极老龄观、健康老龄化理念融入了经济社会发展的各个方面。

新时代做好养老服务工作,必须强化养老资源的统筹,实现集中统一管理。2022 年两会,多位全国两会代表委员建议设立老龄事务部,以统筹全国的资源应对人口老龄化,推动老龄事业与产业、基本公共服务与多样化服务协调发展。各级政府要善于统筹协调一切积极因素,激发家庭、政府、企业和非营利组织各方增强参与养老服务的主动性、针对性,注重发挥家庭养老、个人自我养老的作用,形成多元主体责任共担,把分散的养老服务资源供给通过集中统一管理形成合力,以提高养老服务管理的效率和品质,让老年人共享改革发展成果,安享幸福晚年。

(二) 从被动照护转向主动健康

健康老龄化不仅是老年群体关注的焦点,也是积极应对老龄化最有效、最经济的途径。在过去的养老服务中过多地强调如何照护好老年人,随着养老服务观念的更新,今后在提供养老服务时将从被动照护转向主动健康。以尽可能延长老年人正常的社会属性为目标,以最大程度提高老年人有质量的长寿为根本,组织老年人参与适合自身情况的社会活动,帮助老年人身心更加健康。

要提升老年人对健康的认知,依据世界卫生组织对健康的定义,健康不仅是身体和心理健康,还包括道德品质和良好的社会适应性。在提供养老服务时,将主动健康理念融入老年人的认知,从提高健康素养做起,培养主动健康的生活习惯和行为方式,帮助老年人从被动照护转变为促进主动健康。在养老服务中,要做好国家基本公共卫生服务项目中的老年人健康管理,加强老年人群重点慢性病的早期筛查、干预及分类指导,提高失能、重病、高龄、低收入等老年人家庭医生签约服务覆盖率,提高服务质量。推动老年健康领域科研成果转化,遴选推广一批老年健康适宜技术,提高老年健康服务能力。发挥中医药在老年病、慢性病防治等方面的优势和作用。

(三) 从传统模式转向智能服务

随着越来越多的老年人使用网络技术,互联网 + 养老服务已经得到了一定程度的普及。互联网平台提供"菜单式"备选服务项目,从子女网上下单、老年人体验服务逐渐发展到老年人自主选择服务内容。随着移动互联网、5G、人工智能、大数据等信息技术的飞速发展,智慧养老服务从技术上正在成为可能,互联网 + 养老服务应用场景也不断迭代升级到智能养老。智能养老能够链接更加丰富的养老资源,在提高服务质量和效率、创新养老服务方式、促进养老服务供需对接等方面大有可为,能够以老年人需求为中心提供更加智能、更加精准的养老服务,提升养老服务水平。老年科技的发展,将不断丰富科技助老的内容,养老服务会更加便捷化、智慧化,管理也将更加精准和高效,智能养老助力老有所养、老有所医、老有所为、老有所学、老有所乐,丰富享老的内涵,提升老年人的获得感幸福感,实现从消极养老到积极享老的转变。

(四) 从单向供给转向跨界融合

未来的养老服务需要政府、社会机构、企业等各方加强合作,联通不同领域不同行业的资源,鼓励社会提供跨服务主体、跨消费人群的服务产品,打破服务供给中的年龄标签,实现养老服务与其他行业的合作共赢。在产业发展上,养老服务与养生、旅游、文化、体育、教育、家政、金融、地产等行业深度融合发展,可以提供更加综合、全面的养老服务产品和服务。在区域上,推动京津冀、长江三角洲、粤港澳大湾区等区域内养老机构跨区域品牌化、连锁化发展,养老资源共享,激发养老服务市场活力,促进养老服务跨区域协同发展。随着全球老龄化趋势的加剧,养老服务还需要跨国合作与交流,不同国家和地区分享各自经验、借鉴先进的养老服务模式,推动养老服务的融合发展。

(五) 从社会服务转向社会治理

人口老龄化对我国的社会治理产生了深远影响,管理重心下移是我国社会治理的一种趋势,这就意味着我国老龄工作的治理体系也将发生改变,优化调整基层养老服务力量,从社会治理"共建、共治、共享"的高度将老龄工作融入社会治理现代化,对于完善基层社会治理意义重大。通过融入社会治理,完善多层次养老保障内容,改进基本养老保险和基本医疗保险制度,扩大普惠型养老服务覆盖面;提高居家社区养老服务能力,提升老年人健康服务和管理水平;扩大老年教育资源供给、丰富老年人文体休闲生活,促进老年人社会参与,以多种渠道满足人民群众的养老服务需求。

我们要在习近平新时代中国特色社会主义思想指导下,保持中国人的养老难题要依靠中国方案来解决的坚定信念和战略定力,发挥"集中力量办大事"的制度优势,一定能够探索出符合国情的老龄化社会治理模式,走出一条具有中国特色积极应对人口老龄化的道路。

♥ 思政元素

青春在养老服务行业中绽放绚丽之花

作为一名养老服务管理专业的学生,面对我国严峻的老龄化社会形势,我们必须坚定信念,坚守初心,以我们的满腔热情自觉扛起加快发展养老服务的重大责任。用心用情用力服务好老年群体,传承"老吾老以及人之老"中华民族传统文化。

作为一名未来的专业"养老人",我们要从社会发展的需要中创造人生价值,在开创养老事业新局面中实现个人价值与社会价值的统一。我们还要立足新发展阶段、贯彻新发展理念,只有在校期间先利其器,未来才能成为养老服务的生力军和主力军。展望未来,养老服务在今后的老龄化社会里必将大有可为。我们要牢记习近平总书记的嘱托,立志做有理想、敢担当、能吃苦、肯奋斗的新时代好青年,让青春在养老服务行业中绽放绚丽之花。

●(张继延)

笔记栏

扫一扫
测一测

复习思考题

1. 你如何看待我国养老服务所面临的形势？

2. 请你谈谈不同国家的养老服务各有哪些特点？

3. 你怎样看待养老服务的发展？

◇◇◇ 参 考 文 献 ◇◇◇

1. 陈传明. 管理学 [M]. 北京: 高等教育出版社, 2019.

2. 邓伟志. 社会学辞典 [M]. 上海: 上海辞书出版社, 2009.

3. 董克用, 姚余栋, 孙博. 养老金融蓝皮书——中国养老金融发展报告 (2022) [M]. 北京: 社会科学文献出版社, 2022.

4. 李泽厚. 伦理学新说述要 [M]. 北京: 世界图书出版有限公司北京分公司, 2019.

5. 梁万年. 卫生事业管理学 [M]. 第 4 版. 北京: 人民卫生出版社, 2022.

6. 楼妍, 许虹. 居家养老服务与管理 [M]. 杭州: 浙江大学出版社, 2017.

7. 罗锐. 老年学概论 [M]. 北京: 清华大学出版社, 2022.

8. 宁骚. 公共政策学 [M]. 第 3 版. 北京: 高等教育出版社, 2018.

9. 彭钢, 唐健. 社会化养老多元供给主体融合研究 [M]. 北京: 科学出版社, 2023.

10. 青连斌, 江丹. 中国养老服务发展报告 (2021) [M]. 北京: 中国劳动社会保障出版社, 2021.

11. 全小明, 柏亚妹. 护理管理学 [M]. 北京: 中国中医药出版社, 2021.

12. 沙勇, 周建芳, 白玫. 养老服务管理 [M]. 北京: 社会科学文献出版社, 2019.

13. 王荣德. 教师职业伦理 [M]. 重庆: 重庆大学出版社, 2013.

14. 王思斌. 社会学教程 [M]. 第 5 版. 北京: 北京大学出版社, 2021.

15. 王云斌. 社会福利管理与服务 [M]. 北京: 北京师范大学出版社, 2017.

16. 邬沧萍, 姜向群. 老年学概论 [M]. 北京: 中国人民大学出版社, 2015.

17. 奚伟东, 邵文娟. 养老机构管理与服务 [M]. 北京: 清华大学出版社, 2021.

18. 许虹, 李东梅. 养老机构管理 [M]. 杭州: 浙江大学出版社, 2015.

19. 徐双敏, 张远凤. 公共事业管理概论 [M]. 北京: 北京大学出版社, 2020.

20. 徐卫华, 赵丽. 医养结合概论 [M]. 北京: 中国协和医科大学出版社, 2023.

21. 杨善华. 老年社会学 [M]. 北京: 北京大学出版社, 2018.

22. 袁建辉. 政府公共服务中的伦理关系研究 [M]. 长沙: 湖南大学出版社, 2011.

23. 张栋. 中国养老金体系改革: 驱动机制与实现路径 [M]. 北京: 中国社会科学出版社, 2022.

24. 张荣, 赵崇平. "互联网 +" 居家养老体系建设研究 [M]. 北京: 光明日报出版社, 2019.

25. 张园. 供给侧改革视角下我国养老服务产业化模式与路径研究 [M]. 北京: 经济科学出版社, 2018.

26. 周淑英, 化长河. 老年服务伦理与礼仪 [M]. 北京: 北京师范大学出版社, 2015.

27. 朱燕波. 健康管理学 [M]. 北京: 中国中医药出版社, 2022.

复习思考题
答案要点

模拟试卷